Gunzelin Schmid Noerr (Hg.)

Metamorphosen der Aufklärung

Vernunftkritik heute

CIP-Titelaufnahme der Deutschen Bibliothek

Metamorphosen der Aufklärung: Vernunftkritik heute
Hg.:
Gunzelin Schmid Noerr. – Tübingen: Ed. diskord, 1988
ISBN 3-89295-527-1
NE: Schmid Noerr, Gunzelin [Hrsg.]

Umschlaggestaltung unter Verwendung eines Warenzeichens der AEG von 1894 aus: Tilmann Buddensieg u. a., „Industriekultur. Peter Behrens und die AEG 1907 – 1914". Gebr. Mann Verlag, Berlin 1979

Schwärzlocher Str. 104/b, 7400 Tübingen
Satz: Helga Lindow, 7585 Lichtenau-2
Druck und Bindung: Fuldaer Verlagsanstalt

ISBN 3-89295-527-1

METAMORPHOSEN DER AUFKLÄRUNG

VERNUNFTKRITIK HEUTE

HERAUSGEGEBEN VON
GUNZELIN SCHMID NOERR

edition diskord

Inhalt

Gunzelin Schmid Noerr

Einleitung

Die Göttin des Lichts

Von Wolkendampf umwogt, von Blitzen umzuckt, zieht durchs dunkle All die Kugel der Erde ihre Bahn. Über sie rollt das geflügelte Rad des menschlichen Handels und Verkehrs. Auf dem Rad sitzt, mit entblößter Brust und wallendem Haar, das göttliche Weib. Ihr Zeh streift die Erde. Sie bändigt das Tosen der Urelemente und verwandelt deren Kraft zum Wohl der Menschen in nützliche Energie: In ihrer rechten, nach oben gereckten Hand hält sie, das fahle natürliche Licht von Mond und Sternen triumphal überstrahlend, die Glühbirne.

Die „Göttin des Lichts“[1] ist nicht nur, als ein seit 1894 gebräuchliches Warenzeichen der AEG, eine Allegorie der Elektrizität und des mit dieser verbundenen technischen Fortschritts, sondern darüber hinaus auch ein Sinnbild einer für die Moderne charakteristischen Gestalt der Aufklärung. In dieser sind erotische und politische Triebkräfte mit technischen verschmolzen und unter deren Primat gebracht.[2] Der Vorrang des Technischen zeigt sich darin, daß das Licht, seit jeher eine Grundmetapher der Weltdeutung, hier seine metaphysische Bedeutung verliert, indem es real herstellbar und verobjektivierbar wird. Bereits die Aufklärung des 17. und 18. Jahrhunderts hatte mit ihrer Lichtmetaphorik eine lange mythologische, theologische und philosophische Tradition beerbt und transformiert. Sie hatte das göttliche Licht durch das Licht der menschlichen Vernunft überblendet. Doch auch dieses Licht erwies sich als irreführend, wenn es nicht durch das der Sinne ergänzt wurde. Erst die Sinne gaben dem Verstand Inhalt und Grenzen. Mit der empirischen Erfahrung gewann das Licht als physikalisches Phänomen an Bedeutung, um schließlich technisch reproduziert werden zu können. Die Glühbirne trat an die Stelle des lumen naturale, der Vernunft.

In der Lichtmetaphorik kommt die Ambivalenz der Aufklärung zwischen Kritik und Affirmation zum Ausdruck. Erst das Licht, was immer sein Wesen sei, erlaubt es, die Phänomene zu sehen und zu beurteilen, aber es selbst ist nicht sichtbar, es entzieht sich der Kritik. Diese Ambivalenz ist, kaum weniger als im theologischen Denken, noch in dem der materialistischen Aufklärung virulent, die doch die Frage nach der Rechtfertigung von Urteilen gegenüber den Machtansprüchen von Autoritäten in den Vordergrund rückt. Denn das Licht der Vernunft, der Sinne, schließlich der Natur erlaubt nur zu beurteilen, indem zugleich eine Instanz für das Urteil gesetzt wird, die *nicht zugleich* in Frage gestellt werden kann. Das Licht verkörpert zunehmend diese Instanz als mathematisches Gesetz. So wird der Kalkül, instrumentelle Vernunft, zum Kern der Aufklärung. Der Übergang von der Kritik an einer als unerträglich oder obsolet empfundenen Abhängigkeit zur Technologie, zur planvollen Herstellung von Verhältnissen, die an deren Stelle treten sollen, bedeutet einen einschneidenden Funktionswandel der Vernunft. Er setzt die vielfältigen *Metamorphosen der Aufklärung* von Kritik in Affirmation und von Affirmation in Kritik in Gang, die dem entmythologisierenden Gedanken seit jeher anhaften. Die Vernunft kann den Zwang des traditional Überkommenen nur dadurch brechen, daß sie selbst Zwang ist oder zu solchem wird; so wird sie totalitär, undurchsichtig, selbst wieder mythologisch. Doch wird dadurch auch wieder erneut ein Bedarf an Aufklärung, Rechtfertigung oder Dissens geweckt.

In den Beiträgen des vorliegenden Bandes geht es nicht um das historische „Zeitalter der Aufklärung“, sondern um die *strukturelle* Beziehung von Aufklärung und Aufklärungskritik, wie sie sich aus der Perspektive dieses Jahrhunderts darstellt. Nietzsche hat entscheidende Motive dieser Kritik in die Diskussion eingeführt, die bis heute wirkungsmächtig sind. Dennoch mag zunächst ein kurzer Rückblick auf die Aufklärung des 18. Jahrhunderts nützlich sein; vor deren Hintergrund lassen sich zuletzt auch die gegenwärtigen Kontroversen um die Permanenz oder das Ende der Aufklärung besser verstehen.

Die widersprüchliche Einheit von individueller und gesellschaftlicher Autonomie, von Moral und Politik, von praktischer und instrumenteller Vernunft ist der Aufklärung seit der Epoche, die sich selbst diesen Namen gab, bis heute eigen. Schon in Diderots *Enzyklopädie* sind technokratische mit technokratie-kritischen Motiven auf verwirrende Weise miteinander verknüpft.[3] Neben der Freiheit der Rede sind die Disziplin des Militärs und die Produktionseffizienz der Maschine die oft weniger manifesten, aber gleichwohl wirksameren Ideale der Aufklärung. Verglichen mit Kants berühmter Formulierung aus dem Jahre 1784, Aufklärung sei der „Ausgang des Menschen aus seiner selbstverschuldeten Unmündigkeit",[4] liest sich Diderots Definition noch sehr viel nüchterner: „‚Aufgeklärt' sagt man in Bezug auf erworbene Kenntnisse." Aufgeklärt zu sein ist nach dieser Bestimmung durchaus nicht die höchste Form der Vernunft. Denn: „Das Genie schafft die Dinge; der Klarblickende leitet daraus Prinzipien ab; der Aufgeklärte wendet sie an; der Gebildete kennt wohl die geschaffenen Dinge, die Gesetze, die man aus ihnen abgeleitet hat, und die Anwendungen, die man von ihnen gemacht hat: er weiß alles, bringt aber nichts hervor."[5]

Diderot setzt Aufklärung hier mit einem bloßen Zuwachs an nützlicher Information gleich. Angesichts der sozialreformerischen Ideen der Enzyklopädisten und der ihnen entgegenstehenden Mächte der Kirche und des Adels ist diese Bestimmung wohl als taktisch kluges Understatement zu verstehen, um die Zensur zu unterlaufen. Denn Aufklärung ist auch hier schon mehr als Informationszuwachs: von Selbsterkenntnis nicht zu trennen. Diderot und d'Alembert stürzen die überkommene, theologisch verfestigte Hierarchie des Wissens um, indem sie die *Enzyklopädie* in praktisch-politischer Absicht auf eine anthropologische Basis zu stellen suchen. Was es zu welchem Nutzen zu wissen gilt, bemißt sich an den menschlichen Vermögen und Bedürfnissen. Die Selbstaufklärung der Aufklärung entspringt schon hier der Notwendigkeit, das Verhältnis der sich widersprechenden, aber aufeinander bezogenen Momente der Aufklärung unter jeweils veränderten Bedingungen neu zu bestimmen.

Das Licht soll Klarheit ermöglichen, führt aber nicht notwendig schon zu ihr. Was hell ist, kann auch blenden oder verschwommen sein. Die Kritik, die sich dem Licht verdankt, wendet sich dann gegen dieses selbst. In dem damit bezeichneten Reflexiv-Werden der Aufklärung markiert Kants Philosophie eine entscheidende Schwelle. Kant macht die Vermögen des Wissens und ihre Reichweite selbst zum Gegenstand der Kritik und zum Angelpunkt der Mündigkeit des Kritisierenden. Der „Ausgang des Menschen aus seiner selbstverschuldeten Unmündigkeit" bezeichnet nun das Selbstbewußtsein der Moderne, die ihre Ordnung allein aus sich selbst begründet und so die geschichtliche Gegenwart von traditionellen und autoritären Verbindlichkeiten abzukoppeln versucht.

Seither hat die fortschreitende Aufklärung daran gearbeitet, den Spielraum der Mündigkeit nicht nur zu erweitern, sondern auch gegen immer neue Machtansprüche zu verteidigen. Dabei aber kamen die von Kant noch als klar unterstellten Grenzen zwischen Autonomie und Heteronomie zunehmend ins Fließen. Je tiefer die Bedingungen des autonomen Subjekts bestimmt wurden, desto mehr mußte man diese Bedingungen mit dem Anderen der Vernunft selbst, dem Heteronomen, identifizieren. Kaum noch ließ sich Unmündigkeit als „selbstverschuldet" einem „Selbst" zurechnen. Umso rigoroser aber wurde Aufklärung als universelles Erziehungsprojekt der Menschheit proklamiert, dem nichts sich zu entziehen habe. Mit dem Kriterium der Vernunft wurde das, was ihr inkommensurabel ist, ausgegrenzt.

Waren die emanzipatorischen Ideale von den Enzyklopädisten bis Freud[6] von der Gewißheit getragen, daß die wissenschaftliche Erkenntnis die kulturellen Illusionen, Ideologien und Abhängigkeiten beseitigen würden, so ist inzwischen immer deutlicher geworden, daß die fortschreitende Wissenschaft selbst von Kräften angetrieben wird, die sich systematisch der Kontrolle entziehen. Der rationale Fortschritt erzeugt immer neue Abhängigkeiten, gegenüber denen die alten religiösen und feudalen Fesseln als gemütliche Herr-Knecht-Verhältnisse erscheinen. Die Fronten haben sich verkehrt: Konservative des Sozialen und Politischen sind zu Progressiven des Technischen geworden – und umgekehrt. Zugleich aber sind die jeweils Progressiven am Begriff des Fortschritts, der an unhaltbare geschichtsphilosophische Entwürfe gebunden scheint, als einer obsoleten Kategorie irre geworden.

Die Radikalisierung der Aufklärung hat ihre eigenen Voraussetzungen erschüttert. Zunächst ließ Aufklärung das Licht der Wissenschaft in die Finsternis des Vorurteils strahlen. Dann wurde die Wissenschaft selbst auf ihre Verstrickung in Machtverhältnisse hin untersucht. Zuletzt geriet der ideologiekritische Impuls der Wahrheit selbst noch einmal ins Zwielicht. Vernunft erwies sich in ihren Grundlagen als mit der von ihr kritisierten Herrschaft wenn nicht gleich, so doch unlösbar verquickt. So wurde Aufklärung in ihrer avanciertesten Form zweifach reflexiv. Doch die derart auf Selbstbezüglichkeit hin radikalisierte Aufklärung verstrickte sich in das Paradox, die von ihr selbst noch in Anspruch genommenen Kriterien zu dementieren. Die Frage stellte sich nun, wie die unausweichliche Selbstaufklärung der Aufklärung selbst zu verstehen sei, wie ihrem Paradox zu begegnen sei. Handelt es sich darum, unverdrossen einen übergreifenden Vernunftbegriff gegenüber den Pathologien seiner Verkürzung zur Geltung zu bringen, oder darum, eine Grenze zu überschreiten, die das Ende der Aufklärung, des Projekts der Moderne selbst markiert?

Hinsichtlich dieser allgemeinen Deutungsalternative der kulturellen und technologischen Veränderungen der Moderne folgen die hier zusammengestellten Beiträge – dies wäre auch kaum anders zu erwarten – keiner einheitlichen Linie. Gemeinsam ist ihnen dennoch, daß sie sich in der Kritik der Aufklärung das Pathos des radikalen Bruchs mit dieser, die Verkündung eines ganz Anderen, versagen. An verschiedenen neueren Theoriegestalten untersuchen sie im einzelnen das Verhältnis von Dogmatismus, Kritik und erneuter Ausgrenzung, von Rationalismus und Irrationalismus, von Aufklärung und Gegenaufklärung. Dabei ergeben sich drei Schwerpunkte: ein systematisch-historischer, ein theoriespezifischer und ein politischer.

In den ersten vier Beiträgen geht es um die Motive der Aufklärung heute in systematischer und übergreifend historischer Perspektive. *Herbert Schnädelbach* unterscheidet zwischen einem historischen und einem strukturellen Begriff von Aufklärung, wobei letzterer die Unabschließbarkeit der Aufklärung impliziert. *Gernot Böhme* spricht sich ebenfalls für die Permanenz der Aufklärung aus; diese müsse sich heute vor allem auf die gesellschaftlichen Machtkomplexe und die ihnen entsprechenden ideologischen Formationen beziehen. Aufklärung als Skepsis gegenüber universalistischen Vernunftansprüchen vertritt *Gerhard Gamm*. Er stellt die tragenden Motive, Resultate und Aporien der Vernunftkritik zusammen, die vor allem seit Nietzsche die philosophische Diskussion bestimmen. *Philipp Rippel* schließlich rekonstruiert, ausgehend von der Rückbesinnung auf Giacomo Leopardi im Denken der italienischen Postmoderne, den bewußt paradox gefaßten Wahrheitsbegriff dieses von Nietzsche geschätzten Dichters und Philosophen, der den sich verwissenschaftlichenden Vernunftbegriff der Aufklärung um die alogischen Potentiale lebensnotwendiger Imaginationen zu erweitern trachtete.

Die folgende Gruppe von Beiträgen befaßt sich mit dem Problem der Aufklärung anhand einzelner philosophisch-sozialwissenschaftlicher Theorie-Ansätze dieses Jahrhunderts. Dabei geht es zunächst um zentrale Thesen der Kritischen Theorie Horkheimers und Adornos, sodann um die seither entwickelten Ansätze Habermas' und Luhmanns. *Gunzelin Schmid Noerr* untersucht einen zentralen Topos Horkheimers und Adornos, das „Eingedenken der Natur im Subjekt", und zeigt, inwiefern die Autoren damit dem von ihnen kritisierten Aufklärungsbegriff einen alternativen, rational-mimetischen gegenüberstellen. Er zeigt, inwiefern dieser Aufklärungsentwurf an ein „Produktionsmodell" der Geschichte anknüpft, das über das in der *Dialektik der Aufklärung* dominierende „Repressionsmodell" hinausweist. *Heinz Kimmerle* skizziert im Anschluß an die Auseinandersetzung mit Adorno den Streit zweier Alternativen in der Diskussion um Moderne und Postmoderne. Im Rückgriff auf Hegel und in der Kritik an Habermas' Hegel-Interpretation weist er auf Auswege aus der Subjektphilosophie hin, während Habermas dieser selbst noch, ohne es zu wollen, verhaftet bleibt. *Gérard Raulet* untersucht die Tragfähigkeit des Habermasschen Plädoyers für die Aufklärung im Rahmen der Theorie des kommunikativen Handelns. Bei seiner sprachpragmatischen Begründung der Vernunft verstrickt Habermas sich, so die These, in eine Aporie zwischen den von ihm selbst destruierten Alternativen eines transzendentalen bzw. empirischen Begriffs der Kommunikationsgemeinschaft. *Christiane Bender* zeigt sodann, daß Luhmanns Verwendung des Begriffs Aufklärung zur Kennzeichnung der Aufgabe der Systemtheorie ungerechtfertigt ist. Sie vertritt demgegenüber im Anschluß an Kant und Hegel einen präskriptiven Aufklärungsbegriff, für den die Angabe der Zielvorstellung Autonomie maßgeblich ist, nicht die Deskription effizienzsteigernder Prozesse.

Der dritte Abschnitt schließlich befaßt sich mit der Wechselwirkung von theoretischer und praktischer Sphäre. Er trägt dem Umstand Rechnung, daß die Problematik der Aufklärung keineswegs allein auf dem Terrain reiner Theorie virulent ist, sondern von der Permanenz der materiellen Bedrohungen und der politischen Kämpfe gespeist wird. Die diesem Abschnitt zunächst vorangestellte Collage von *Volker Spierling* hat keine illustrative Funktion gegenüber den Texten, sondern will als eigenständige sinnliche Irritation zum Thema der „Metamorphosen der Aufklärung" wirken. *Barbara Brick* untersucht die Dialektik der Frauenemanzipation in Deutschland um 1900 bezüglich ihrer Wirkungen bis 1933. Aufklärung als politischer Kampf gegen obsolet gewordene Traditionen gerät hier ins Spannungsfeld zwischen präfaschistischen und revolutionär-pazifistischen Strömungen. Die Rezeptionsweise dieser Auseinandersetzung in der Frauenbewegung heute läßt Rückschlüsse auf deren eigenes Selbstverständnis zu. Auch in den beiden folgenden Beiträgen geht es um die Fallstricke zu kurz greifender politischer Aufklärung. *Jürgen Belgrad, Martin Karlson, Sigrid Scheifele* und *Gunzelin Schmid Noerr* gehen der Rhetorik der bekannten Rede Richard von Weizsäckers zum 40. Jahrestag des 8. Mai 1945 nach und kommen dabei zu Resultaten, die dem herrschenden Konsens über den „progressiven" Charakter der Rede entschieden widersprechen. Abschließend entfaltet *Christoph Türcke* am Beispiel Uta Ranke-Heinemanns das Dilemma fortschrittlicher Theologie bei der Bestimmung des Wahrheitsanspruchs ihrer Dogmatik. Diese Form theologischer Aufklärung erweist sich als Spielart einer heute gängigen, kupierten Aufklärung in der politischen Theorie und Kritik.

Anmerkungen

1 Abbildung auf dem Buchumschlag; entnommen aus: Tilmann Buddensieg u. a., *Industriekultur. Peter Behrens und die AEG,* Berlin 1979, S. 21.
2 Den Hinweis auf die „Göttin des Lichts" verdanke ich Barbara Brick. Sie interpretiert diese allegorische Darstellung unter der Perspektive weiblicher Gesellschaftsentwürfe in ihrer Arbeit *Frauenbewegung und gesellschaftliche Erfahrung um 1900. Staat als Wohnzimmer oder Paradies auf Erden,* Frankfurter Dissertation 1984, S. 105 ff.
3 Vgl. Gunzelin Schmid Noerr, „Die Macht der Vernunft. Zur Bedeutung der großen französischen Enzyklopädie", in: *Anfänge der modernen Welt. Arbeit, Technik, Kultur in Kupferstichen der Enzyklopädie 1750 bis 1780.* Katalog zur Ausstellung des Museums der Stadt Rüsselsheim, Rüsselsheim 1981.
4 Immanuel Kant, „Beantwortung der Frage: Was ist Aufklärung?", in: *Werke* Bd. VI, Frankfurt a.M. 1964, S. 53.
5 Denis Diderot, Artikel „Aufgeklärt und klarblickend", in: *Enzyklopädie. Philosophische und politische Texte aus der Enzyklopädie sowie Prospekt und Ankündigung der letzten Bände.* München 1969, S. 236 f.
6 Vgl. Sigmund Freud, „Die Zukunft einer Illusion", in: *Gesammelte Werke* Bd. 14, Frankfurt a.M. [4]1968.

Herbert Schnädelbach

Was ist Aufklärung?

Die Antwort hängt davon ab, wie die Frage gemeint ist: historisch oder nicht. Als man sie im späten 18. Jahrhundert in Deutschland öffentlich zu beantworten versuchte – wobei Kant die berühmte Auskunft gab, Aufklärung sei „der Ausgang des Menschen aus seiner selbstverschuldeten Unmündigkeit" – war die Frage nicht historisch gemeint, sondern es ging um die Selbstverständigung von Intellektuellen, die sich mit Aufklärung identifizierten und sich selbst als Aufklärer verstanden. Bereits zu Beginn unseres Jahrhunderts hätte man jene Frage nur noch als eine historische verstehen können, denn „Aufklärung" war zu einem kulturgeschichtlichen Epochenbegriff geworden; dies zeigt an, daß man damals auch der Sache der Aufklärung nurmehr ein historisches Interesse entgegenzubringen wußte. So war aus einem engagierten Projektbegriff die quasi-objekive Bezeichnung für einen im wesentlichen abgeschlossenen Prozeß geworden. Heute ist vom „Ende der Aufklärung" die Rede, und es gilt als das Aufgeklärteste überhaupt, darüber aufgeklärt zu sein, daß die Aufklärung zu Ende ist. Diese Parole hat ihren genauen ideenpolitischen Sinn: nach einigen Versuchen – vor allem im Bereich der linken Protestbewegung – sich erneut mit Aufklärung als Projekt zu befassen, geht es denjenigen, die dies als linke „Kulturrevolution" brandmarkten, nur darum, das übliche bloß historische Verhältnis zur Aufklärung auf Dauer zu stellen und alles andere als Nostalgie nur vermeintlich aufgeklärter Aufklärungsfetischisten abzutun.

Im historischen Sinne des Wortes ist „die" Aufklärung eine bürgerliche Bildungsbewegung mit kulturrevolutionären Zügen und erheblichen, aber meist nicht direkt intendierten politischen Folgen gewesen; sie ging von Westeuropa aus, breitete sich in abgeschwächter Form auch nach Deutschland aus, wo sie sich selbst den Namen „Aufklärung“ gab. Viele ihrer Resultate sind für uns zu kulturellen Selbstverständlichkeiten geworden: daß man durch bloßes Nachdenken nichts über die Welt erfährt, sondern daß man „empirisch“ vorgehen muß; daß die Welt aus sich selbst und ohne Zuhilfenahme übernatürlicher Kräfte und Mächte zu erklären ist; daß jeder Mensch frei ist und unveräußerliche Rechte (Menschenrechte) besitzt – vor allem das Recht, glücklich zu sein –, die auch der Staat zu respektieren hat; daß Religion Privatsache ist und von der politischen Macht abzutrennen sei. Gleichwohl ist es zutreffend zu sagen, daß die bürgerliche Aufklärungsbewegung im 19. Jahrhundert zu Ende kam. Ein Grund hierfür ist die Tatsache, daß einige ihrer Voraussetzungen an Glaubwürdigkeit und einige ihrer Hoffnungen an Glanz verloren. Man war immer von der einen, unveränderlichen Menschennatur ausgegangen, die man in allen Menschen aller Zeiten und Weltgegenden als vorhanden und wirksam unterstellte; damit räumte der allgemeine Kulturrelativismus auf. Ferner hatte man stets geglaubt – und dieser Glaube hielt sich am nachhaltigsten in der Arbeiterbewegung –, daß Wissen frei macht, und daß die Freiheit, die auf Wissen gründet, die Menschen bessert; es bedurfte nicht erst der grauenvollen Erfahrungen unseres Jahrhunderts, um zu erkennen, daß Erkenntnis ein treffliches Mittel der Unterdrückung und der menschlichen Bestialität sein kann. Redet man bloß historisch, dann kann man wohl nicht anders, als vom „Ende der Aufklärung“ zu sprechen, auch wenn ihre Ergebnisse weiter fortwirken.

Will man sich nicht mit dem Ende der Aufklärung abfinden, geht es darum, ob wir heute noch mit dem Wort „Aufklärung“ einen nicht bloß historischen Sinn verbinden können. Ist Aufklärung als ein Prozeß denkbar, der sich da und dort, zu unterschiedlichen Zeiten und dann vielleicht sogar zum wiederholten Male ereignen könnte? Einen Hinweis auf eine solche Möglichkeit gibt etwa die Kennzeichnung der attischen Bildungsbewegung des 5. und 4. vorchristlichen Jahrhunderts als „sophistischer Aufklärung“; auch die stolze Selbstbezeichnung einer wissenschaftlichen Taschenbuchreihe seit den 50er Jahren als „zweiter Aufklärung“ kann man hier anführen: „Aufklärung“ ist so nicht historisch, sondern idealtypisch gemeint, d.h. man versteht darunter nicht mehr etwas Einmaliges, Unwiederholbares oder für immer

Abschließbares, sondern man entwirft mit dem Begriff das Bild von Prozessen, die sich trotz unleugbarer Unterschiede im Detail mit guten Gründen als Fälle von Aufklärung darstellen lassen. Dafür ist freilich ein Preis zu zahlen: man muß die traditionelle Verbindung zwischen der Theorie der Aufklärung und der Geschichtsphilosophie auflösen. Seit den Anfängen der Aufklärungsbewegung bis hin zur ,Dialektik der Aufklärung' von Horkheimer/Adorno, ja bis zu den zeitgenössischen Aufklärungskritikern wie Arnold Gehlen, Hans Blumenberg u.v.a. hatte man als Antwort auf die Frage, was Aufklärung sei, in Wahrheit immer eine Geschichte erzählt; man verstand Aufklärung auch theoretisch als einen Aspekt der umfassenderen Fortschritts- und/oder Verfallsgeschichte unserer Kultur als ganzer. Die große Erzählstruktur, in die man die Aufklärung demzufolge einzubringen hatte, wenn man sie verstehen wollte, war die der Geschichtsphilosophie, die uns zu sagen versuchte, wie es „im Anfang" war, was dann geschah und wie alles kam, wer oder was an allem schuld ist und wie es wohl enden wird. Wenn uns an Aufklärung wirklich gelegen ist, dann müssen wir uns von diesem narrativen Schema verabschieden, denn die Aufklärung selbst ist darüber hinweggegangen. Schaffen wir das nicht, müssen wir damit rechnen, daß unsere Antwort auf „Was ist Aufklärung?" nur wieder ein neuer Mythos ist. Mythen sind nichts anderes als Erzählungen, und gegen die Mythen ging es einmal in der Aufklärung: warum sollten wir dann „die" Geschichte der Aufklärung erzählen müssen, um verstehen zu können, was Aufklärung ist?

Wir müssen also Aufklärung strukturell denken, um an ihr festhalten zu können; sie ist dann schon aus dem Grunde prinzipiell unabschließbar, daß sie sich als so gedachte nicht mehr wie ein einmaliger historischer Vorgang auf die historische Zeitreihe abbilden läßt. Wir können uns dann allgemeine Gedanken darüber machen, was Aufklärungsbedarfe sind, wie man sie identifiziert, wie sie entstehen und wie man sie decken könnte. Die europäische Aufklärung als historisches Phänomen kann dabei durchaus als Modell dienen. Was sie heraufführte, war die Ersetzung traditionsbestimmter Welt- und Lebensorientierungen durch solche, die die Individuen mit wachem Bewußtsein selbst finden und verantworten wollten. Daraus kann man schließen, daß Aufklärungsbedarfe überall dort entstehen, wo alte oder neue Traditionalismen von den Menschen als Grenzen ihrer freien Selbstbestimmung erfahren werden. So etwas kann sich in einer und derselben Kultur durchaus wiederholen, denn gerade heute erleben wir, in welchem Maße Aufklärungsresultate, die man für selbstverständlich halten könnte, bedroht sind, ja explizit rückgängig gemacht werden sollen: von der „Tendenzwende" über den neumodischen Irrationalismus bis zum EDV-Überwachungsstaat reicht die Palette. Die Beispiele zeigen, daß Aufklärungsbedarfe auch in verschiedenen kulturellen Sektoren entstehen können, so daß Aufklärung selbst dann möglich und notwendig bleibt, wenn sich die Versuche, jene Bedarfe zu decken, nicht zu einer einzigen Bewegung, „‚die' Aufklärung" genannt, zusammenschließen wollen; es besteht so gar kein Grund zur Resignation.

Wenn wir fragen, was genau wir als Aufklärung ansehen wollen und was nicht, empfiehlt es sich, mit Abgrenzungen zu beginnen. Denkt man Aufklärung nach dem Modell der Information, dann gibt es einen, der informiert wird, und einen, der informiert, d. h. bereits informiert ist; so gesehen geht Aufklärung allzu leicht in Agitation und Indoktrination über. Dasselbe gilt für die Gleichsetzung zwischen Aufklärung und Ideologiekritik, in der der Kritiker das ideologische, unaufgeklärte Bewußtsein zum Objekt seiner kritischen Diagnosen macht. Indoktrination und Ideologiekritik sind deswegen als Aufklärungsmodelle nicht besonders attraktiv, weil beide voraussetzen, daß der vermeintliche Aufklärer sich selbst als jemanden sieht, der schon über das objektiv richtige Bewußtsein verfügt, und alle historischen Beispiele zeigen, daß dies nichts anderes als ein neuer Dogmatismus sein kann. Wir dürfen niemandem gestatten, sich mit dem Anspruch höherer Einsicht aus dem intersubjektiven Prozeß von Erfahrung, Mitteilung, Argumentation und Kritik herauszureflektieren, als der Aufklärung allein möglich ist. Woher sollten die Aufklärer denn sonst ihr Wissen und ihre Einsichten nehmen, wenn nicht aus diesem Prozeß? Niemand kann sich allein aufklären; auch Aufklärer müssen aufgeklärt werden. Daraus zog schon Kant die Folgerung, daß nur ein „Publikum" sich selbst aufklären könne, wobei kein einzelner im Prinzip privilegiert ist, und mag er über noch so große Informationsvorsprünge gegenüber den anderen verfügen. Aufklärung ist nur als intersubjektiver und als öffentlicher Vorgang möglich; alles andere ist Erziehungsdiktatur, und folgte sie auch den „progressivsten" Ideen.

Der Grund hierfür ist die Tatsache, daß das Aufklären ein Sich-Aufklären sein muß; nur so bleibt die Aufklärung mit der Idee der Freiheit vereinbar, von der sie wohl nicht ablösbar ist. Die posttraditionalen Welt- und Lebensorientierungen, die die Aufklärung herbeiführt, wären für die Individuen bloß neue Formen der Unfreiheit, wenn sie sie nicht selbst gefunden oder erworben hätten. Im übrigen bleibt nur so die Aufklärung selbst ein offener Prozeß, denn immer wieder ist damit zu rechnen, daß die Aufklärung über sich selbst aufzuklären wäre: wer sonst sollte dies leisten als diejenigen, die selbst mit Aufklärung befaßt sind? Dieser Selbstbezug ist ein Strukturmerkmal der Moderne schlechthin, wie die zahlreichen Leitbegriffe mit „Selbst-" anzeigen: Selbstbewußtsein, Selbsterhaltung, Selbstverwirklichung, Selbstbestimmung, Selbstverantwortung, Selbsterfahrung usf.; es kommt notwendig auch der Aufklärung zu, die die moderne Welt heraufgeführt hat.

Wer Aufklärung meint, muß nicht nur Freiheit, sondern auch Vernunft sagen. Die Vernunft ist heute wieder einmal ins Gerede gekommen; spätestens seit Nietzsche wird sie bezichtigt, bloßes Herrschaftsmittel zu sein, mit dem die innere und äußere Natur unterdrückt werde. Glaubt man mit Paul K. Feyerabend, Rationalität sei bloß eine Tradition unter anderen, muß einem auch die Aufklärung als kulturelle Folklore erscheinen. Wir brauchen darum eine Theorie der Rationalität, die so komplex ist, daß wir zwischen berechtigten Attacken gegen bestimmte Vernunftformen und dem irrationalistischen Großangriff gegen Vernunft überhaupt unterscheiden können; nur so läßt sich auch vermeiden, daß die radikale Selbstkritik der Vernunft in ihrer Selbstzerstörung endet, wie es bei Heidegger, in der älteren Kritischen Theorie und im modernen Poststrukturalismus geschieht. Eine Theorie der Rationalität ist wohl der wichtigste Beitrag, den die Philosophie der Aufklärung leisten kann; sie ist durch eine Theorie der Perfektibilität zu ergänzen, denn nur, wenn wir wissen, daß das, was wir sind, im Prinzip verbesserungsfähig ist, findet unsere Vernunft Angriffspunkte tätiger Veränderung. Im übrigen bleibt Aufklärung mehr als nur ein philosophisches Projekt, auch wenn sie ohne Philosophie kaum gelingen dürfte.

Gernot Böhme

Permanente Aufklärung

1. Wer ist Aufklärer?

Philosophen halten die Aufklärung gemeinhin für *ihre* Sache. Damit können sie sich auf Kant berufen, der die Aufklärung durch die Feder und vor dem Publico befördert wissen wollte, „privaten“ Gebrauch des Verstandes, und das hieß bei ihm Räsonnieren im Amt aber für gefährlich hielt. Als ihre Sache behandeln sie die Aufklärung auch im mittlerweile verselbständigten und unter dem Dach der Wissenschaftsfreiheit immunisierten Diskurs. In eifersüchtigen Fehden bezichtigen sie sich gegenseitig „hinter die Aufklärung zurückzufallen“, eine Inflation aufklärerischen Denkens oder umgekehrt Gegenaufklärung zu betreiben. Liberale allesamt hier in der Bundesrepublik, einige linksliberal, einige rechtsliberal, wollen sie sich nicht aus diesem Erbe vertreiben lassen – und selbst der radikalste Kritiker der Aufklärung wird seine Kritik noch als Aufklärung der Aufklärung oder ihre endliche Vollendung darstellen. So geriert sich eine neokonservative Institutionentheorie als Bewahrerin der Werte der Aufklärung, wie eine anarchistische Machttheorie als deren notwendige Fortsetzung.

Wenn *ich* einen Preis für Aufklärung zu vergeben hätte, fielen mir vor allen Philosophen Leute wie Bull, Vack oder Wallraff ein.

2. Fortschritt?

Ob die Philosophen die Aufklärung als vollendet oder als unvollendetes Projekt ansehen, sie alle teilen mit der Aufklärung des 18. Jahrhunderts deren Illusion, daß nämlich „das menschliche Geschlecht in beständigem Fortschreiten zum Besseren“ sich befinde, daß, sagen wir, Geschichte als Fortschritt sei.

Darüber sollte uns inzwischen die reale Geschichte aufgeklärt haben. Die Erfahrungen unseres Jahrhunderts lassen es nicht mehr zu, die Geschehnisse des Menschengeschlechts als Geschichte zu lesen, mit Thema und Telos, schon gar nicht sie entwicklungslogisch als universalen Lernprozeß zu konstruieren. Wo lernen geschieht, verlernt man auch, wo Freiheiten erreicht sind, wurden sie mit Zwang erkauft, wo Land zu gewissen Zwecken gewonnen wurde, ging es anderswo oder anderen verloren, mit dem „neuen Licht, das über viele Gegenstände verbreitet wurde, entstanden neue Dunkelheiten". Das sagte schon D'Alembert. Kurz, das Menschheitsgeschehen ist ein Umwälzungsprozeß. Fortschritte haben ihre Kosten, Manifestationen vollziehen sich zugleich mit Verdrängungen. Disziplinierung provoziert Exzesse, Zivilisierung erzeugt neue Formen von Barbarei.

Die Aufklärung selbst ist davon nicht ausgenommen. Indem sie die Teufel vertrieb, hat sie Gespenster im eigenen Inneren des Menschen erzeugt; indem sie den Körper zum pünktlichen Arbeitsinstrument disziplinierte, hat sie leibliche Regungen zu unverständlichen Beklemmungen werden lassen; indem sie den autonomen Vernunftmenschen zum Ideal erhob und die Lebenswelt diätetischen Prinzipien unterwarf, erzeugte sie den autoritären Charakter und autoritäre Familienstrukturen. Der Fortschritt der Naturwissenschaften und der ihr folgenden Naturbeherrschung verdunkelte die Selbsttätigkeit der Natur und ließ die Angewiesenheit des Menschen auf diese Selbsttätigkeit vergessen. Die rationale Durchorganisation der Gesellschaft kulminierte in ihrem reibungslosen Funktionieren als Vernichtungsmaschine. Die Dialektik der Aufklärung, von der Horkheimer und Adorno gesprochen haben, ist ein realgeschichtlicher Prozeß. Es geht nicht an, sie als innerphilosophischen Fortschrittsmechanismus zu verbuchen: nur im Diskurs führt jede Negation auch weiter.

Die Aufklärung ist weder vollendet noch vollendbar. Da die menschliche Geschichte ein Umwälzungsprozeß ist, erzeugt sie beständig neue Abhängigkeit und Verblendung, oder neue Formen der alten. Jede Zeit braucht *ihre* Aufklärung, immer erneut, Aufklärung in Permanenz.

3. Mut?

„Aufklärung", schrieb Kant 1783, sei „der Ausgang des Menschen aus seiner selbst verschuldeten Unmündigkeit". Selbstverschuldet aus Faulheit und Feigheit – es sei so bequem, unmündig zu sein. Seine Beispiele: „Habe ich ein Buch, das für mich Verstand hat, einen Seelsorger, der für mich Gewissen hat, einen Arzt, der für mich die Diät beurteilt, usw.: so brauche ich mich ja nicht selbst zu bemühen." Was hat sich geändert? Statt Buch ist Fernsehen zu setzen, statt Seelsorger Psychiater, und der Arzt tritt einem nicht mehr als Vertreter eines Standes, sondern als Unternehmer oder professioneller Agent der Krankheitsverwaltung entgegen. Fortschritt hat stattgefunden in der Alphabetisierung der Massen – und in der Verwissenschaftlichung aller Lebensbereiche. Aber die Abhängigkeiten sind dieselben geblieben oder haben neue Formen: enthielt das ständische Leben die Abhängigkeit von Zuständigkeiten, so das moderne die Abhängigkeit von Experten. Und letztere mag sich als unausweichlicher erweisen. War Kants Aufforderung „Habe Mut, dich deines eigenen Verstandes zu bedienen!" in letzter Konsequenz eine revolutionäre Zumutung, so ist Verzicht auf Expertendienste in der fortgeschrittenen technischen Zivilisation schon eine heroische Tollkühnheit. Da die Verwissenschaftlichung der Lebenspraxis das Alltagswissen hat veröden lassen, verfügt heute der Einzelmensch nicht über die Kompetenzen, sein Leben aus eigener Verantwortung führen zu können – auch die Familie oder die Nachbarschaft kann ihn nicht komplettieren.

4. Aufklärung durch die Feder?

Daß die Aufklärung des 18. Jahrhunderts wirkungslos geblieben sei, wird man nicht behaupten wollen. Über die bürgerliche Pädagogik, Schule, Universität und Beamtentum hat sie in Deutschland, über die Revolution, Konstitution, Code civil hat sie in Frankreich die Wirklichkeit erreicht. Zwar ist wahr, daß beispielsweise die Verallgemeinerung der Marktwirtschaft die Gleichheit aller Menschen (als Tauschpartner) verlangte, oder daß der Bedarf an Industriearbeitern und freien Lohnarbeitern für den Eisenbahnbau der Abschaffung der Leibeigenschaft entgegenkam – und doch gingen hier die Ideen der Wirklichkeit voraus.

Im Deutschland des 20. Jahrhunderts dagegen scheinen die Wellen der Aufklärung nur jeweils eine schon geschehene Verschiebung des Grundes manifest zu machen. War mit dem Faschismus schon längst die Identifizierung des Staates mit dem Allgemeinen zerbrochen, waren die patriarchalen Strukturen in der Familie durch Vaterlosigkeit und Frauenarbeit längst obsolet geworden, war die Ordinarienuniversität durch Spät- und Massenstudium längst eine mühsam erhaltene Fiktion, so hat erst die Studentenbewegung diese Veränderungen ideologisch realisiert. Die antiautoritäre Bewegung hat den Schleier weggerissen und man sah: den Staat als Machtapparat, die Regierung als Administration, die Familie als Sozialisationsagentur, die Universität als Dienstleistungsbetrieb.

Ganz ähnlich die sogenannte sexuelle Revolution. Die Entmoralisierung der Sexualität, die Emanzipation weiblichen Begehrens, die Enthierarchisierung sexueller Partnerschaft *folgten* dem technischen Fortschritt der Verhütungsmittel. Gleichwohl war auch hier Aufklärung nötig, weil vergangene Strukturen die Tendenz haben, sich ideologisch zu erhalten. Aber es kann ihren tapferen Rittern auch gelegentlich gehen wie Don Quichotte, der durch Windmühlenflügel aufgeklärt wurde.

5. *Aufklärung als Arbeit*

Wenn die Frage wäre, was heute aufgeklärt werden müßte, so könnte man immer noch mit Adorno antworten: der Block. Aber es wäre keine Antwort, teilte man seine Resignation gegenüber der gesellschaftlichen Totalität. Also antworte ich: die Komplexe. Der wissenschaftlich-militärisch-industrielle Komplex etwa, dessen innere Dynamik die Rüstungsspirale immer weiter treibt, Abrüstungsverhandlungen zum Ritual degradiert und Rüstungsbegrenzungsabkommen zum Anlaß eines qualitativen Sprunges in der Waffenentwicklung werden läßt. Oder der Komplex aus Medizin, Pharmaindustrie und Versicherungen, die in konzertierter Aktion gegenseitiger Alimentierung jeden wissenschaftlich-medizinischen Fortschritt in eine Erweiterung des Krankenstandes ummünzen. Oder der Komplex aus staatlicher Administration, Arbeitgebern und Gewerkschaften, die gemeinsam die gesamtgesellschaftliche Entwicklung unter den Bedingungen internationaler wirtschaftlicher und technologischer Konkurrenz an die Kapitalverwertung binden. Diese Aufklärung erforderte eine riesige Arbeit, genug Arbeit für alle arbeitslosen Philosophen, Soziologen, Politologen und politischen Ökonomen. Aber wer, wird man fragen, sollte sie dafür bezahlen?

Also halten wir uns an die Fixierungen, die jene Komplexe in den Köpfen der Menschen repräsentieren: z.B. „Sicherheit", „Arbeit", „Natur". Zwar sind diese Vorstellungen nicht die Ursachen, die gesellschaftlich notwendige Veränderungen verhindern, aber sie sind es doch, die beim einzelnen das „Selbstdenken" blockieren und die Ideologie bilden, aus der die Politik der Komplexe immer wieder ihre Legitimität bezieht.

6. *Kritik der Sicherheit*

Sicherheit als oberster Lebenswert ist Ausdruck der Unfähigkeit oder der Unwilligkeit, sich etwas widerfahren zu lassen. Der ursprünglich gute Gedanke, Solidarität zu organisieren und damit verlässlicher zu machen, hat inzwischen als Krankheits-, Lebens-, Einbruchs-, Feuer-, Hausrat-, Haftpflicht-, Rechtsschutz-, Ausbildungs-, Sterbeversicherung, als Versicherung gegen alles und für jedermann zwar die Zufälle des Lebens nicht abgeschafft – aber den Lebensweg monotonisiert. Das hat zum einen die emotionalen Bedürfnisse in die imaginäre Welt der Medien verlagert, zum anderen die konkrete Lebensführung immer riskanter und verantwortungsloser werden lassen.

Sicherheit als oberste Maxime der Politik verhindert den Austrag von internen Konflikten und verlagert sie nach außen, sie formiert die Gesellschaft gegen äußere Bedrohung. Sie produziert Mißtrauen, weil sie in internationalen Beziehungen die Eigeninteressen des anderen nicht wahrzunehmen gestattet. Internationale Politik als Sicherheitspolitik rechtfertigt jede größte Anstrengung in der Rüstung, gerade weil sie durch jede kleinste Verletzung bedrohbar ist.

Sicherheit erweist sich als eine so gute Basis zur Legitimation unendlicher Steigerung im Rüstungs- und Gesundheitssektor, weil durch sie die Angst nicht aus der Welt geschafft wird. Sie ist das abgewandte Antlitz der Angst. Das Problem könnte nur gelöst werden, wenn man lernte, ein Stück Angst auszuhalten.

7. *Kritik der Arbeit*

Die Arbeitsgesellschaft ist noch nicht alt, und daß sie schon zu Ende sein sollte, läßt die materielle Basis, lassen die „Komplexe" nicht zu. Zwar ist es natürlich, daß bei der unerhörten, technisch erzielten Arbeitsproduktivität immer weniger lebendige Arbeit gesellschaftlich nötig ist. Das sollte langfristig die Arbeitsgesellschaft in eine andere transformieren. Arbeitsgesellschaft, das heißt: der gesellschaftliche Status und die Zugehörigkeit zum Ganzen definiert sich für den einzelnen durch seine Arbeit. Wenn der Gesellschaft die Arbeit ausgeht, müßte man also andere Formen gesellschaftlicher Integration entwikkeln. Aber ein solcher Wandel wäre für die „Komplexe" nicht erwünscht. Denn mit der Fixierung auf Arbeit läßt sich jede Produktion rechtfertigen: Rüstungsproduktion zur Erhaltung von Arbeitsplätzen, Produktion von Gütern und Infrastrukturen, für die kein Bedürfnis besteht (Verkabelung), Produktion, die Ressourcen unnütz verbraucht und die Umwelt belastet. Dem entspricht die offizielle Politik: man erhält die Arbeitslosen als Arbeitslose (anstatt ihnen als Staatsbürgern ein Mindesteinkommen zu garantieren) und man schränkt den Bildungssektor ein, wo doch Bildung statt Arbeit eine sinnvolle gesellschaftliche Alternative wäre.

8. *Kritik der Natur*

Natur ist, was von selbst da ist, denkt man. In einer zivilisations-, technik-, industriekritischen Zeit scheint dieser Wert das Vorzeichen fundamentalen Wandels zu sein. Statt dessen erweist sich Natur als absatzförderndes Epitheton für Waren aller Art, und was schlimmer ist: diese Naturvorstellung befestigt die Wissenschaftsgläubigkeit und rechtfertigt eine regressive Umweltpolitik. Wenn Natur eine Tatsache ist, so ist die Tatsachen feststellende Wissenschaft für sie allein zuständig – was zählen da noch die sinnlichen Erfahrungen der Menschen, ihre ästhetischen Bedürfnisse und ihre leiblichen Beklemmungen. Und wenn Natur das Vorliegende ist, so muß man es nach Möglichkeit bewahren. Daraus rechtfertigt sich eine Naturpolitik als Schutzpolitik, der auf Dauer, was Wunder, das zu Schützende immer kleiner gerät.

Natur als menschlicher Lebensraum dagegen ist heute immer schon ein gesellschaftliches Produkt. Sie ist Natur *für uns* und muß zwangsläufig gesellschaftlich weiterentwickelt werden. Für die so verstandene Natur wären also ganz andere Wissensformen neben der Naturwissenschaft ernstzunehmen und zu entwickeln. An Stelle einer Umweltschutzpolitik wäre die Auseinandersetzung um gesellschaftlich wünschenswerte Naturen überhaupt erst zu entfalten.

Gerhard Gamm

Die Wiederkehr des Verdrängten

Über einige Motive der Aufklärungskritik

Entgegen einem allgemeinen Vorurteil sind Aufklärung und Aufklärungskritik in vielfacher Weise eng miteinander verschwistert. Rousseau ist für diesen Umstand nur das namhafteste Beispiel. Gleichwohl kann man sagen, daß das Ethos der Vernunftaufklärung zu Beginn des 19. Jahrhunderts relativ abrupt abbricht. Zwar bleibt unterschwellig die Kontinuität der Aufklärung im Pragmatismus öffentlichen Handelns gewahrt (Sozialreformen, Wissenschaftsvertrauen, technischer Fortschritt), aber sie setzt keine Kräfte mehr frei, die, offensiv und sensibel gegenüber aktuellen Problemlagen, das Pathos der Aufklärung verbreiteten, die menschlichen Verhältnisse frei von jeder Autorität auf universelle Vernunft zu gründen. An die Stelle der aufklärenden Vernunft, die sich dem Aberglauben und dem Hexenwahn, der politischen und religiösen Unmündigkeit, überhaupt allem Dunkel, das die mittelalterliche Glaubenswelt umschattet, entgegensetzt, tritt eine Aufklärungsskepsis, die im Begriff steht, die Lügenhaftigkeit und Doppelbödigkeit der herrschenden Verhältnisse in Politik und Moral, Gesellschaft und Religion, öffentlichem und privatem Leben zu *entlarven*. In der Lichtung der Aufklärung entsteht eine Welt des Zwielichts, von der Bürger und Biedermänner sich nicht einmal etwas träumen lassen.

Die Aufklärung über Aufklärung will zeigen, auf welche Weise sich hinter den hohen Zielen, hehren Absichten und transzendenten Zwecken von Vernunft und Moral ganz profane und selbstsüchtige Motive verbergen, partikulare Interessen zu universellen Rechts- und Gesellschaftsverhältnissen totalisiert werden; sie demonstriert, in welchem Ausmaß die Verkehrsformen bürgerlich-sittlichen In-der-Welt-Seins institutionalisierte Lebenslügen sind und das Drama der doppelten Moral fester Bestandteil eben der patriarchalen Kultur des 19. Jahrhunderts ist; sie schreibt eine „Chemie der moralischen, ästhetischen Empfindungen und Vorstellungen“, um, in Anlehnung an die analysierenden und rekombinierenden Wissenschaften, nachzuweisen, daß sich die herrlichen Farben und die sublime Zusammensetzung der erhabensten Dinge allein den verachtetesten und niedrigsten Stoffen verdanken; sie ist bestrebt, das Geheimnis um die Triebkräfte der unberechenbaren Massen zu lüften und die Chiffrensprache der körperlichen Krankheitssymptome von der abgedunkelten Semantik der Seele her zu verstehen. Wie auf eine geheime Regieabsprache hin folgen die Gesellschafts- und Kulturkritiker von Schopenhauer bis Strindberg der Demaskierungsstrategie. Nietzsche macht davon keine Ausnahme. Sein Duktus, die Welt, wie sie ist oder erscheint, zu entlarven, die Hinterwelten der Metaphysik auszuleuchten und die Doppelmoral der Moral zu desavouieren, belegt das beispielhaft. Nietzsche setzt sich aber gleichzeitig den klischierten Entlarvungsgesten des fin de siècle entgegen; sein Denken berührt gesellschaftliche Motive und philosophische Konstellationen, die, gleichsam durch das Zeitgeisttypische und Kulturverhaftete hindurch, für das Selbstverständnis der Moderne hoch bedeutsam geworden sind. Für die „Knotenlinien von Maßverhältnissen“, welche die Gegenwart der nicht endenden Moderne diskursiv ordnen und beherrschen, hat Nietzsche, mehr denn jeder andere, die Weichen gestellt. Seit Nietzsche verstärkt sich der Verdacht, daß in der Geschichte der okzidentalen Rationalität Vernunft und Herrschaft, Aufklärung und Gewalt (Terror), Wahrheit und Macht nicht zufällig oder hinsichtlich einiger Aspekte, sondern notwendig und unauflöslich miteinander fusioniert sind.

Im Ausgang von Nietzsches Diskursen werden im folgenden signifikante Motive, Resultate (und Aporien) der Vernunft- und Aufklärungskritik rekonstruiert und deren diskursprägende Kraft bis in die jüngsten Debatten über den Tod der Moderne verfolgt. Das Interesse richtet sich dabei eher auf den motivdarstellenden, weniger auf den motivproblematisierenden Aspekt. Die offene Darstellungsform oder die lose Reihung der Motive deutet an, daß auch eine andere Ordnung als die gegebene möglich ist. Den Schluß bildet eine Interpretation

(„Beobachtung, Autopoiese und gesteigerte Angst"), die einzelne Motive der Aufklärungsskepsis nochmals aufnimmt und exemplarisch zeigt, wie Aufklärung sich ständig selbst überschreitet und – unabschließbar – als Selbstaufklärung der Aufklärung fortgeführt werden muß.

Unvereinbare Perspektiven.

Mit der Idee von der Inkongruenz der Perspektiven, der Differenz wertschätzender Blicke hat sich Nietzsche an vorderster Stelle in das Bewußtsein der Moderne eingeprägt. Seine Skepsis richtet sich gegen den Universalismus der Aufklärung und den Anspruch der praktischen Vernunft, ein für alle vernünftigen Wesen gleichermaßen verbindliches Gesetz des Handelns vorschreiben zu können. Im Umkreis dieser Idee wird die Annahme ein und derselben Vernunft in allen Menschen bestritten, die, wenn auch in den Einzelnen unterschiedlich stark ausgeprägt, ein die Menschen verbindendes und einendes geistiges Motiv darstelle; es wird bezweifelt, daß sich in den denkenden und handelnden Subjekten, gemäß einer durch vernünftige Zwecke regierten Welt, eine Einheit und Gleichheit der Perspektiven herstellen lasse; es wird unterstellt, daß die lebensweltliche Überzeugung einer gemeinsam geteilten Welt und einer verbindlichen Hierarchie wahrer Zwecke kein fundamentum in re (mehr) habe, daß also die Ungleichheit und Verschiedenheit der Perspektiven von keinem überindividuellen oder transzendenten Sinn (mehr) umgriffen oder durch den sicheren Gang der Weltgeschichte im Fortschrittsbewußtsein der Freiheit aufgehoben werde.

Die Vorstellung von den inkongruenten, auf Relativität abzielenden Perspektiven läßt sich an der in regelmäßigen Abständen reussierenden Renaissance der Historismus/Relativismus-Debatten illustrieren, die das intellektuelle Gewissen der kulturellen und wissenschaftlichen Moderne in auffälliger Weise beschäftigen. Indizien dafür sind ferner der Siegeszug der philosophischen Hermeneutik, der topos, daß jedes Verstehen ein Mißverstehen einschließt, wie überhaupt die Anbindung des philosophischen Diskurses an das Paradigma der Sprache. Die Folgen dieser Orientierung sind, in der lebensweltlichen Fundierung so gut wie in der sprachanalytischen, relativistisch-individualisierende Konzepte. Zu erinnern ist auch an den traditionsbildenden Einfluß der Wissenssoziologie und die Relativierung des Wissens durch die „Standortgebundenheit“ desselben; zuletzt läßt sich die Wirksamkeit jener Idee noch ablesen am Disput der Wissenschaftstheorie im Gefolge der pragmatischen Wende (Kuhn, Feyerabend, Lakatos u. a.), welche sich auch oder gerade an der Frage nach der Kommensurabilität/Inkommensurabilität wissenschaftlicher Paradigmen und Weltbilder erschöpfte und auf das seit Kant programmierte Resultat führte, die Aporien, in die die Vernunft sich ständig verstrickt, sich eingestehen zu müssen. – Systematisch reflektiert und zur Interpretationskategorie der Moderne schlechthin gesteigert (und stets im strategischen Bemühen, die Paradoxien selbstreferentieller Systemrationalität zu „invisibilisieren“ [Luhmann] wird die Idee in den neuesten Errungenschaften des wissenschaftlichen Geistes, den biologischen und soziologischen Theorien der Autopoiese und Selbstorganisation von Zellen, Organismen und sozialen Systemen. Der radikale Konstruktivismus autopoietischer Konzepte hat in jedem Fall die Funktion, den konstitutiven Anteil des operational geschlossenen, selbstreferentiellen Systems am Aufbau der je eigenen monadologischen Realität herauszustellen. – Die Irreduktibilität der Handlungsbegriffe und -erklärungen bildet einen weiteren Hinweis auf die von jeglicher synthetischer Kraft entbundene Vernunft. Handeln als intentional gedeutetes Verhalten, als Reaktion auf äußere Stimuli, als Prozeß der Selbstrepräsentation, als Folge von Persönlichkeitseigenschaften oder Triebschicksalen, als Darstellung einer Rolle oder systemfunktionalen/dysfunktionalen Verhaltens, als Aktion eines hypothesengenerierenden Subjekts oder als kommunikatives Handeln lassen sich nicht, ohne die Eigenart oder Besonderheit des jeweiligen Erklärungstyps zu verfälschen, aufeinander zurückführen oder ineinander übersetzen; vielmehr entfalten sie ihre Aufklärungskraft allein aus der Abhängigkeit von der Theorie oder dem Kontext, dem Horizont oder dem System von Bedeutungen und Unterstellungen, das sie trägt. Keiner imaginierten Zentralperspektive gelingt es, alle Facetten oder Anteile des Sinns sozialer Handlungen in eine umfassende, widerspruchsfreie Interpretation zu integrieren, sowenig –, als es, Gödels Unentscheidbarkeitsbeweis zufolge, gelingen kann, ein System der Logik zu konstruieren, das stark genug ist, die eigene Widerspruchsfreiheit zu demonstrieren.

Die Pluralisierung der Perspektiven, die im Kontext von Nietzsches Diskursen über die Wertschätzungssysteme von aktiven und reaktiven Kräften, von Ressentiment-Moral und souveräner Individualität einen Ausdruck findet, fungiert – in Übereinstimmung mit anderen Autoren des 19. Jahrhunderts – als methodisch-verfremdendes Instrument, als „Kunstgriff" (Nietzsche) der Erkenntnis- und Wissenserweiterung. Die Verschiedenheit der Perspektiven und Affekt-Interpretationen soll für die Erkenntnis nutzbar gemacht werden. Wenn, wie Nietzsche glaubt, jedes Kraftzentrum für den ganzen Rest (der Welt) seine Perspektive, Wertung und Aktions-Art hat und man, mit der Soziologie der Jahrhundertwende, die Ungleichheit der Herkunft, der Klassenzugehörigkeit und des „kulturellen Kapitals" (Bourdieu) in Rechnung stellt, dann läßt sich auch die Frage nicht von der Hand weisen, ob der andere überhaupt dieselbe Erfahrung macht wie ich, dieselben Dinge sieht, dieselben Bedeutungen mit denselben sprachlichen Ausdrücken verknüpft, dieselben Werte schätzt und den Fluß der Zeit in derselben Weise rhythmisiert; ob es überhaupt möglich ist, eine um den Animismus oder das Hexenorakel herumgebaute Kultur zu verstehen, wenn man sich vom Gesichtspunkt des Rationalismus kausalgesetzlicher Relationen und Mechanismen leiten läßt; ob nicht in der Tat die „Einfühlung" in eine fremde Kultur, ein psychotisches Sprachspiel, eine mythische Weltdeutung oder eine religiöse Praktik und – in der äußersten Konsequenz – die Einfühlung in die Vorstellungswelt einer jeden Individualität nicht auch ein Umlernen oder die Übernahme einer veränderten Lebensform und „Grammatik" (Wittgenstein) voraussetzt; ob nicht auch die „Kunstlehre des Verstehens" eine sublime Geste kontrollierten Zugriffs oder verschleierter Bemächtigung ist.

Die Vorgeschichte dieses Motivs der Aufklärungskritik läßt sich bis in die Zeit der Aufklärung selbst verfolgen; dazu gehört das Interesse, das die Aufklärung des 18. Jahrhunderts an der Entdeckung überseeischer Völker, den fernen Sitten und Gebräuchen genommen hat. Die „Lettres persanes" von Montesquieu wie das Schauspiel des naiven Wilden in Paris belegen das zu beiden Teilen. Auf der anderen Seite verbreiten auch die Stücke Voltaires, des Aufklärers par excellence,

„Candide oder die beste der möglichen Welten" und „Mikromegas", eine Aura der Skepsis um die Universalitäts- und Gleichheitsansprüche der substantiellen Vernunft. Vollends mit Kant entpuppt sich die von Voltaire verhöhnte Teleologie als Crux der Vernunft. Sie zeigt aufgrund der antinomischen Verfassung, daß sie nicht ist, was sie zu sein reklamiert: vernünftig. Denn sie ist ihrer selbst nicht mächtig; sie vermag es nicht, den sie leitenden Zweck einer in sich unterschiedenen Einheit ohne Widersprüche zu denken oder die rationale Begründung des Endzwecks zu leisten. Da sie des Endzwecks sich zu vergewissern nicht in der Lage ist, kann sie sich der Genealogie wie des Fortschritts nicht sicher sein. Die Erinnerung oder anamnestische Kraft der transzendentalen Vernunft ist dogmatischer Schein, denn wahrhaft zu erinnern vermag sie nur das, was sie zuvor in eigener Regie hervorgebracht oder verwirklicht hat.

Die historische Situation kam freilich der raschen Ausbreitung der zunächst kontraintuitiven Idee entgegen. Mit dem Zusammenbruch der großen Systeme onto-theologischer Metaphysik und der nihilistischen Skepsis, welche den Glauben in die Möglichkeit objektiven Wissens zerstreut, geht die funktionale Ausdifferenzierung gesellschaftlichen Verhaltens einher, das, im Horizont der Aufklärung, des „Übergangs von der Substanz zur Funktion" (Cassirer), von den feudal und monarchisch beherrschten Gesellschaftsverhältnissen zu demokratisch-dezentrierten Ordnungen, soviel Perspektiven und Weltansichten aus sich entläßt, als (kapitalistische) Interessen und Bedürfnisse wie Mittel zu ihrer Befriedigung da sind. Die Dispersion der Perspektiven kommuniziert mit dem, was Nietzsche abschätzig die „Demokratisierung Europas" nennt und mit dem Vereinheitlichungszwang infolge des Ausbaus der Weltökonomie einhergeht. Die materiell-neutralen Dinge, über die kein religiös-symbolischer Bedeutungszusammenhang mehr gebietet, können je nach Nützlichkeit und Kapital in Besitz genommen werden. Im Rahmen der Industrialisierung teilen, vervielfältigen und universalisieren sich die Ideen, Vermögen und Produktionsverfahren; immer deutlicher tritt auch die dem relativen Eigensinn der Institutionen gehorchende Leistungsstruktur gesellschaftlicher Arbeitsteilung hervor: die Arbeitswelt koppelt sich vom Leben im Umkreis der Familie ab und schult, relativ verschieden, einen durchaus eigensinnigen Umgang mit Zeit und Subjektivität; für Recht und Moral werden gesonderte Sprachen und Richtlinien ausgebildet und den entsprechenden gesellschaftlichen Sphären zugewiesen; die Wissenschaft befreit sich aus der Vormundschaft der Philosophie; zwischen Natur- und Geisteswissenschaft klafft der Graben zweier nahezu verschiedener Kulturen, und Soziologie wie Psychologie insistieren auf der Unableitbarkeit je eigener Handlungsmodelle. Soziale und persönliche Identität gehen nicht mehr ineinander auf. Die Mittel revoltieren gegen die absolute Vorherrschaft der Zwecke; beide, Mittel und Zweck, geraten, begleitet von den Klagen der kritischen Theoretiker und Untergangsvisionäre, in das Spiel der Permutationen.

Die ästhetische Moderne vor allem hat das Bewußtsein für die Besonderheit und die abgründige Verschiedenheit der Weltsichten geschärft und, im Widerstand gegen die nivellierende Macht des Sozialen und den Erwartungsdruck der Gesellschaft, das Bruchstückhafte der Eindrücke und Bilder, der Affektkonstellationen und Erinnerungen, der Augenblicke und Ahnungen von den Identitätszumutungen der Moral befreit; sie hat die anfallenden Widersprüche nicht als Beweis des Unwirklichseins abgetan und die Flüchtigkeit des Glücks nicht mit der Wahrheit (der Selbsterhaltung), daß nur zählt, was dauert, übertrumpft. Im „Zeitalter der Partialtriebe" (Deleuze/Guattari) streifen selbst noch die vereinzelten Machtkomplexe des vereinzelten Subjekts das Joch moralischer Identitätskontrolle ab.

Verdeckte Operationen oder das Interesse am Nichtwissen.

Von Schelling und Schopenhauer, Carus, E. v. Hartmann und der romantischen Naturphilosophie bis zu Nietzsche und Freud bricht sich die Überzeugung Bahn, daß alles Seelenleben, die gesamte Welt des inneren geistigen Daseins auf einer Basis des Unbewußten und Bewußtlosen aufruht und sich aus dieser hervorbildet. Nicht nur die künstlerische Produktivität hat Anteil an der Wirksamkeit unbewußter Motive; das geistige Tun und Regen, wie die tausendfach verhakelten Korrespondenzen des Leibes überhaupt, folgen einer Absprache und Kommunikation von Kräften, die jene Theorien im Grenzbereich des Psychischen und Somatischen angesiedelt haben. Den Motiven wird die Aufgabe zugeschrieben, das dem Bewußtsein schon einmal

Zugängliche erneut in den Abgrund des Vergessens und Unbewußtseins zu tauchen; sie organisieren darüber hinaus den Selbstschutz und die Abwehr des leitenden Systems, indem sie dem Bewußtsein, das ganz Derivat und Oberfläche ist, die der Erhaltung des Organismus dienende Überwachungsfunktion notwendig verhehlen. Der „esprit souterrain" (Nietzsche) oder die latent gehaltene Funktion garantiert das störungsfreie Zusammenspiel organischer und kognitiver Kräfte und entlastet, auf den verschiedenen Ebenen, das Bewußtsein von der Abwicklung überaus aufwendiger Koordinationsleistungen.[1] Die Kommunikation unbewußter Kräfte bewußt zu machen, bedarf es einer ästhetischen und therapeutischen Sensibilität, das ist eine Kunst, die „im Übergreifen des Bewußtseins in Unbewußtsein zur Höhe menschlicher Vollendung wahrhaft gehört".[2]

Aber nicht der anticartesische Aspekt einer *Kunst,* das Unbewußte bewußt zu machen, ist an dieser Stelle thematisch, sondern dasjenige Motiv der Aufklärungskritik, das die *notwendige Verdeckungsfunktion* freilegt, die in fundamental-anthropologisch gedeuteten Prozessen handlungsnotwendigen Vergessens und Verdrängens ebenso präsent ist wie im systematischen Abdunkeln bestimmter Handlungsfolgen und -ursachen im Kontext sozialer Systeme.

Daß Menschen manches vergessen, hat man schon immer gewußt; neueren Datums aber ist die Wertschätzung des Nichtwissens und Vergessens, die, infolge des Umbaus der Rationalitätsstrukturen seit Beginn der Moderne, das Vergessenkönnen zur anthropologisch notwendigen und sinnvollen Bedingung umweltoffener Orientierung macht.[3] Als dynamisches Regime, das in Beziehung zu allem steht, was die „große Vernunft" des Leibes affiziert, ist das Vergessen die plastische und nachheilende Kraft, die es gestattet, uns von leidvollen (und glücklichen) Vergangenheiten loszubinden, die handlungsblockierende und hemmende Präsenz vergangener Ereignisse, Bilder und Szenen zu verdrängen, die unseren Stolz und unsere Wünsche derart verletzten oder demütigten, daß daran gefesselt zu bleiben, Wahnsinn, Schwermut oder Schlimmeres die einzigen Auswege der geängstigten Kreatur wären. Unter dem Schutzschirm latenter Operationen wird das Selbst wieder geschickt und durchlässig, das ist frei, den Ansprüchen des Realitätsprinzips nachzukommen. Ein Interesse am Vergessen oder Nichtwissen, wie es Nietzsche unterstellt, widerspricht zutiefst den Intentionen der klassischen Philosophie, gerade auch denen des „Deutschen Idealismus", der, im Rückgriff auf die mäeutische und kathartische Kraft des Erinnerns, von der ganzen Anlage her eine einzige Anstrengung gegen das Vergessen ist.

Politisch betrachtet erscheint die Unterstellung handlungsnotwendigen Vergessens in höchstem Maße ambivalent, zumal im Umgang der Deutschen mit der jüngsten Geschichte. Davon zeugt zuletzt der Historikerstreit. „Daß man endlich auch vergessen können muß" eignet sich vorzüglich, den Legitimations-, Orientierungs- und Konsensbedarf einer Politik zu decken, die, anstatt eine zivile Gesellschaft anzusteuern, immer noch Bestände des Obrigkeitsstaatlichen und Militärischen, des Deutschnationalen und einer kapitalistisch formierten und institutionalisierten Ellenbogenfreiheit tradiert. Die unduldsam-forsche Rhetorik, darauf angelegt, die moralische Selbstentlastung zu erzwingen, signalisiert, wie eng das forcierte Vergessenmachenwollen mit dem Ethos von Rationalität und geschäftsmäßiger Kälte verwandt ist, das Adorno der bürgerlichen Gesellschaft insgesamt attestierte; im Eilschritt des glücklich beruhigten Gewissens wird bewußtlos über die Opfer hinweggeschritten, nicht nur über die der anderen, sondern auch über die, die man selbst zu bringen aufgefordert ist – bis endlich die bruchlose Identifikation mit dem autoritären Charakter gelingt.[4] Angesichts der politischen Anfälligkeit der Kategorie für neokonservative Reaktionsbildungen ist es notwendig, auf der Unterscheidung zu bestehen, daß die im Rahmen anthropologischer Theoriebildung rekonstruierte latente Operation lebensdienlichen Vergessenmüssens *das eine* ist, seine politisch interessierte Vereinnahmung *etwas anderes*. Die theoretische Annahme latenter Inhalte und Strukturen schließt, wie das Beispiel der Psychoanalyse zeigt, Erinnerungs- und Trauerarbeit nicht aus. Hat sich im „Dunkel der gelebten Augenblicke" das Leben heillos in ein neurotisches Symptom verdichtet und verwirrt, läßt das Dunkel sich nur auflösen, wenn dem durch die reinigende Macht der Erinnerung entgegengearbeitet wird. Ähnlich verhält es sich mit der Erinnerungsarbeit und der Analyse der historischen Affektdispositive (dem industriell-militärischen Komplex der inneren Natur) in den Tiefenschichten der Gattung; sie dient dem Abbau der in den gesellschaftlichen Feindbildern routinisierten Aggression und macht das in den kollektiven Klischees verdinglichte Leben wieder der lebendigen Erfahrung zugänglich.

Eine gewichtige Rolle spielt das Motiv verdeckter Operationen auch in der Gesellschafts- und Handlungstheorie. Soziales Handeln in einer nicht allseits vertrauten Welt läßt sich nicht vorstellen, ohne den Handlungskreis einzuschränken, Teilaspekte der sozialen Wirklichkeit auszublenden, Informationen zu ignorieren, Handlungsfolgen abzudunkeln und Alltagshandeln zu rationalisieren, also bestimmte Verhaltensanteile auszugrenzen, um andere, den sozialen Erwartungen akzeptablere, vorzuschieben. Was wesentlich oder unwesentlich ist, scheint sich nicht (mehr) von selbst zu verstehen. Um nicht Halt und Orientierung in einer nur schwer überschaubaren, komplexen Welt zu verlieren, ist menschliches Handeln darauf angewiesen, aus der mit Zeichen, Bedeutungen, Werten, Sensibilisierungen und Handlungsofferten überlasteten Wirklichkeit – unter *Verdeckung* und *Verdrängung anderer* – diejenigen auszuwählen, welche die eigene Identität hinreichend stabilisieren, das heißt ausbalancieren und anschlußfähig halten. Die neueren Handlungstheorien gehen entsprechend davon aus, daß die Umwelt immer ein größeres Informations- und Erfahrungsangebot bereit hält, als es der Handelnde zu integrieren imstande ist. Die Handlungen, einmal in sie entlassen, reichen daher auch weiter, als es der Einzelne zu überblicken vermag.

In den Umkreis dieses Motivs der Aufklärungs- und Vernunftkritik gehört des weiteren die Skepsis, ob nicht in bezug auf den Erfahrungsschatz des Einzelnen wie der Kultur insgesamt vieles dafür spricht, daß es durchaus zwingend ist, etwas *verlernen* zu müssen, um sich anderes, das mit dem, was ist, nicht kompatibel ist, anzueignen;[5] ob nicht das Bild des universellen Menschen, der fähig ist, alle Kräfte zu entwickeln und sich „in seiner Totalität zu produzieren“ (Marx), eine geschichtslose und leere Fiktion ist? Beispielsweise müssen die mit einem animistischen Weltbild verschmolzenen Praktiken, Institutionen, Selektionen, Sensibilitäten, Disziplinen und Klassifikationen entmächtigt und verlernt werden, sollen Mitglieder jener Kultur geschickt werden, neuzeitlich-rationalistische Orientierungen zu übernehmen. Und können nicht verschiedene Kräfte einer Kultur oder eines Menschen so geartet sein, daß sie untereinander durchaus im Widerstreit stehen wie überhaupt – auf jeden Fall aber wegen der Kürze der Lebenszeit – nicht miteinander kommensurabel gemacht werden können, weil der Erwerb des einen den des anderen ausschließt? Ist es nicht unmöglich, die Schärfe der Denk- und Beobachtungsfähigkeit zugleich mit der Phantasietätigkeit in ein und derselben Person zu steigern?[6] Verliert nicht, wer fortgesetzt in ein Ensemble von Rollen und Verhaltensfiguren sich entäußert, zuletzt die Kraft, sie in der synthetischen Einheit eines Charakters zu verschränken? Nietzsches Anstoß, das Vorteilhafte einer Person so innig mit ihren Schattenseiten verschmolzen zu sehen, daß, wollte man die guten von den nicht erwünschten Eigenschaften absondern und befreien, man unweigerlich auch die ersten auslöschte, zielt darauf ab, dies Verhältnis als Variante von Nullsummenspielen anzusehen und die Aufmerksamkeit der Vernunft darauf zu lenken, welche Streu- und Reibungsverluste sie mit sich führt oder welche kehrseitige Wahrheiten sie sich selber verbirgt.

Die Aufklärungskritik dringt nicht darauf, jeglicher Erinnerung zu entsagen, was, weil gar nicht möglich, unsinnig wäre; sie richtet im Gegenteil die Bedenken auf das Verdrängungsbewußtsein der Vernunftaufklärung, das glaubt, alles sei allem, gemäß rationaler Methode, das ist objektiver Beobachtung und logischem Denken zugänglich, alles und jedes sei gleichsam in jedem Augenblick transparent, geistesgegenwärtig, flüssig und zugriffsbereit zu machen; sie klärt auf, welch verdeckter Unterdrückungs- und Affektverkehrungsoperationen es bedarf, das Ideal emotionsfreier Argumentation und abgeklärter Sachlichkeit mit dem Anspruch auf universelle Anerkennung auszustatten.

Daß jede Informationsübertragung mit einem Rauschen verbunden ist; Systeme systematisch an die Grenzen systemischer Selbstbegründung stoßen; die fortgesetzte Rekursivität von Funktionen und selbstreferentiell organisierten Systemen sich die Ursprünge verbirgt; die Abweichung zur Sache selbst gehört; die Beobachtungsunschärfe selbst das Resultat der allerschärfsten Beobachtung ist; Theorien, Perspektiven, Horizonte „desselben“ Gegenstandes, sich gleichsam wie Figur und Grund verdecken; der Beobachter des Beobachters der Beobachter zumeist und wenigstens zuletzt das Nichtbeobachtbare ist; der Beobachter, indem er schützt, zugleich kontrolliert; jede Wendung der Reflexion das vom Wissen erzeugte Nichtwissen anwachsen läßt und jedesmal das eine das andere verdeckt, verdrängt, verdunkelt oder vergißt, wirft ein grelles Licht auf die ehedem postulierte Gleichzeitigkeit des eingeschlossenen ausgeschlossenen Dritten (ohne den wir freilich auch heute nicht handeln und denken können).

Die Kategorie verdeckter Operationen ist ein Hauptstück in der Selbstbeschreibungsgeschichte der Moderne. Es scheint, als habe sie die Stelle der Vernunftantinomien okkupiert. Sie zeichnet sich bereits im Begriff der Ideologie als notwendig falschem Bewußtsein (Marx) ab, freilich noch abgebremst durch die antinomienauflösende Hoffnung (Kraft) der Revolutionsgeschichte; sie wird fundamentalanthropologisch (Nietzsche, Gehlen) und existential-ontologisch als uneigentliche Existenz (Heidegger) dem Zeitbewußtsein eingeschrieben; Abwehrmechanismen (Freud) sind verdeckte Operationen par excellence, die allesamt erst einer kunstvollen Deutung und Praxis, wenn auch nicht ohne Rest, zugänglich sind; an der Endloskette von Richtern, Gesetzeshütern und Mächtigen (Kafka) oder der Kette logischer Typen (Russell) wiederholt sich das Verdoppelungsspiel; die logische Struktur zeigt sich wissenschaftstheoretisch (Kuhn, Feyerabend) als Inkommensurabilität von „natürlichen Interpretationen", naturwissenschaftlich (Heisenberg) als Unschärferelation, sozialwissenschaftlich in Form „latenter Funktionen" (Luhmann) und neuerdings in Gestalt von rekursiven Funktionen autopoietischer Systeme (Maturana, Varela, v. Foerster) oder als „Alptraum der unendlichen Folge" in der Parasitenepistemologie (M. Serres).

Die Verdeckungsoperationen signalisieren eine jeglicher Bestimmung (Fixierung) sich entziehende Rationalität. Es steht außerhalb der Macht der Rationalität, Ursprung und Reflexion, Vernunft und Geschichte, ohne sich in Antinomien zu verstricken, zusammenzudenken. Auch wenn Gott tot ist, ist nicht alles verloren. Sie allein als Symptom des Selbstentschuldungsprogramms der Moderne zu deuten, was sicherlich stimmt, wäre dennoch kurzschlüssig. Weniger moralisch betrachtet bilden sie Ausgleichshandlungen: das Vergessenmüssen bei Nietzsche, das „man" der uneigentlichen Existenz bei Heidegger, die

Abwehrmechanismen bei Freud und selbst Adornos elitäre Verkehrung des Urteils über die vor der eschatologischen Revolution versagenden Menschen, die sich das Bewußtsein der Versagung selbst noch versagen, verweisen auf die Neutralisierungs- und Entlastungseffekte der handlungsbegleitenden Funktionen. Die fortgeschrittenen Strategien der Ökonomisierung des Arbeitsprozesses werden selbst unter den verschärften Bedingungen spätkapitalistischer Konkurrenz von der (nicht mal kontraproduktiven) Einrichtung betrieblicher Lebenswelten begleitet; die Rationalisierung des Wirtschaftshandelns hat, wie die Organisationssoziologie zeigt, die Bildung von Mythen und Legenden im Gefolge; die romantische Naturerklärung und der Holismus einer mythischen All-Einheits-Natur gehen in großen Teilen der Ökologiebewegung mit einem extremen Szientismus in Kybernetik und Systemtheorie einher. Dialektik wäre eine zu starke und belastete Vokabel für die gesellschaftlich diktierte Bewegung widerspruchsverdekkender Verdoppelung; der Musilsche Begriff der „Parallelaktion" wohl eine bessere. Ohne den (ironischen) Verdunkelungsgewinn der verdeckten Operationen wäre das Licht der Aufklärung kaum zu ertragen. Ohne die Doppelungseffekte oder die Parallelaktionen, die bislang die totale Dispersion der Moderne hemmen, ist es nicht zu verstehen, aus welchem Grund das Geistprojekt der Aufklärung nicht schon längst „im Lichtblitz der Bombe" (Kamper) verlöscht ist. Der Antirationalismus der Aufklärungskritik hat eben bewußt gemacht, was mit dem Rationalisierungswahn der Aufklärung zugleich einhergeht, ohne Garantie, jene Paranoia wirklich eindämmen zu können.

Die Entmächtigung des Ich und die Fiktionalisierung der Welt

Der Entmächtigungsprozeß des selbstverantwortlichen Ichs verläuft im groben gerechnet über zwei verschiedene Schienen, zunächst über die, welche die handlungswirksamen Motive, Strebungen, Wünsche, Dispositionen und Äußerungen eines Subjekts in die Macht bewußtseinsferner Antriebskräfte oder Triebschicksale stellt; des weiteren über diejenige, die unabhängig von den Selbst- und Situationsdeutungen der gesellschaftlichen Akteure den Sinn von Handlungen aus den überindividuellen, objektiven Funktionserfordernissen sozialer Systeme herleitet. Letztere Auffassung spiegelt sich in Marxens Begriff der „Charaktermaske"; die erstere in einem Groddeck entlehnten Urteil Freuds, das ebensogut den Schriften Schopenhauers oder Nietzsches entstammen könnte und für beide Strömungen gleichermaßen Gültigkeit hat: „daß wir [. . .] ‚gelebt' werden von unbekannten, unbeherrschten Mächten".[7] Im 19. Jahrhundert gewinnt also auf der einen Seite die Triebnatur, auf der anderen die Macht der zweiten Natur, die Sozialnatur das Vorrecht, einen neuen kritischen Deutungsrahmen für das Handlungsverständnis abgeben zu können. Die Kritik der politischen Ökonomie arbeitet die reale Vorgängigkeit und Kohärenz des Gesellschaftlich-Allgemeinen vor dem Subjektiv-Einzelnen heraus; die Kritik an der Intelligibilität des Willens dokumentiert die vorlaufend biologische Abhängigkeit des Ich von einer universellen wie zugleich individuell ausgebildeten Triebnatur. Die Entmachtung des Ich, d. h. die Verdrängung der Autonomie oder Ich-Identität begründenden Moral aus dem Zentrum des idealistischen Handlungsbegriffs und die Ausbürgerung einer weiteren Provinz aus der Kernregion der Philosophie, gehen Hand in Hand. Der seit Kant halbierten und geschwächten Moral wird ein Mitspracherecht in den ausdifferenzierten Handlungskonzepten der Wissenschaften bestritten.

Die (wissenschaftliche) Ermächtigung der Trieb- und Sozialnatur macht die Ohnmacht der transzendental- wie geschichtsphilosophischen Vernunft aktenkundig. Das Bewußtsein der Ohnmacht wird gesteigert durch die Einsicht, daß Handeln, sobald es in die Welt eintritt, sich stets der Gefahr aussetzt, durch vorweg nicht abwägbare politisch bestimmte Machtverhältnisse, gesellschaftlich motivierte Interessen oder technisch gesteuerte Innovationen unter fremdbestimmten Sinn gebracht und enteignet zu werden.[8]

Weder der Bestand an kulturellen Traditionen noch die institutionalisierte Herkunftsbindung von Wissen und Handeln, weder der wissenschaftlich-technische Fortschritt noch die „List der Vernunft" (Hegel) oder die engagierte Mitarbeit „am verborgenen Plan der Natur" (Kant), die sublimierende Anverwandlung der Triebnatur (Freud) oder die synthesisbildende Kraft des Mythos kommunikativen Handelns (Habermas) verbürgen eine sichere Übereinstimmung und Kohärenz des subjektiv Intendierten mit dem objektiv Realisierten. Die tiefere Vernünftigkeit des Verhaltens ist nicht, wie Gehlen noch glaubte, ungemein schwierig, weil das hochgradig spezialisierte Handeln vom Resultat und damit von der Erfolgskontrolle getrennt ist, sondern schlicht unmöglich, weil systemische Steuerung und individueller Handlungssinn über keinen höherstufigen Zweck mehr miteinander legiert sind. In der Gegenwart wird bewußt, daß die Entmächtigung des Subjekts eben auch über die ungeheuere Komplizierung der technischen und gesellschaftlichen Superstrukturen verläuft, deren planmäßig-unplanmäßig koordinierte Selbstorganisation das Risiko unbeabsichtigter Nebenfolgen (und das heißt auch der Katastrophen) zum Normalfall macht. Gegen die Aufklärung aus dem Geist der kalkulierbaren Wirkungen steht denn auch die Logik der physikalischen, mehr noch der lebendigen Welt, die große und gewaltige Wirkungen aus winzigen Abweichungen hervorgehen sieht und die, wie es scheint, auch für die Geschichte nicht ohne Belang ist. Die Verbesserung der allgemeinen Lebensbedingungen nach Art der laplaceschen Aufklärungsmechaniker und Gesellschaftsingenieure stößt an die Grenzen von unbedeutenden Ursachen, deren Effekte unendlich groß sein können. Die Gesellschaft findet sich erneut in ein System von ökonomischen und technischen Abhängigkeiten eingeschlossen, das den Gesellschaftsverhältnissen nicht unähnlich ist, die sich im Bann von Göttern und mythischen Mächten bewegen. Die Idee eines autonomen Subjekts (welche die Subjektivität des Einzelnen und das sie überschreitende Allgemeine einer Lebensform synthetisch verbindet) erscheint so als Zwischenspiel einer Übergangszeit, die, sich religiösen und feudalen Zwangsverhältnissen entwindend, paradox genug die Überzeugung hegt, sich frei auf eine kontrollierte Zukunft hin entwerfen zu können.

Angesichts des mit der Renaissance inaugurierten Fortschritts von Vernunft und Wissenschaft, Technik und Moral, sind die Repräsentanten der Aufklärung davon überzeugt, für alle genuinen Probleme menschlichen Lebens dauerhafte und gerechte Lösungen anbieten zu können und, gestützt auf die wahren Prinzipien vorurteilsloser wissenschaftlicher Rationalität, der objektiv gültigen Ordnung der Dinge stetig näherzukommen. Im Gegenzug dazu dekonstruiert die Vernunftkritik die moralischen Bindungskräfte, die Ich und Vernunft unbewußt synthetisieren und differenzieren; sie depotenziert und fiktionalisiert das Ich als Erkenntnissubjekt wie die Realität der Welt schlechthin. – Nebst der Verführungskraft von Sprache und Grammatik, welche die „versteinerten Grundirrtümer der Vernunft" (II, 789), enthalten, ist es der Erkenntnisapparat selbst, das „Kolumbarium der Begriffe" (III, 319), welches weniger auf die Erkenntnis der reinen und sicheren Wahrheit gerichtet ist als auf das Zurechtmachen, die Simplifikation und die Bemächtigung der Dinge. Kurz, das philosophische und wissenschaftliche Interesse an der Bedeutung der Sprache für Logik, Handeln und Weltbildkonstitution (Wittgenstein, Logischer Positivismus, sprachanalytische Philosophie) bildet eine weitere Hauptquelle, aus der die ungebrochene Faszination an der Auflösungslektüre des Subjekts ihre Kraft schöpft. Die Subjektlosigkeit fasziniert in geringerem oder größerem Maße alle Philosophien des vergangenen und unseres Jahrhunderts.[9]

Von Schopenhauers Fiktionalisierung der Welt über Nietzsche und Vaihingers Philosophie des „Als ob" bis zu Anders' und Baudrillards Welt der Simulationen – in der das System der Tauschwerte jede Referenz und jeden Rückhalt in der Produktion der Gebrauchswerte einbüßt und der dem Zweck entbundene Arbeitsprozeß nurmehr in einen nominalistischen Strom von Symbolen und Zeichen verwandelt ist und die Simulakren einer „gestorbenen Ordnung" die Surrogate der wirklichen sind – reicht das Unbehagen der Moderne am selbstsicheren Realismus der Aufklärung. „Die wirkliche Definition des Realen" aus dem Geist des „Hyperrealismus der Simulation" – und das ist der Geist Kants und der Aufklärung – lautet: „das wovon man äquivalente Reproduktion herstellen kann".[10] Die Aufklärungskritik nimmt die Aufklärung beim Wort, nur kann sie sich der Einsicht nicht verschließen, daß der scheinbar unerschütterliche Realismus wissenschaftlich-technischer Naturbeherrschung in eine absolut irreale, fiktive, künstliche, abstrakte, simulierte, übercodierte und mediatisierte Welt eingemündet ist und die Mitglieder hochzivilisierter Gesellschaften das Gefühl nicht loswerden, daß auf allen Ebenen, in jeder Größenordnung und Disziplin, etwas Künstliches und Unwirkliches über Leben und Tod Besitz ergriffen hat, daß die Wirklichkeit nicht doppeldeutig ist, sondern sich unaufhörlich verdoppelt, daß die Entmachtung des Ich das nicht-festgestellte Tier Nietzsches ist, das angesichts gentechnischer Verfahren, eben jener „äquivalenten Reproduktionen", den Mythos des Ich endgültig überwindet. In der technischen Kompetenz äquivalenter Reproduktionen kommt die Aufklärung zu sich selbst. – Das Primäre an diesem Element entlarvender Aufklärungskritik ist weniger die innere logische Widersprüchlichkeit der Fiktionsmetapher (die als Metapher ohnehin einer anderen als der diskursiven Ordnung widerspruchssensibler Begriffe angehört und die Unhintergehbarkeit der Wahrheit, die gleichsam wie die Sprache allem sozialen Handeln und Urteilen vorläuft, anerkennen muß), sondern, daß sie Ausdruck eines Entzugsgefühls oder eines Wirklichkeitsschwunds ist und die atemlose Melancholie der Moderne heraufbeschwört, die, ohne wirkliche Teilhabe am Leben, ein künstliches Leben zu fristen gezwungen ist und die Angst, die Aufklärung vorgibt, den Menschen zu nehmen, aufs neue und unbegreiflichste schürt, in einem Wort, die bedrückende Erfahrung *unverfügbarer* Wirklichkeit parallel läuft mit der größten wissenschaftlich-technischen Naturbemächtigungskompetenz. Die Einsicht in die Parallelaktion aber nährt zugleich die Flamme der Hoffnung, bedenkt sie doch das Unverfügbare, das janusköpfig, zum Guten wie zum Abträglichen offen, die Freiheiten der Gesellschaftsmitglieder nicht prinzipiell verstellt.

Die Entmythologisierung der Wissenschaften

Nietzsches Diskurse nähren auf geradezu dramatische Weise den Verdacht, daß die Wissenschaft[11] gar nicht der Motor der Aufklärung oder der Hort der Rationalität ist, auf deren Fortschritt bauend die allgemeine Verbesserung der menschlichen Lage erwartet werden dürfte. Im Gegenteil: die Wissenschaft gerät in den Verdacht, an den Mustern der Kultur mitzustricken, die, anstatt die Souveränität der Menschen zu befördern, die weißen Flecken nur vergrößern, die auf den Landkarten der Moderne weite Landstriche ohne (orientierende) Legenden lassen. Die Aspekte von Nietzsches Desillusionierung der Wissenschaft sind vielfältig; sie berühren das Selbstverständnis und das Wahrheitspathos der Wissenschaft im allgemeinen und das der Einzeldisziplinen im besonderen. Es kommt in diesem Kontext nicht darauf an, alle Motive von Nietzsches Einstellung zur Wissenschaft aufzulisten, sondern nur diejenigen, die sich bis heute als wirkungsmächtig erwiesen haben.

Nietzsches Wissenschaftsskepsis beinhaltet zuvörderst eine *Kritik der Grundbegriffe wissenschaftlichen Denkens* (Kausalität, Naturgesetz, subjektlose Objektivität), die, als Archäologie vorgetragen, auf allen Ebenen wissenschaftlicher Urteilsbildung das Paradox eines Erkenntnisinteresses interesseloser Erkenntnis aufspürt und die wahrheitsbildenden Voraussetzungen der Wissenschaft in Moral und Wertschätzungssystemen, Kultur und Religion, Institutionen und Personen, Grammatik und Begriffsbildung freilegt; sie also mit allen Niederungen und Vorurteilen belastet vorstellt, von denen sie, im Gegensatz zu anderen kulturellen Symbolsystemen und Weltanschauungen, frei zu sein glaubte. Sie ist integrierter Bestandteil der Kultur, der sie entstammt, keine unabhängige Richterin in extraterritorialer Position, der ein Privileg der Erkenntnis die Weihen höherer Einsicht vermittelte. Weder in Gestalt der Natur- noch der Geisteswissenschaften erklärt sie die Welt; sie legt sie einzig aus (auch dann noch, wenn diese Weltauslegung ungleich mächtiger und tiefer als andere ins Mark der Natur und ins Innere der Welt eingedrungen ist und sie umgebaut hat). Sie beruht wie jedes perspektivenbezogen-perspektivenüberschreitende Erkennen auf Selektionen, d. h. auf Abstraktionen, deren allgemeinste die der begrifflichen Urteilsbildung ist, der gemäß ständig Gleiches durch Gleichmachen des Ungleichen erzeugt wird. Der selektive Zugriff enthält den entscheidenden Fingerzeig auf das Hauptmotiv, das dem Zurechtmachen, Vereinfachen, Abkürzen, Weglassen und Umdichten wissenschaftlicher Weltaneignung zugrunde liegt: *der Wille zur Bemächtigung der Dinge.* Als Teil des Modernisierungsprogramms der alten Welt hat sie die Form methodisch kontrollierter Naturbeherrschung; sie trägt den Geist der „wissenschaftlichen Fabrik", den von energietransformierenden Systemen und geschäftigen Kalkulationen, in Natur und Gesellschaft hinein, um den ökonomischen und gesellschaftlichen Nutzen zu mehren, einzig dem (leeren) Zweck der Überlebenssicherung verpflichtet. Die Wissenschaft aus der Optik des Künstlers zu begreifen und abzuschätzen, lehrt auch die *psychohistorischen Vorgaben* zu begreifen, die in Gestalt wissenschaftlicher Tugenden (von der Biederkeit, der Selbstdisziplin und des stocksteif-gelehrten Ernstes bis zum Arbeitsbienenfleiß und zur Vergötterung des „Faktums") als gleichsam selbstverständliche Produktivkräfte in die Konstitution der Wissenschaft eingehen und die Logik der historischen Differenz, die den context of discovery und den context of justification trennt und verbindet, selbst auf eine Referenz hin überschreitet, vor der die Unterscheidung gleichgültig wird. Wenn N. Elias die „Dämpfung der spontanen Wallungen, Zurückhaltung der Affekte, Weitung des Gedankenraumes über den Augenblick hinaus in die vergangenen Ursachen –, die zukünftigen Folgeketten" als Grundlagen des zivilisatorischen Entwicklungsprozesses betrachtet, so sind damit zugleich die Merkmale bezeichnet, die das Wissenschaftshandeln der Neuzeit fundieren.

Nietzsche lehrt überhaupt den Blick auf die *pragmatischen* Verhältnisse der Wissenschaft zu lenken, darauf, wie intensiv die Institutionalisierung des Wissens mit epochentypischen Einstellungen, Kompetenzen, Wahrnehmungsrastern, Affektformationen und Techniken vernetzt ist; wie die Demokratisierung und Trivialisierung des Wissens mit einer trockenen, parzellierten, von allen Musen der Kunst verlassenen Forschungs*arbeit* einhergeht. Ohne die verfremdende Optik des Künstlers zu Hilfe zu nehmen, gelingt es nur schwerlich, die Abgründe der Wissenschaft, deren Wert oder Unwert auszuloten. Sie gleicht den Naturwissenschaften, die systemnotwendig die eigene Geschichte, Ausdifferenzierung und Institutionalisierung nicht vermittels der Sprache, Methoden und Kompetenzen zu explizieren vermögen, die sie hinsichtlich der Problembearbeitung der je besonderen Teildisziplin in Anwendung bringen. Die Wissenschaft spiegelt die Welt nicht, wie sie an sich selbst ist, ab. Die vielfältigen materiellen und ideellen Voraussetzungen der Wissenschaft in den Begriff derselben einzubeziehen, ist ein Meilenstein in der Entzauberungsgeschichte der Wissenschaft, die in der Gegenwart darauf führt, sie (in der modernen Synthese mit der Technik) wohl als eine ungemein mächtige, mit allen Lebensäußerungen vernetzte Institution zu begreifen, sie zugleich aber als *eine* Deutung und *eine* Lebensform, d. h. als *ein* Sprachspiel mit eingeschränkter Grammatik erscheinen läßt, das neben oder im Unterschied zu anderen (narrativen) Weltzugängen (ästhetischen, religiösen, lebensweltlichen usf.) sich zwangsläufig *relativiert,* weil die relevanten Beurteilungskriterien hier wie dort nicht dieselben sind; die Wissenschaft zuletzt nicht einmal die Kraft der Selbstlegitimation besitzt, sondern sie erst im Rückgriff auf die vorwissenschaftlichen ‚Rahmenerzählungen‘ (Lyotard) erreicht.

Der Verdacht ist in der Tat nicht leichter Hand zu entkräften, daß bis in die molekulare Ordnung von Wissen und Moral der Wille zum Wissen und zur Moral vom Willen zur Macht infiziert ist; daß die in den technomorphen Grundriß des Cartesianismus eingezeichnete innere und äußere Natur ein aller lebendiger Potenzen beraubter und auf planmäßig-industrielle Bewirtschaftung und schrankenlose Nutzung abgestellter Naturstoff ist, bloßes Material, das es zu beherrschen gilt; daß alles Aufklärungswissen, das einen Anspruch auf Rationalität und Objektivität geltend macht, insofern mit der Herrschaftsvernunft verkoppelt ist, als es sich dem der instrumentellen Handhabbarkeit angelehnten Verfügungswissen okzidentaler Wissenschaft assimilieren muß, das mit überwältigendem Erfolg den Anspruch universeller Geltung deshalb einzulösen vermag, weil es über universelle Strategien zur (mathematischen) Idealisierung der Natur verfügt (künstliche Isolierung geschlossener Systeme, Ausschaltung von Störeffekten und Irregularitäten, Hantieren mit reinen Stoffen) und die Wirklichkeit von Natur und Gesellschaft entsprechend konsequent mit methodisch instituierten *Reduktionen* überzieht.

Die Wissenschaft selbst ist für Nietzsche das große Fragezeichen. Das zeigt gerade die Analyse des Affektuntergrunds der Wissenschaft. Sie zeitigt das Resultat, daß, entgegen allem Augenschein, die Wissenschaft, indem sie das sokratische Vorurteil über die „Wahrheit“ (die Wahrheit dem Schein und der Täuschung vorzuziehen) teilt, die *Politik des asketischen Wahrheitsideals* fortsetzt und den sinnlichkeitsfeindlichen Purismus der Moral, den Keim des *Nihilismus* in die moderne Wissenschaft einschleust, der einmal zur Weltauslegung ermächtigt, *kein Worumwillen* und *kein Maß des Wissens* mehr zu geben in der Lage ist. Die Voraussetzungslosigkeit wissenschaftlicher Urteile ist Schein; das moralische Wahrheitsideal „unbefleckter Erkenntnis“ verbindet das wissenschaftliche Handeln nicht nur mit den glaubensmächtigen Traditionen des Christentums; es bringt auch den ungetilgten Grundbestand metaphysischer Wahrheiten ans Licht. Der Wille zur

Wahrheit entpuppt sich als Wille zur Macht. Die szientifische Rationalität totalisiert ein Ausschnittwissen und muß gleichzeitig Fragen unberührt lassen, die im Umkreis von Orientierungsbedürfnissen für die Gesellschaftsmitglieder eine bedeutende Rolle spielen; sie kann sich des Lebens und der Natur nur bemächtigen, wenn sie das Lebendige tötet, seziert und, rücksichtslos gegen miterregte Sympathien des Lebendigen, in es eindringt. Sie ermächtigt die sinnlichkeitsverdrängende Metaphysik reiner Ideen zur Wiederkehr in Gestalt szientistischer Verdinglichung und – sie hinterläßt ein Vakuum, in dem Mittel und Zwecke beliebig ausgetauscht werden können; sie reflektiert nicht auf die janusköpfigen Kräfte der Selbsterhaltung und das für sich reklamierte Erbe des Humanismus, das, vorgeschoben oder nicht, als letzte, nichtwissenschaftliche Berufungsinstanz, den Ausbau und Machtzuwachs der Wissenschaften steuert und legitimiert; sie begreift überhaupt nicht das Dilemma, in dem sie als Speerspitze der Aufklärung steckt: daß aufgrund der antinomischen Struktur wissenschaftlich rationalisierten Fortschritts das Humanisierungsprojekt, dem sie sich verschrieben hat, nicht als Programm und finalisierte Planung geschrieben werden kann.

Über Beobachtung, Autopoiese und gesteigerte Angst

> *„Heute gilt es uns als eine Sache der Schicklichkeit, daß man nicht alles nackt sehn, nicht bei allem dabei sein, nicht alles verstehn und ‚wissen' wolle. ‚Ist es wahr, daß der liebe Gott überall zugegen ist?' fragte ein kleines Mädchen seine Mutter: ‚aber ich finde das unanständig' – ein Wink für Philosophen. Man sollte die* Scham *besser in Ehren halten, mit der sich die Natur hinter Rätsel und bunte Ungewißheiten versteckt hat."* F. Nietzsche

Die Glaubwürdigkeit der programmatischen Versprechen der Aufklärung ist nachhaltig erschüttert. Anstatt die Angst vor der unbeherrschten Natur abzubauen, haben sich in der Gegenwart der Industriegesellschaft die Strategien der Angstbewältigung, Wissenschaft und Technik, selbst in eine Quelle der Angst verwandelt. Angstauslöser ist weniger die unbegriffene Natur als eine in den Wirkungen und

Konsequenzen nicht beherrschte Wissenschafts- und Technikentwicklung. Die rationalen Instrumente, die Übermacht der Natur zu bändigen, gesellschaftliche Rechtssicherheit und allgemeinen Wohlstand zu fördern, haben sich unter der Hand ins Gegenteil verkehrt. Die Emission der tödlich-unsichtbaren Strahlen in die Atmosphäre über Tschernobyl (und halb Europa) gilt gleichsam als Symbol für die Havarie einer technisch angelegten Natursteuerung. Um den Strategien der Angstreduktion, wie sie Wissenschaft und Technik ins Werk setzen, zu genügen, ist eine Erfahrungsform Voraussetzung, die der inneren Natur der Menschen eine gelassen *beobachtende* Haltung abnötigt. Leitvorstellung nicht nur der Aufklärung, sondern der Neuzeit insgesamt ist der unbestechliche, von allen Affekten und Leidenschaften ungetrübte Blick des distanzierten Beobachters, der selbst in Situationen höchster Gefahr Haltung bewahrt und nicht aufhört, die Dinge sachlich und frei von störenden Emotionen zu beschreiben. Angst- und Beklemmungsgefühle werden unterdrückt: das Hysterische und Aufgeregte ist dem kühlen Kopf des Beobachters ebenso tiefst zuwider wie die Produktionen ungezügelter Phantasie, die alle Vernunft und Urteilsfähigkeit hinwegzuschwemmen drohen. Aus der Beobachtungsperspektive erscheint das Leben als ein gleichsam überdimensioniertes Experiment, in dem man, so gut es geht, die Variablen und Randbedingungen zu kontrollieren sucht. Die Extasen der Todesfurcht und der glücklichen Augenblicke sind gleich weit vom nüchtern registrierenden Sinn des Beobachters entfernt. Im Ideal der *wissenschaftlichen* Beobachtungstätigkeit wird die abgeklärte Haltung nochmals gesteigert und der Blick des Forschers gezwungen, sich angst- und vorurteilslos allein der Sache zu überlassen.[12] Die Beobachtermentalität, wie sie der Wissenschaft und Technik eigentümlich ist, setzt sich nicht zuletzt wegen des Erfolgs, die Menschen aus der Übermacht einer unbegriffenen Natur zu befreien, im Verlauf der Neuzeit unaufhaltsam und unangefochten durch und wird zu einer soziokulturellen Selbstverständlichkeit moderner Industriegesellschaften.

Angesichts dieser Tatsache mag es auf den ersten Blick nicht überraschen, feststellen zu müssen, daß die neueren Konzepte zur Systemtheorie, welche von der Rekursivität autopoietischer Funktionen handeln, vor allem *eine* Form gesellschaftlichen In-der-Welt-Seins zu kennen scheinen, die des *Beobachters.* Von Maturana bis Luhmann ist stets mit viel Aufhebens vom Beobachter die Rede, der zu guter Letzt auch die eigene Tätigkeit muß verstehen, beschreiben und erklären können. Am Beobachter hängt alles, um den Beobachter dreht sich alles. Neben dem Austausch von Kommunikationen wird die Beobachtung zur wichtigsten und allgültigen Verhaltensweise gegenüber ego und alter ego, gegenüber Natur und Umwelt hypostasiert. Das erstaunt auf den zweiten Blick dann doch sehr, bedenkt man, daß sowohl die biologisch wie die soziologisch ambitionierten Theorien jenes Typs Universaltheorien mit dem Anspruch offerieren, systemisches Verhalten von Zellen, Organismen und/oder Humangesellschaften (soziale Systeme) *im ganzen* zu erklären. Was gleichsam a priori eingeschlossen wird: daß es nicht wirklich relevant ist, sich anders denn beobachtend zur Welt zu verhalten. Dabei steht außer Zweifel, daß die Beobachtung das eigene Verhalten wie das der Umwelt begleitet; sie läuft mehr oder minder bewußt mit; unbestritten auch, daß psychische, organismische und soziale Systeme selbstreferentiell, positiv oder negativ rückkoppelnd, Beobachtung und Verhaltenssteuerung zusammenschließen. Das menschliche Verhalten aber vornehmlich auf das kognitiv getrimmte Beobachter-in-der-Welt-sein abzustellen, und die darin regierende optische Metaphorik zum Maß aller Dinge zu ermächtigen, verkürzt den Weltbezug der gesellschaftlichen (und wissenschaftlichen) Akteure gleich um eine ganze Reihe wichtiger Aspekte. Sie aufzulisten ist müßig, sind sie doch in dem, was an sozialem Verhalten nicht in der Beobachterfunktion aufgeht, allgegenwärtig. Aufschlußreicher dagegen erscheint es, einige Implikationen zu benennen, die mit der Wahl des optischen Regimes wie der Beobachtung als dominierendem Weltverhalten einhergehen (wobei es an dieser Stelle nicht darauf ankommt, die besonderen Problemlasten anzusprechen, die, neben den allgemeinen, theorieintern den Theoriebestand der Autopoieten belasten).

(1) Rückt man das Beobachter-in-der-Welt-sein in eine derart exponierte Stellung, wie es jene Theorien vorschlagen, dann hat das zugleich die Konsequenz, den von der philosophischen Tradition bestimmten modi des Weltbezugs keine oder eine nur mehr marginale

Bedeutung einzuräumen. Weder der Arbeit noch der Bildung, weder der (öffentlich-politischen) Praxis noch der praktisch sinnlich-menschlichen Tätigkeit wird nunmehr die Funktion zuerkannt, den sozialen Zusammenhang zwischen den Individuen zu stiften und realitätskonstitutiv Gegenstands- und Selbstbewußtsein zu verklammern. Gemessen an der alteuropäischen Idee der Vermittlung von Ich und Welt über eine wie auch immer differenzierte Praxis, kann sich das Beobachter-Sein auf nichts stützen als auf das, was für das (optisch instruierte) System intern Bedeutung hat und über operational geschlossene Regelkreise aus der Umwelt selegiert, selbstreferentiell simuliert und kontrolliert wird. (Maturana vergleicht demgemäß die Selbststeuerung des autopoietischen Systems mit dem Instrumentenflug des Piloten in der Flugzeugkanzel.) Der Aktivitätsmodus menschlicher Tätigkeit wird weder sinnlich-praktisch noch politisch-praktisch gedacht, sondern gewinnt im Rahmen der Theorien zur Autopoiese die Gestalt einer primär kognitiven Orientierung bei a priori vorausgesetzter, gleichwohl unbestimmter Umwelt. Das Reaktive erdrückt den produktiven Aspekt, der einzig darin besteht, unter Selektionsdruck das zu schaffen, was funktionell operabel ist. Die sinnlich-praktische Orientierung in der Reichweite oder Größenordnung überschaubaren Lebens muß für den Beobachter dem Druck eines weithin über Medien simulierten Wissens weichen; es wird entsprechend störanfällig – mit politisch unabsehbaren Folgen.[13]

(2) Mit der Einführung des Beobachters (des Supervisors, der das System ‚hochfährt') als Leitsystem der Selbstverständigung wird zugleich eine *Ungleichheit* oder ein Ungleichgewicht festgezurrt, das theoriekonstruktiv unhintergehbar ist. Der Beobachter ist nämlich stets in der Position des (logischen) Subjekts, die das Beobachtete systemnotwendig zum Objekt des Beobachters herabsetzt. Die Rolle des Beobachters ist so angelegt, möglichst in jeder Situation das Nichtbeobachtbare zu sein; zumindest ist es notwendig, auf der Kette des Beobachtbaren der letzte zu sein.[14] Wird der Beobachter selbst beobachtet, so ist der andere der letzte: der Beobachter ist immer Subjekt, der das, was er beobachtet, in seinem Blick objektiviert. Beobachten ist eine irreflexive Strategie; an der Selbstbeobachtung läßt sich das ablesen; sie führt auf ein unlösbares Dilemma; Kant hat es bereits in seiner ‚Anthropolo-

gie in pragmatischer Hinsicht' dargestellt: wenn die Triebfedern in Aktion sind, kann das menschliche Individuum sich nicht beobachten; und wenn es sich (distanziert) selbst beobachtet, ruhen die Triebfedern.[15] Der Beobachter muß darauf aus sein, möglichst wenig in Erscheinung zu treten, soll das Objekt seiner Begierde sich nicht verändern. Der Beobachter ist bestrebt, sich möglichst unbeobachtet zu machen, nur dann reflektiert er sich in den Zenit der Macht. Der Beobachter ist, wie M. Serres sagt, der ‚Parasit', der weniger Lärm macht als das Beobachtete. Daß der Beobachter gar nicht bemerkt wird, gleichsam ständig wie unter einer Tarnkappe verborgen bleibt und das, was er beobachtet, nicht verändert, gelingt so gut wie nicht, strenggenommen überhaupt nicht. Die Quantenphysik hat diese alte Einsicht der Dialektik bis in die atomare Realität verfolgt und durch die Gruppe mathematischer Gleichungen bestätigt, die fortan unter dem Namen Unschärferelation bekannt wurden. Die irreflexive Struktur des Beobachtens hat zur Folge, daß das System, das beobachtet wird, unendlich *kompliziert* zu werden verspricht, denn jede Beobachtung ist ein Eingriff, der, wie abgeschwächt auch immer, wiederum nach Beobachtung verlangt, weil jedes System durch die Beobachtung minimal verändert wird. Wie jeder Eingriff in das System die Systemkomplexität steigert, so ist jede Beobachtung ein Eingriff, der Folgen hat, dessen Folgebeobachtung Folgen hat, die wiederum Folgebeobachtungen nach sich ziehen, die Folgen haben usf.

(3) Der irreflexiven Struktur kann man entgehen, so glaubt der gemeine Verstand, wenn nur alle sich (ausdauernd) *wechselseitig* beobachten, weil es so niemandem gelingen kann, die Stelle des Subjekts zu okkupieren. Wie in Ost und West Aufklärungssatelliten, Radioteleskope und Armeen von Kameraaugen aufgeboten werden, um sich wechselseitig beobachtend in Schach zu halten, so scheint sich die Beobachterposition zu relativieren, wenn der Beobachtete seinerseits durch Beobachtung des Beobachters jenen Blicken sich widersetzt. Das scheint in sozialen Situationen, in denen man auf eine Beobachtung durch andere aufmerksam wird, manchmal zu genügen, sie abzuwehren, ändert aber grundsätzlich oder zuletzt nichts an der logischen Position: daß, wer beobachtet, sich in die Macht des Subjekts reflektiert, um das in den Blick Genommene unter Kontrolle zu bringen. Be-

obachtung ist *keine Weise des Mitseins*, sondern ein *Objekt-für-ein-Subjekt-sein*. Auch die Möglichkeit, der Beobachtungszumutung widerstehen zu können, bedeutet nicht, den Kampf um die Macht oder das Beobachterprivileg einzustellen. Die Konsequenz besteht vielmehr darin, den Willen zur Observation zu steigern und unter allen Umständen zu verhindern, aus der Subjektstelle verdrängt zu werden. Resultat sind die Spiralen reziproker Beobachtung, die dafür sensibilisieren, die latenten Potentiale des *Mißtrauens* zu beachten, aus denen sich alle Beobachtung mehr oder minder speist. Die Atmosphäre wechselseitigen In-den-Blick-Nehmens ist das Mißtrauen; es fühlt sich bedroht, wer sich beobachtet weiß;[16] die Bedrohung wiederum läßt sich nur abwehren durch die Beobachtung des Beobachters, der wiederum den beobachtenden Eindringling beobachtet. Das Mißtrauen verweist auf die Abgründe von Unsicherheit und Angst, welche die Beobachtereinstellung beständig mit sich führt. *Angst* ist der Affektuntergrund, aus dem sich das Zittern der *disziplinierten Anspannung* des Beobachtens erhebt, der sie dazu drängt, sich weit ausgreifend der Dinge zu bemächtigen. Das Anwesen der Angst gibt auch Auskunft über die Gründe, welche die sich verschlingenden Kreise reziproker Beobachtung immer auf dem Sprung stehen läßt, ins *Paranoische*, ins geschlossene System strategischer Verdachtsrationalität umzuschlagen. Der zwingende Blick steht selbst im Zugzwang der Angst. Keine Beobachtung ist je ganz frei vom Paranoischen. Was die methodisch instituierten Todesspiralen wissenschaftlicher und militärstrategischer Aufklärung/Beobachtung ins Unermeßliche steigern, verfeinern und ausbauen, folgt demselben Prinzip des Welt- und Naturbeherrschens und ist konstitutiver Bestandteil moderner Beobachtergesellschaften.
(4) Wer ungeniert jemand anderen im alltäglichen Leben beobachtet und dabei ertappt wird, kann sich in der Regel dem Gefühl der *Scham* nicht ganz entziehen. Aber warum schämt sich der ertappte Beobachter? Welche Saite der Erfahrung und der Affektdisposition wird angeschlagen oder nur berührt, damit das Schamempfinden sich wie zwangsläufig einstellt? – Eine Antwort muß wohl in der Richtung gesucht werden, daß jedesmal, wenn das Beobachterobjektiv dem anderen mit seiner Gegenwart derart dicht auf den Leib rückt, nicht nur die *Intimität* des anderen verletzt wird, sondern auch der Beobachter

selbst sich bei einer intimen Handlung ertappt fühlt und etwas von der Verkehrung der Menschheit in meiner Person, wie die Kantische Formel lautet, sich zu Bewußtsein bringt, d.h. eine Verkehrung anzeigt, in deren Rahmen ein menschliches Subjekt in ein Objekt für mich verwandelt wird: auf ein Miteinander sozialisiert, ist es nicht leicht möglich, sich über die Scham hinwegzusetzen, den anderen zum Objekt meiner Beobachtungsbegierde zu machen. Auch aus diesem Grund ist der Beobachter bestrebt, möglichst unbeobachtet zu bleiben. Eine Kultur von Beobachtern wird die Schwellen der Scham stetig herabsetzen. Das Gefühl des Sich-schämen-Müssens erinnert an eine, die Instrumentalisierung des anderen überschreitende Erfahrung der Intersubjektivität, an einen Sinn für soziale Synthesen, die empirisch, nicht metaphysisch, begrenzt und nicht universell sind. Sie macht darauf aufmerksam, daß der Term des Beobachters nicht wert- oder moralneutral angesetzt werden kann, weil die Beobachtung, in Wissenschaft und Alltagswelt gleichermaßen, sich ständig vor die Frage gestellt sieht, ob überhaupt – und wenn, in welchen Fällen – für die beobachtende Instrumentalisierung der(s) anderen ausreichend Rechtfertigungskapazitäten zur Verfügung gestellt werden können. Von Anfang an ist Wissenschaft, gleich den anderen Kreisen gesellschaftlicher Praxis, in moralische Legitimationszwänge verstrickt. Sie liegen der oberflächlichen Unterscheidung, dem logischen Hiatus von Sein und Sollen voraus, der ohnehin obsolet, an die Wertregulativa und -konstitutiva nicht heranreicht, die die Perspektivierung dessen, was ist, enthalten. – Die wenigen Stichworte zum Beobachter-Sein sollen andeuten, über welche Annahmen im Vorfeld der Theorie die Autopoiesetheoretiker hinwegregieren, wenn sie, wie zeitnah auch immer, die im Wissenschaftshandeln angelegte Beobachtermentalität totalisieren und zum letzten Fluchtpunkt der Theoriekonstruktion machen.

Anmerkungen

1 Diese Funktion unbewußter seelischer Prozesse (Koordination organismischer Reaktionen) deckt natürlich nicht alle Aspekte der Vorstellung eines Unbewußten ab, insbesondere nicht diejenigen, die mit dem Namen Freud verbunden, die Topologie, Ökonomie und Dynamik eines triebtheoretisch bestimmten Unbewußten, d. h. die innerpsychischen Konstellationen und Konflikte beschreiben.

2 C.G. Carus, Psyche. Zur Entwicklungsgeschichte der Seele. Ausgabe L. Klages 1929. S.9.

3 In diesem Zusammenhang kommt es nur darauf an, den anthropologischen Gesichtspunkt am Vergessen- bzw. Nichtvergessenkönnen herauszustreichen, wie Nietzsche ihn in seiner Schrift über den „Nutzen und Nachteil der Historie für das Leben" entwickelt. Es braucht nicht weiter ausgeführt werden, daß damit die außerordentliche Bedeutung des Vergessens und Nichtvergessenkönnens für Nietzsches Diskurse im Blick auf die Zivilisationsdiagnose, die Moralentstehung (Ressentiment, aktiver/reaktiver Typus), das Gedächtnismachen usf. in keiner Weise ausgeschöpft ist.

4 Die Funktionalisierung der Erinnerung, wie sie rechts und links zum Zwecke der Identitätsbildung ausgebaut wird, geht freilich auch in die Irre; denn mit Fug und Recht darf bezweifelt werden, ob auf dem Wege moralischen Lernens lebendiges Geschichtsbewußtsein zu erwirken ist. Vgl. H. Fleischer, Moralisierung der Geschichte – Historisierung der Moral. Universitas, 1986, Heft 12, 1288f.

5 Dazu muß man freilich mit dem Evolutionismus des ideozentrischen Rationalisierungsprozesses brechen, der über Stufen innerer Differenzierung alle je ausgebildeten Ideen und Vermögen, Praktiken und Wissensbestände aufzuheben und als unaufgeklärte Vorformen ein und derselben Erfahrungssubstanz durchsichtig zu machen vermag.

6 „Je schwächer die Denkfähigkeit, desto kräftiger die Phantasie" schreibt J.B. Vico seiner ‚Neuen Wissenschaft'.

7 S. Freud, Das Ich und das ES. Bd. XIII.251

8 Eine kleine Geschichte, ob wahr oder erfunden, die Kundera erzählt, kann das, auch wenn es sich um eine Ausnahmesituation handelt, gut illustrieren. – Zur Zeit des Truppeneinmarsches der Warschauer Paktstaaten in die Tschechoslowakei 1968 leisten Teile der Prager Bevölkerung den Okkupanten dadurch Widerstand, daß sie die Straßennamen, die Namen der Plätze und wichtigen Gebäude vertauschen, um auf diese Weise die Besatzertruppen zu desorientieren. Als es nach Tagen den sozialistischen Bruderstaaten nicht gelingt, das gültige Orientierungssystem für die Besetzung der strategisch wichtigen Macht- und Kommandozentralen (Fernsehstation, Verwaltung usf.) zu finden, geben sie den Straßen, Plätzen, markanten Gebäuden eigene, vor allem russische Namen, die dann später sogar offiziell werden – mit dem Resultat für

die Bewohner, nun auf längere Zeit mit den verhaßten Namen der Invasoren leben zu müssen. M. Kundera, Die unerträgliche Leichtigkeit des Seins. München 1984.

9 Die Ausdeutung der Faszination ist das eigentlich Aufschlußreiche, an der sich bereits Nietzsche unablässig versucht. Vgl. dazu G. Gamm, Wahrheit als Differenz. Studien zu einer anderen Theorie der Moderne. Frankfurt/M 1986, 212 ff.

10 J. Baudrillard, Der symbolische Tausch und der Tod. München 1982. 116. In der Kritik der Urteilskraft heißt es, daß man nur soviel vollständig einsieht, „als man nach Begriffen selbst machen und zu Stande bringen kann". I. Kant, Kritik der Urteilskraft. In: Kant's Werke. Akademie-Textausgabe. Bd. V, Berlin 1968. 384

11 Die Frage, ob es *die* Wissenschaft überhaupt gibt, muß an dieser Stelle offenbleiben.

12 Die Definition der wissenschaftlichen Beobachtung schließt die Subjektivität des Forschers soweit wie möglich aus. Der Ausschluß ist eine gleichsam institutionell begründete Sublimierung, eine Ausgleichshandlung, die vermittels der Homogenisierung der Denk-, Wahrnehmungs- und Sprachgewohnheiten in der scientific community alles eliminiert, was noch an eine persönliche Lebensgeschichte oder ein individuelles Triebschicksal erinnern könnte. Die Pasteurisierung der Beobachtungstätigkeit innerhalb der wissenschaftlichen Sozialisation gilt als abgeschlossen und perfekt, wenn alle Beteiligten dasselbe zu Protokoll geben.

13 Worin das relative Recht dieser Position besteht; welche gesellschaftlichen Tendenzen sie unreflektiert abbildet; welche Unterschiede zwischen den einzelnen Theorien zur Autopoiese von Organismen und sozialen Systemen bestehen –, all das muß offen bleiben. An dieser Stelle kommt es nur darauf an, auf eine bestimmte Klasse von nicht thematisierten, fragwürdigen Vorentscheidungen aufmerksam zu machen, die in Theorien dieser Art eingehen und mit der Wahl des Beobachters als letztem Bezugssystem verknotet sind.

14 Vgl. M. Serres, Der Parasit. Frankfurt/Main, 1984.365

15 Vgl. I. Kant, Anthropologie in pragmatischer Hinsicht.

16 Der Logiker in F. Dürrenmatts Novelle „Der Auftrag oder vom Beobachten des Beobachters der Beobachter" hat also Unrecht, wenn er glaubt eine Symmetrie konstruieren zu können zwischen der Ablehnung, selbst beobachtet zu werden und dem innigen Wunsch, beobachtet zu werden, weil die Menschen *unbeobachtet* sich selber nicht aushielten. Wie andere Logiker auch hat der Dürrenmattsche Schwierigkeiten mit der Semantik: daß Menschen *beachtet* werden möchten, heißt nicht, daß sie beobachtet werden möchten – oder sollte jede Form der Beachtung, die jemandem zuteil wird, in seiner Beobachtung bestehen? F. Dürrenmatt, Der Auftrag. Zürich 1986, 18-26

Philipp Rippel

Giacomo Leopardis vernunftkritische Aktualität in der italienischen Postmoderne

Auf die in den siebziger Jahren offenkundig gewordene Krise der abendländischen Rationalität reagierte die intellektuelle Szene in Italien mit einer Hinwendung zu den Diskursen des französischen Poststrukturalismus, von dessen irrationalistischen Auswüchsen man sich jedoch fernzuhalten suchte. Hiermit ging insbesondere die philosophische Neubewertung Nietzsches auf philologisch gesicherter Grundlage einher. Während in Frankreich Deleuze und Foucault in Nietzsche den maßgeblichen Vorläufer ihrer eigenen Positionen erkannten und eine rasch um sich greifende internationale Renaissance seines Denkens einleiteten, besorgten in Italien Colli und Montinari eine kritische Gesamtausgabe seines Werkes, die erstmals den von Verfälschungen gereinigten vollständigen Nachlaß zugänglich machte. In der Folge dieser doppelten Wiederentdeckung Nietzsches bildete sich eine italienische Version des Abschieds vom neuzeitlichen Logozentrismus heraus, verbunden mit dem Übergang zu neuen Denkansätzen, die man inzwischen als „postmodern" zu bezeichnen pflegt. Der hier eingetretene ideengeschichtliche Umbruch läßt sich als Paradigmenwechsel der Dezentrierung beschreiben: weg von der in die blinde Herrschaft des Identitätsgebots verstrickten Ratio, hin zur Konzeption einer erweiterten Vernunft, die das Alogische in sich aufzunehmen vermag, ohne es in ein theoretisches Schema zu pressen.

Als repräsentativ für den italienischen Beitrag zum Denken der Postmoderne können die von den Arbeiten des Turiner Philosophen

Gianni Vattimo ausgehenden Impulse gelten. Er hatte wiederholt mit Studien über Nietzsche und Heidegger[1] besondere Anerkennung gefunden, bevor er 1983 gemeinsam mit seinem Triester Kollegen Pier Aldo Rovatti einen programmatischen Sammelband mit dem Titel *Il pensiero debole*[2] (Das schwache Denken) veröffentlichte. Wie die Herausgeber in ihren eigenen Beiträgen ausführen, wollen sie mit der metaphorischen Begriffsprägung des „schwachen Denkens“ einen philosophischen Neuansatz bezeichnen, der es sich vornimmt, die tradierte Form des „starken Denkens“, in der Bedeutung eines totalen metaphysischen oder wissenschaftlichen Herrschaftsanspruchs, zurückzunehmen. Im Deutschen, so läßt sich folgern, könnte man hier, frei übersetzt und weniger mißverständlich, von dem Versuch eines „sanften Denkens“ sprechen. Dieses wiederholt gleichsam Kierkegaards „existentielle Einsprache“ gegen Hegels durchgängige Logifizierung des Wirklichen. Mit dem Verzicht, das Ganze, bis hin zur Gestalt individuellen Lebens, auf bloße Denkbestimmungen zu bringen, öffnet sich der philosophische Diskurs des *pensiero debole* dem Medium ästhetischer Erfahrung, wie dies auch einige dem Band beigegebene Interpretationen moderner Literatur erkennen lassen.

In einem anderen Sammelband, der 1986 im Anschluß an einen Kongreß über die aktuellen Tendenzen in der italienischen Philosophie erschien[3], finden sich verschiedene Formen, mit der Idee des *pensiero debole* theoretisch umzugehen. So weist Franco Rella in seinem Beitrag einen Ausweg aus der Krise „starker“ Rationalität, indem er im Rückgriff auf die Philosophie der Antike einen Vernunftbegriff konzipiert, der theoretische und affektive Momente miteinander verbindet. Als Beispiel für den von ihm geforderten philosophisch-literarischen Diskurs führt er aus neuerer Zeit die aphoristischen Reflexionen Giacomo Leopardis an, in dem er den größten italienischen Philosophen des neunzehnten Jahrhunderts erblickt, wenn dieser auch keine Aufnahme in die offizielle Philosophiegeschichte gefunden habe. Vornehmlich erinnert er an Leopardis Einsicht, „daß die reine und unvermischte Vernunft eine Quelle unvermeidbaren Wahnsinns ist“ und „daß derjenige sich fortwährend und gründlich irrt, der mit der peinlichsten Genauigkeit vernunftgemäß denkt und redet“[4]. Wer aber nun war Leopardi?

In der italienischen Literaturgeschichte gilt Giacomo Leopardi (1798 – 1837) als bedeutender Lyriker, der mit seinen *Canti* (1831) zur Zeit der Romantik die hohe Kunst eines Petrarca erneuerte. Von deutscher Seite ist er daher wiederholt mit Hölderlin verglichen worden, wobei jedoch die gesellschaftskritischen Intentionen beider Dichter gern hintangestellt wurden. Diese Art des Vergleichs hat Walter Benjamin in seiner Leopardi-Rezension einer „saturierten Geschichts- und Kunstbetrachtung“ zugeschrieben, die Hölderlin unter das Kennwort des Idealismus und Leopardi unter das des Pessimismus bringt, um so beider „Schaffen ins Abstrakte zu verwandeln“[5].

Kaum besser erging es hierzulande dem in Prosa verfaßten Teil seines Werkes, soweit dieses überhaupt gelesen wurde. Die philosophischen Reflexionen, die insbesondere seinen satirischen Dialogen, den *Operette morali*, (1824, ²1834) zugrunde liegen und ihn als Vorläufer der Moderne ausweisen, sind noch von Schopenhauer und Nietzsche als ein ihnen verwandtes Denken bemerkt worden. Dagegen urteilte Karl Vossler in seinem lange Zeit als maßgeblich anerkannten Leopardi-Buch von 1923, „ein sentimentales Räsonnieren“ habe Leopardi „zu *dem*, was eigentlich Philosophie ist, für immer verdorben“[6].

Vossler folgte hierin dem mit ihm befreundeten Neuhegelianer Benedetto Croce, der einem aphoristischen, ohne System verfahrenden Denker, wie Leopardi, überhaupt das Recht absprach, in der Geschichte der Philosophie genannt zu werden. Dies verwundert umso mehr, als Croce wie auch Vossler, im Gegensatz zu Nietzsche, Leopardis umfangreiches philosophisches Tagebuch gekannt haben, das gewaltige *Zibaldone di pensieri* (dt. Sammelsurium von Gedanken), das erst seit Beginn dieses Jahrhunderts in gedruckter Fassung (auf über dreitausend Seiten) zugänglich ist. Eine Wende in der Einschätzung des zeitdiagnostischen und philosophischen Gehalts des Leopardischen Werkes, besonders auch des *Zibaldone*, brachten in Italien die nach dem Zweiten Weltkrieg erschienenen Studien von Walter Binni und Cesare Luporini[7]. Der darin aufgezeigte „progressive“ Impuls von Leopardis „Protest“ ließ in dem großen Lyriker auch den sein Zeitalter reflektierenden Intellektuellen und Philosophen erkennen, der fortan neues Interesse weckte.

Das philosophische Denken Giacomo Leopardis kreiste zeit seines von der Öde der Restaurationszeit bedrängten Lebens um die Kategorie des Glücks, um die Idee sich im Diesseits erfüllender Lebensfreude, wie sie ihm seine Lektüre von Autoren der Antike und Schriftstellern der französischen Aufklärung von Jugend an vermittelt hatte. Bildeten doch die Begriffe individuellen Glücks und allgemeiner Vernunft die theoretischen Pfeiler, auf denen im achtzehnten Jahrhundert die Entwürfe einer menschenwürdigen Gesellschaft errichtet worden waren. Im frühen neunzehnten Jahrhundert aber, zu Lebzeiten Leopardis, hatte sich der schöne Traum der Vernunft bereits in monströse Wirklichkeit verkehrt: Persönliches Gewinnstreben und davon in Dienst genommene Rationalität waren auf dem wechselvollen Weg in die bürgerliche Epoche zu den herrschenden Triebkräften geworden. Zu dem gesellschaftlichen Verlust an Humanität kam der Verzicht der wissenschaftlich gewordenen Ratio auf zukunftweisenden Sinn. Nachdem die kritische Vernunft der Aufklärung die überkommenen metaphysischen Grundbegriffe aufgelöst hatte, kehrte sie sich schließlich in Gestalt moderner Wissenschaft auch gegen ihre eigenen Wertsetzungen und zerstörte deren Substanz. Hinter den ideologischen Fassaden, mit denen sich politische Restauration und entfesselte Industrialisierung umstellten, begannen die sensibleren Zeugen des Jahrhunderts das heraufziehende Zeitalter des Nihilismus wahrzunehmen. Zu ihnen gehörte Leopardi, der freilich im Unterschied zu manchem Vertreter der ihm so nahen und zugleich von ihm bekämpften Romantik den Versuchungen der Gegenaufklärung und des Irrationalismus zu widerstehen wußte. Im Willen zu einer nichts beschönigenden Wahrhaftigkeit war Leopardi, intellektuell vor allem auch schonungslos gegen sich selbst, ein radikal denkender Nachfahre der europäischen Aufklärung gewesen, der sich aus Vernunftgründen die Fragwürdigkeit des abendländischen Rationalisierungsprozesses eingestanden hatte. Diese Grundhaltung teilt er mit Schopenhauer, seine theoretischen Konsequenzen kündigen den frühen Nietzsche an. Mit der zeitkritischen Diagnose des Rückfalls von Vernunft in „Barbarei" nimmt er sogar das zentrale Motiv der späten Kritischen Theorie Horkheimers und Adornos vorweg.

Während dort freilich der Entwicklungsgang der europäischen Zivilisation insgesamt als Dialektik sich selbst zerstörender Aufklärung rekonstruiert wird, unterscheidet Leopardi noch eine steigende und eine fallende Kurve des Geschichtsverlaufs, dessen Gipfel er in der Kultur der griechischen Antike erreicht sieht. Nur hier vermögen sich Natur und Vernunft, Mythos und Wissen eine Zeitlang die Waage zu halten, so daß der einzelne wie die Gemeinschaft glücklich genannt werden dürfen. Den hiernach unverzichtbaren Anteil an Mythischem bestimmt Leopardi im Horizont aufgeklärter Entmythologisierung als einen Bestand bloßer „Illusionen", ohne jedoch damit eine Abwertung zu verbinden. Wert und Wahrheit mythischer Vorstellungen, die einmal individuelles Glück wie auch ein gedeihliches Gemeinwesen befördert haben, sind unter dem analytischen Blick des Aufklärers Leopardi auseinandergetreten: Was psychologisch lebensförderlich war, erweist sich als Illusion, und was auf seine Wahrheit reduziert wird, vermag nicht mehr lebensförderlich zu sein. Eine Wiederbelebung des mythischen Weltbildes im geschichtlichen Stadium fortgeschrittener Rationalität, wie dies der Romantik vorschwebte, erscheint Leopardi zwar wünschenswert, aber längst unmöglich geworden.

Ein entsprechendes geschichtsphilosophisches Modell entwickelt er in der *Operette morali* gegen Ende des „Dialogs zwischen Timander und Eleander", wo er Eleander die für ein tugendhaftes Handeln nötigen Ansichten preisen läßt mit den Worten: „jene schönen und glücklichen, wenn auch leeren Einbildungen, die dem Leben seinen Wert geben, die natürlichen Selbsttäuschungen des Gemüts und schließlich die Irrtümer des Altertums, die so verschieden sind von den Irrtümern der Barbaren, daß nur die letzteren durch die moderne Zivilisation und Philosophie hätten aufgeklärt werden müssen. Diese beiden aber haben meiner Meinung nach, indem sie, wie es bei menschlichen Dingen unvermeidlich ist, übers Ziel hinausschossen, nicht lange nachdem sie uns von einer Barbarei befreiten, uns in eine andere gestürzt, die nicht geringer war als die erste, obwohl sie aus der Vernunft und dem Wissen entstanden ist und nicht aus der Unwissenheit; deshalb tritt sie am Körper und in den Handlungen weniger wirksam und sichtbar hervor als im Geist und bleibt sozusagen verborgener und innerlicher. Auf jeden Fall fürchte ich und neige dazu anzunehmen, daß es jeden Tag schwieriger, ja unmöglicher wird, die Irrtümer des Altertums, die für das Wohlbefinden zivilisierter Völker notwendig wären, neu zu beleben."[8]

Der Grundgedanke der Aufklärung, daß der Fortschritt kritischer Rationalität zur Vervollkommnung des Menschen beitrage und geeignet sei, irdisches Glück zu stiften, ist für Leopardi nicht mehr uneingeschränkt nachvollziehbar. Nur bis zur Höhe des antiken Griechentums vermochte die Entwicklung der Vernunft eine ausreichende Nähe zum Mythos zu wahren, um auf die Stufe menschenwürdiger Zivilisation zu führen. Darüber hinaus erzeugt die Zunahme an Rationalität, gar deren Totalisierung, eine solche Entfremdung von der naturverbundenen Welt des Mythischen, daß der kulturelle Abstieg in eine neue Barbarei unaufhaltsam wird. Leopardi folgt hier bis zu einem gewissen Grad der Zivilisationskritik von Rousseau, verlegt aber dieser gegenüber das Zeitalter menschlicher Vollkommenheit aus dem Naturzustand in den antiken Gesellschaftszustand.

Mit seiner Illusionstheorie, die an der Lebensdienlichkeit der „natürlichen Selbsttäuschungen" festhält, steht Leopardi zugleich in der Nachfolge von Erasmus. Dieser hatte dreihundert Jahre zuvor die spätscholastische Gelehrsamkeit und ihre bloße Verstandeskultur mit einer lateinisch abgefaßten Satire verspottet, die unter dem Titel *Morias encomion* (Das Lob der Torheit) immer wieder neue Aktualität erlangen sollte. Die Thomas Morus gewidmete Schrift gehört der unter Humanisten beliebten Gattung der Narrenliteratur an, wendet aber die Narrenfigur gleichsam vom Negativen ins Positive. Nicht mehr werden in ihr menschliche Schwächen bloßgestellt, um diese auf scherzhafte Weise bewußt zu machen und dadurch zu ihrer Überwindung beizutragen, im Gegenteil: die Narrenfigur präsentiert die von einer rigiden Vernunft und ihrer Moralität ausgegrenzten Einbildungen und Triebregungen als nicht zu leugnende Lebensnotwendigkeiten, die zu bekämpfen einem peinlichen Mangel an Lebensklugheit gleichkäme. Erasmus hat sich zu diesem Zweck eine subtile rhetorische Konstruktion ausgedacht. Anstelle eines Narren läßt er eine Närrin, nämlich die Allegorie der Torheit, auftreten und versetzt sie in den Professorenstand, um ihr eine Lobrede in den Mund zu legen, mit der sie vom Katheder herab ihre eigenen Vorzüge preist. Die spielerische Selbstbezüglichkeit ihrer Rede verleiht ihren Argumenten, so plausibel sie vorgetragen werden, eine schwebende Verbindlichkeit zwischen Ernst und Unernst, eine Lebendigkeit, die sich den Festlegungen begrifflicher Rekonstruktion fortwährend zu entziehen weiß. So ist denn ihr eigentliches Element die Paradoxie, die unaufgelöste Einheit des Widersprüchlichen.

Kann es sich die Torheit nicht als Verdienst anrechnen, durch die Leidenschaft der Liebe das Menschengeschlecht zu erhalten? Schenkt sie nicht überhaupt Glück und Freude, macht also dadurch das Leben erst erträglich? Bewirkt sie nicht Selbstbewußtsein und Wagemut, ohne die keine größere Tat gelänge? Ist sie nicht sogar Sporn und Stachel der Tugend und übertrumpft damit ihre ärgsten Feinde, die stoischen Philosophen, deren Abgeklärtheit das Leben bloß aushöhlt? – Worauf die Torheit hinauswill, das erläutert sie mit der Metapher des Welttheaters, die noch nicht von der barocken Grundstimmung der Vanitas vorgeprägt war: „Wenn jemand den Schauspielern auf der Bühne die Maske abreißen würde, um dem Zuschauer die wahren, natürlichen Gesichter zu enthüllen – so würde er das ganze Stück auf den Kopf stellen . . . Derjenige, der bis dahin ein Gott war, würde als ein armer Teufel erscheinen . . . Zerstört man die Illusion, so ist das Spiel verdorben.“[9] Sein und Schein haben hier eine Umwertung erfahren. In der Sicht der Lebenstauglichkeit kehrt sich der seit Platon gültige Vorrang des Wesens vor der Erscheinung um: Nicht die metaphysische Wahrheit des Wesens, sondern der psychologische Wert des Scheins spendet die Impulse menschlichen Lebens.

Was bei Erasmus, im Geist der Renaissance, mit Heiterkeit und Selbstironie einer literarischen Humanistenlaune entsprang, ist bei Leopardi, dem feinfühligen Diagnostiker des europäischen Nihilismus, zur bitteren existentiellen Erfahrung geworden. Der im Verlauf der Neuzeit vollzogene Übergang von der metaphysischen zur wissenschaftlich-technischen Gestalt der Vernunft hat den Zauber lebensnotwendigen Scheins vollends zerstört, ohne doch das Glücksversprechen der nun säkularisierten Vernunft einlösen zu können. Der Vernunftoptimismus selbst hat sich als Illusion entpuppt. Leopardi notiert im *Zibaldone*: „Die Vollendung der Vernunft besteht in der Erkenntnis ihres eigenen Ungenügens: sie kann uns nicht glücklich machen, ja sie steht von vorneherein im Gegensatz zu unserem Glück. Alle Vervollkommnung des Menschen reicht nicht weiter als zu der Einsicht, daß er nicht fähig ist, sich zu vervollkommnen.“[10]

Zunächst hatte Leopardi im Anschluß an Rousseau gemeint, die humane Alternative zum Prinzip der Vernunft bestehe in dem der Natur. Doch bald mußte er einräumen, daß die Natur alles andere als anthropozentrisch verfährt. Ihre Zwecke sind nicht auf den Menschen hin geordnet; sein Glück wie sein Unglück bleiben von ihr unbemerkt. In dem „Dialog zwischen der Natur und einem Isländer" läßt Leopardi die Natur ihre Gleichgültigkeit gegenüber Leid und Tod geradezu wissenschaftlich rechtfertigen mit dem Argument, „daß das Leben dieses Universums ein ewiger Kreislauf von Schöpfung und Zerstörung ist, die beide so zusammengehören, daß jede beständig der anderen und der Erhaltung der Welt dienen muß".[11]

Die solchermaßen seit Kopernikus zunehmend aus dem Zentrum der Welt und ihrer Zwecke herausgerückte Menschheit wird allein auf sich selbst verwiesen. Daß die Natur, trotz der vermehrten Herrschaft über sie, wenig von ihrem ursprünglichen Schrecken verloren hat, ist eine Einsicht, die sich bei dem späten Leopardi mit der Hoffnung auf eine bewußte Solidarität unter den Völkern verbindet. Dazu bedarf es aber noch der Aufklärung über die verbleibende Ohnmacht des Menschen gegenüber der ihn umgebenden Natur. Dies ist Leopardis historisch-pragmatische Perspektive, die er in seinem letzten großen Gedicht „Der Ginster" entwirft, mit dem Blick auf die Hänge des Vesuv und im Gedenken des verschütteten Pompei.

Damit wird die psychologisch-ästhetische Perspektive, die Leopardi im Rahmen seiner Illusionstheorie ausgearbeitet hatte, jedoch nicht entwertet, wenn er sie auch schließlich glaubte aufgeben zu müssen. Vielleicht stand er selbst noch zu sehr im Bann des überlieferten metaphysischen Wahrheitsbegriffs, um in der Konzeption eines wesenlosen Scheins die Befreiung zu ästhetischer Autonomie zu erblicken. Vielleicht auch hat ihn stoische Moralität davon abgebracht, die Idee einer nicht mehr mimetischen Ästhetik in den Begriff kreativer Lebenspraxis zu überführen. Entsprechende Ansätze jedenfalls finden sich im *Zibaldone*, so die These, daß die Wahrheit des Lebens das Imaginäre sei: „Die Täuschungen kann nur verwünschen, verachten, verfolgen, wer selber getäuscht ward und wer da glaubt, diese Welt sei in Wirklichkeit etwas oder könne etwas sein, und gar etwas Schönes. Das ist die vornehmlichste Täuschung; und so bekämpft der halbfertige Philosoph die Täuschungen, eben weil er getäuscht ist, der wahre Philosoph aber liebt sie und lehrt sie, weil er nicht getäuscht ist."[12]

Dieser „wahre Philosoph" ist Leopardi selbst gewissermaßen nur *ex negativo* gewesen: in der Trauer um die untergegangene mythische Welt der griechischen Antike. Den Weg nach vorn, in die Lebensphilosophie und in die Theorie der ästhetischen Moderne, hat dann ein anderer „wahrer Philosoph" beschritten: Friedrich Nietzsche. In seinem Frühwerk zumal, das im Zeichen seiner Rezeption Schopenhauers und seiner Begeisterung für Richard Wagner steht, hat Nietzsche das Denken Leopardis gleichsam fortgeführt, als er dessen Werk noch kaum kannte.[13] Bereits in der *Geburt der Tragödie* schreibt er ganz im Sinne Leopardis: „Die Erkenntnis tödtet das Handeln, zum Handeln gehört das Umschleiertsein durch die Illusion – das ist die Hamletlehre . . . – die wahre Erkenntnis, der Einblick in die grauenhafte Wahrheit überwiegt jedes zum Handeln antreibende Motiv".[14]

Im weiteren fundiert er die Idee unverdinglichten, intuitiven Lebens in einer „Metaphysik der Kunst", indem er davon ausgeht, „daß nur als ein ästhetisches Phänomen das Dasein und die Welt gerechtfertigt erscheint"[15]. Nietzsche deutet das Leben als ein fortwährend sich selbst erschaffendes Kunstwerk und gewinnt ihm damit eine Souveränität zurück, die sich gegen die Desillusionierung durch die Wissenschaften und ihr Verständnis von Redlichkeit zu behaupten vermag. Noch in der *Fröhlichen Wissenschaft* scheint Nietzsche an Leopardi anzuknüpfen, wenn er resümiert: „Hätten wir nicht die Künste gut geheissen und diese Art von Cultus des Unwahren erfunden: so wäre . . . die Einsicht in den Wahn und Irrthum als in eine Bedingung des erkennenden und empfindenden Daseins . . . gar nicht auszuhalten. Die *Redlichkeit* würde den Ekel und den Selbstmord im Gefolge haben. Nun aber hat unsere Redlichkeit eine Gegenmacht, die uns solchen Consequenzen ausweichen hilft: die Kunst, als den guten Willen zum Scheine."[16] Betrachtete Schopenhauer die Kunst als das metaphysische „Quietiv" eines blinden und gewalttätigen Willens zum Leben, so erblickt Nietzsche in ihr einen geradezu physiologischen Anreiz: „Die Kunst ist das große Stimulans zum Leben."[17]

Die Distanz zwischen den Konzeptionen ästhetischer Erlösung und ästhetischer Lebenssteigerung, zwischen Schopenhauer und Nietzsche, hat Leopardi gewissermaßen im vorhinein ausgemessen und mit wechselnden Ansätzen im *Zibaldone* markiert. So entwirft er einerseits, wohl auch mit Blick auf die eigene Dichtung, eine Ästhetik des Nihilismus, die aller Illusion entsagt, ohne damit, wie der philosophische Nihilismus, das Leben zu entwerten: „Gerade die Erkenntnis des heillosen Trugs und der Eitelkeit alles Schönen und Großen ist selbst etwas Schönes und Großes, das die Seele erfüllt, wenn solche Erkenntnis in den Werken hoher Kunst sich findet. Und gerade das Schauspiel der Nichtigkeit ist ein Inhalt dieser Werke, der die Seele des Lesers weiter macht und erhebt und sie mit sich selber und mit der eigenen Verzweiflung versöhnt."[18] Andererseits zeichnet sich bei Leopardi neben diesem rezeptionsästhetischen Ansatz *à la* Schopenhauer auch eine Produktionsästhetik des Imaginativen ab, die wie im Vorgriff auf Nietzsche und Freud anthropologisch erweitert und im Unbewußten verankert wird. Was sich in der Perspektive seiner Illusionstheorie als lebensdienliche Täuschung darstellt, gewinnt aus der Sicht seiner Kunstlehre die Qualität eines schöpferischen Lebensprinzips: „Ich erachte die Einbildungen für etwas gewissermaßen Reales, denn sie gehören wesentlich zum System der menschlichen Natur, und von der Natur sind sie allen Menschen gegeben; man darf sie daher nicht gering, wie Träume eines Einzelnen, schätzen, sondern ernstlich als Träume des Menschen und von der Natur ihm verordnet, da sonst unser Leben das elendeste, roheste Ding wäre."[19] In mythologischer Einkleidung hat Leopardi dies auch in der „Geschichte des Menschengeschlechts" am Anfang der *Operette morali* vorgetragen, wo er Jupiter den Menschen die beglückenden Träume senden läßt.

Darüber hinaus entfaltet er die Bedeutung des Imaginären für das Leben, indem er von erkenntnistheoretischen Überlegungen ausgeht. In der italienischen Philosophie setzt er damit die anticartesianische Rationalismuskritik eines Vico fort, der gegen die Reduktion der menschlichen Natur auf das sich selbst transparente reine *cogito* die Rechte der Emotionalität und der Phantasie geltend machte. So konstatiert Leopardi im *Zibaldone* die Aporie wissenschaftlicher Vernunft, die im Erkenntnisprozeß das Lebendige analytisch mortifiziert, ohne es dann synthetisch zu einem lebendigen Ganzen wiedererwecken zu können: „Wer immer die Natur der Dinge mit der reinen Vernunft untersucht, ohne die Einbildungskraft oder die Empfindung zu Hilfe zu nehmen oder denselben doch einen Platz einzuräumen . . ., der wird wohl vermögend sein, wie das Wort es sagt, zu ‚analysieren', das heißt die Natur zu zerlegen und aufzulösen, doch niemals wird er sie wieder zusammensetzen."[20] Soll erkennende Vernunft, die das zu Erkennende analytisch bestimmt und dadurch zugleich verfehlt, nicht das letzte Wort behalten, so bedarf sie der Ergänzung und Korrektur durch die synthetische Kraft der Imagination, wie sie Leopardi besonders in der Poesie verwirklicht sieht. Es spricht für die intellektuelle Redlichkeit Leopardis, daß er die Antinomie dieses Gedankens nun nicht irrationalistisch aufzulösen versucht, etwa im Sinne einer Überwindung der Vernunft durch absolut gesetzte Intuition. Er hält vielmehr fest an der philosophisch gebotenen Paradoxie eines Wahrheitsbegriffs, in dem sich logische und alogische Komponenten in wechselnden Konstellationen begegnen, ohne sich zu einem System zu fügen: „Die Vernunft bedarf der Einbildungskraft und der Illusionen, die sie zerstört; die Wahrheit des Irrtums; die Wirklichkeit des Scheins; die vollkommene Empfindungslosigkeit der lebhaftesten Empfindung . . .; die Geometrie und die Algebra der Poesie usw."[21]

Wenn Franco Rella in dem einleitend zitierten Essay Leopardi als Vorläufer der italienischen Variante postmodernen Philosophierens würdigt, so kann er auf dessen ebenso begrifflich wie poetisch artikuliertes Denken verweisen. Er sieht darin ein frühes Modell, die Vernunft aus der sich ankündigenden Krise des abendländischen Logozentrismus herauszuführen, wie es in Italien erst mit dem pluralen, dezentrierten Wahrheitsbegriff des *pensiero debole* zum Programm werden sollte. Hier wie dort geht es um den Wert des Imaginären für frei sich entfaltendes Leben.

Anmerkungen

1 Vgl. insbesondere: Gianni Vattimo, *Il soggetto e la maschera. Nietzsche e il problema della liberazione,* Mailand 1974; ders., *Le avventure della differenza. Che cosa significa pensare dopo Nietzsche e Heidegger,* Mailand 1980.

2 Gianni Vattimo e Pier Aldo Rovatti (Hg.), *Il pensiero debole,* Mailand 1983, ^{2}1986.

3 Jader Jacobelli (Hg.), *Dove va la filosofia italiana?*, Bari 1986.

4 Franco Rella, *L'avventura del pensiero,* in: J. Jacobelli (Hg.), a.a.O., S. 156.

5 Walter Benjamin, *Gesammelte Schriften III,* hg. von H. Tiedemann-Bartels, Werkausgabe Bd. 8, Frankfurt 1980, S. 117f.

6 Karl Vossler, *Leopardi,* München 1923, S. 171.

7 Walter Binni, *La nuova poetica leopardiana,* Florenz 1947, ^{2}1971; vgl. auch: ders., *La protesta di Leopardi,* Florenz 1973. Cesare Luporini, *Leopardi progressivo,* in: *Filosofi vecchi e nuovi,* Florenz 1947, einzeln in 2. Aufl., Rom 1980.

8 Giacomo Leopardi, *Gesänge, Dialoge und andere Lehrstücke,* übers. von H. Helbling und A. Vollenweider, mit einem Nachwort von H. Rüdiger, Werke Bd. 1, München 1978, S. 442f.

9 Erasmus, *Morias enkomion,* übers. von A. Hartmann, in: ders., *Ausgew. Schriften,* hg. von W. Welzig, Bd. 2, Darmstadt 1975, S. 29. Vgl. Gerhard Gamm, *Der Wahnsinn in der Vernunft,* Bonn 1981, S. 31ff.

10 Giacomo Leopardi, *Das Gedankenbuch. Aufzeichnungen eines Skeptikers,* Auswahl und Übersetzung von H. Helbling mit einem Nachwort von A. Vollenweider, Werke Bd. 2, München 1985, S. 130.

11 Werke Bd. 1, S. 347.

12 Werke Bd. 2, S. 311.

13 Vgl. das Nachwort von Ralph-Rainer Wuthenow zu: Giacomo Leopardi, *Gedichte und Prosa,* ausgew. und übers. von L. Wolde, überarb. und ergänzte Fassung von 1924, Frankfurt 1979, ^{2}1987.

14 Friedrich Nietzsche, *Sämtliche Werke. Kritische Studienausg. in 15 Bänden* (KSA), hg. von G. Colli und M. Montinari, München 1980, Bd. 1, S. 57.

15 KSA, Bd. 1, S. 152.

16 KSA, Bd. 3, S. 464.

17 KSA, Bd. 6, S. 127. Vgl. Jochen Kohler, *Der Wille zum Schein,* in: Philosophisches Jahrbuch, 94. Jg., 1987, S. 246-268.

18 Werke Bd. 2, S. 103.

19 Ebd., S. 20.

20 Ebd., S. 363f.

21 Ebd., S. 333.

Gunzelin Schmid Noerr

Das Eingedenken der Natur im Subjekt: Jenseits der Aufklärung?

Zu Horkheimers und Adornos ‚Dialektik der Aufklärung'

Die *Dialektik der Aufklärung* steht für eine Denkfigur, die zwei Ströme der überkommenen Vernunftkritik legiert. Der eine ist die immanente Vernunftkritik der Transzendentalphilosophie, insbesondere Kants, der andere die gesellschaftstheoretische und psychologische Dezentrierung des sich zu Unrecht autonom dünkenden Subjekts, insbesondere in den Theorien Marxens, Nietzsches und Freuds. Wie schon die materialistische Aufklärung des 18. Jahrhunderts vom Motiv der Herrschafts- und Ideologiekritik getragen ist, so auch diese spätere Gestalt, die sich nun aber als radikale *Aufklärung* nur deshalb verstehen kann, weil sie zugleich *Kritik der Aufklärung* ist. Sie basiert auf der Einsicht, daß die kritisierende Vernunft selbst mit Herrschaft unlösbar verflochten ist. Diese Vernunft verdankt sich gesellschaftlichen Konstellationen, in denen sich Herrschaftsansprüche aneinander abarbeiten. Institutionen, die neu errungene Freiheiten verkörpern, erzeugen zugleich neue Zwänge. Die Herrschaft der Vernunft ist immer nur partikular, das Verdrängte kehrt wieder, erzeugt neue Irrationalität im Gewand des Rationalen. Die Vernunft, so die Einsicht Horkheimers und Adornos, kann ihre natürlichen, quasi-natürlichen und traditionalen Bedingungen nicht in direktem Zugriff abstreifen, sie kann sich ihrer allenfalls indirekt entwinden: als Selbstkritik der instrumentellen Vernunft.

Jede sich aufklärerisch verstehende Theorie der Rationalität, die diese Dialektik zugunsten einer bloß ausdifferenzierenden Diskursivierung vernachlässigte, wäre ein Rückfall hinter diese Einsicht. Deshalb ist die *Dialektik der Aufklärung* auch mehr als vierzig Jahre nach ihrem Erscheinen für eine rationale Kritik der Aufklärung jenseits der falschen Totalisierung der Rationalität und einem affirmativen Sprung ins Irrationale noch paradigmatisch. Das besagt freilich nicht, daß eine unvermittelte Anknüpfung an Methoden und Resultate dieses Buches heute möglich wäre. Zu stark ist seine Entstehung und Gestalt einer unverwechselbaren historischen Konstellation verhaftet. Zu weit entfernen sich zentrale Annahmen mit hohem Verallgemeinerungsanspruch, etwa über Natur, Mythos, Herrschaft, Sprache, Begriff, Moral überhaupt, von einzelwissenschaftlichen Forschungen. Heute wüßte man manches gerne genauer – und kann es anderswo auch genauer bekommen. Wissenschaftsgeschichtlich steht die *Dialektik der Aufklärung* an einer Schwelle, mit der eine zunehmende Anzahl breit gestreuter Untersuchungen des von ihr umrissenen Feldes der Geschichte der Vernunft einsetzen, die den von ihr angelegten Rahmen schließlich gesprengt haben. Die Schrift, die den mythisch-vernunftwidrigen Effekt der abendländischen Rationalität aufzeigen wollte, ist in den Verdacht geraten, selbst nur einen neuen Mythos über den Zusammenhang von Mythos und Vernunft zu erzählen.

Ich möchte im folgenden die Möglichkeit, kritisch an die *Dialektik der Aufklärung* anzuknüpfen, anhand einer Argumentationsfigur überprüfen, die sich als Leitfaden für deren Selbstverständnis und Erkenntnisziel anbietet: der Formel vom „Eingedenken der Natur im Subjekt“. Seit nämlich die mit dem Impuls der Aufklärung eng verbundene Geschichtsphilosophie in die Krise geriet –, zum ersten Mal entscheidend wohl im deutschen Idealismus am Ende des 18. Jahrhunderts – kommt immer wieder als Gegenpol der Geschichte die Natur ins Spiel. Wo die Geschichte aussichtslos wird, wird die Natur zur Verheißung des Menschlichen. Diese Funktion hatte bereits die Naturphilosophie Schellings angesichts der idealistischen Geschichtsphilosophie. Noch einmal die Kritische Theorie, die Gewalt als das Gesetz der Geschichte erkennt und der Vernunft darin nur eine ephemere Stelle zugesteht, bezieht sich erneut auf Natur; nun aber in der eigentümlich zweideutigen Form des „Eingedenkens der Natur im Subjekt“.

1. Die Formel vom „Eingedenken der Natur im Subjekt". Die Dialektik des Begriffs

Der Ausdruck „Eingedenken der Natur im Subjekt" findet sich an einer zentralen Stelle der *Dialektik der Aufklärung*, nämlich am Ende des ersten Kapitels über den ‚Begriff der Aufklärung'. Es geht dort um die Frage, ob der zuvor diagnostizierte objektive Verblendungszusammenhang das endgültige Schicksal der aufgeklärten Gesellschaft sei. Horkheimer und Adorno verneinen diese Frage. Sie konstatieren innerhalb der universell gewordenen instrumentellen Vernunft ein Potential ihrer Überschreitung, das den dialektischen Umschlag von Aufklärung als Herrschaft in Versöhnung herbeiführen kann. Dies ist eine notwendige Perspektive. Ohne sie verfiele die Diagnose nicht nur dem Zynismus, sie wäre auch eigentlich nicht denkbar. Denn sie würde die Möglichkeit des Widerspruchs gegen den Verblendungszusammenhang, also ihre eigene Möglichkeit, bestreiten. Das Innewerden des Geistes als Gewalt, als mit sich entzweiter Natur, trägt den Namen des „Eingedenkens der Natur im Subjekt". Das ist zugleich der Name für das Verfahren der *Dialektik der Aufklärung* selbst.

Die Frage bleibt aber, ob beides, der positive und der negative Begriff der Aufklärung, zusammenpaßt. Indem Horkheimer und Adorno die Vernunft unter die Mittel der Naturbeherrschung einreihen, scheinen sie zunächst ihre eigenen Voraussetzungen zu dementieren. Daß sie dann gleichwohl unmißverständlich an einem positiven Begriff von Aufklärung festhalten, läßt sich ihnen auch als theoretische Inkonsequenz vorrechnen. Durch die *Dialektik der Aufklärung* geht offenbar ein Riß. Auf der einen Seite steht die totalisierende Diagnose der Selbstzerstörung der Vernunft: Noch die sublimsten Bereiche des Geistes sind durchdrungen von Herrschaftsansprüchen, die, wenn sie verdrängt werden, nur umso verhängnisvoller wiederkehren. Auf der anderen Seite ist unverkennbar die Hoffnung, wenn nicht gar die Gewißheit, daß das Projekt der Aufklärung zu retten ist, daß die Widersprüche innerhalb der Vernunft und zwischen Vernunft und Natur zu versöhnen sind.

Dieser Riß war den Autoren selbst nicht verborgen. Im Vorwort sprechen sie in bezug auf ihre Diagnose von einer Aporie und in bezug auf ihre Argumentation von einer petitio principii. Die dialektische

Entfaltung des Gedankens verlangt es, widersprüchliche Bestimmungen eines Begriffs nicht von vornherein als Indiz seiner Falschheit oder analytischen Unbrauchbarkeit anzusehen, sondern sie als Momente einer Entwicklung zu deuten. Dementsprechend lösen sie die Widersprüche auch nicht kurzerhand in einem schalen Kompromiß auf, sondern treiben die antagonistischen Positionen in die Extreme, um eben dort, wenn möglich, ihre Vermittlung aufzuweisen. Dabei scheint auf weite Strecken eine Art philosophischer Schizophrenie unvermeidlich zu sein. So beziehen sich die Autoren einerseits auf de Sade und Nietzsche, die „die Herrschaft als Entzweiung ungerührt verkünde[n]“[1], und andererseits auf Hegel und Marx, die die Perspektive der geschichtlichen Versöhnung vorzeichnen. Beide Einstellungen sind aber nicht zugleich einzunehmen. Die Kritische Theorie stellt das eigentümliche Unterfangen dar, beide in ihrer Ausschließlichkeit und gerade darin als Reflexion der anderen nachzukonstruieren.

Wo sich extreme Gegensätze berühren, kommt es leicht zu Mißverständnissen; fast zwangsläufig entstehen auf diese Weise die eigenartigsten ideologischen Mischformen. Alles hängt dabei von Nuancen ab. So ist zum Beispiel die Frage, welche politischen Konsequenzen aus der Diagnose des gesellschaftlichen Verblendungszusammenhangs zu ziehen sind, kaum eindeutig zu beantworten. Während der sechziger Jahre, als die *Dialektik der Aufklärung* breiter rezipiert wurde, schienen jeweils auf ihre Weise zwei konträre Antworten folgerichtig: sowohl eine radikal kämpferische Haltung der universellen Kritik an Herrschaft und Konformismus in jeder möglichen Gestalt als auch eine konservativere Einstellung – die der Autoren selbst –, derzufolge die Strategien der Revolte zu abstrakter Negation verdammt seien, so daß sie die noch erhaltenen, ephemeren Freiheitsspielräume, statt sie zu bewahren, nur um so sicherer dem Trend zur verwalteten Welt ausliefern würden.

Die Formel vom „Eingedenken der Natur im Subjekt“ bezeichnet die *eine* Seite des – wiederum – januskopfigen Begriffs des Begriffs. Die Autoren formulieren die Dialektik des Begriffs als doppeltes Paradoxon: Der Begriff ist *einerseits* das ideelle Werkzeug, mit dem die Menschen die Natur um sich und in sich vergegenständlichen. Aber indem sie sich so von Natur distanzieren, erliegen sie um so gründlicher dem naturhaften Mechanismus der verdinglichten Selbsterhaltung, der gegenseitigen Überwältigung und blinden Herrschaft. *Andererseits* aber kann das Subjekt aus dem Bann der Natur auch nicht dadurch heraustreten, daß es die begriffliche Distanzierung und Verdinglichung in direkter Intention, etwa in mystischer Vereinigung, aufhebt, sondern nur dadurch, daß in solidarischer Anstrengung das reale Leiden abgeschafft wird. Dazu aber bedarf es auch der Anstrengung des Begriffs, seines kritischen und selbstkritischen Gebrauchs. In dieser indirekten Form bekennt das Subjekt sich dann selbst als jene blinde Natur, die eben dadurch erst gleichsam sehend wird. „Durch solches Eingedenken der Natur im Subjekt, in dessen Vollzug die verkannte Wahrheit aller Kultur beschlossen liegt, ist Aufklärung der Herrschaft überhaupt entgegengesetzt [. . .].“[2]

Diese Form der Aufklärung knüpft insofern an die Tradition des Materialismus an, als sie nicht auf die Autonomie des Geistes gegenüber seinen natürlichen und gesellschaftlichen Bedingungen setzt, sondern sich der Machtansprüche inne wird, die ihm die erste und zweite Natur aufnötigen. Dabei aber hängt alles ab von der selbstkritischen Gestik dieses Materialismus, die ihn von anderen, affirmativen Formen trennt. Im alltagssprachlich – zumal in der Form des substantivierten Verbs – kaum gebräuchlichen Terminus des „Eingedenkens“ schwingt die Bedeutung eines fast rituellen Sich-Erinnerns mit, bei dem das Erinnerte und die Anstrengung des Sich-Erinnerns zu einem neuen Anteil des Selbst werden soll. Der jüdische Kult kennt solches Eingedenken als Vergegenwärtigung der Geschichte des Volkes Israel.[3] Die mittelalterlich-christliche Tugendlehre empfahl das Eingedenken des Todes („memento mori“) und griff damit einen Bestand der antiken philosophischen Tradition wieder auf („meléthe thanátu“).[4] Das „Eingedenken der Natur im Subjekt“ ist deren materialistische Transkription. Mit der jüdischen Tradition teilt es den antimythologischen Impuls, der noch in der entzauberten Aufklärung, der „säkularisierten Form“[5] des jüdischen Monotheismus, lebendig ist. Es erkennt die „furchtbare Natur“[6] als Anfang und Fortgang der Zivilisation, die deren Erlösung verhieß und doch bisher diese immer wieder verspielte. Der Gedanke der Versöhnung von Zivilisation und Natur aber ist dem Judentum wie der Aufklärung fremd, er entstammt der christlichen Religion der Gnade und Liebe. Anders wiederum als das Christentum vergegenwärtigt das Eingedenken der Natur das, was diesseitig das Leben beschädigt, das durch kein jenseitiges ausgeglichen wird.

Inwiefern es beim „Eingedenken" auf die gedankliche und emotionale ‚Gestik' ankommt, läßt sich an Unterscheidungen verdeutlichen, die Horkheimer und Adorno an körperlichen Ausdrucksformen vornehmen. Im Zusammenhang ihrer Antisemitismus-Analyse unterscheiden sie etwa den durchdringenden oder auch vorbeisehenden Blick des paranoischen Antisemiten vom vertrauenden Blick der „eingedenkende[n] Liebe und in sich ruhende[n] Freiheit".[7] Wie der Blick, kann auch das Lachen beide Anteile enthalten, den der Macht und den des Eingedenkens. „Allemal begleitet Lachen, das versöhnte wie das schreckliche, den Augenblick, da eine Furcht vergeht. Es zeigt Befreiung an, sei es aus leiblicher Gefahr, sei es aus den Fängen der Logik. Das versöhnte Lachen ertönt als Echo des Entronnenseins aus der Macht, das schlechte bewältigt die Furcht, indem es zu den Instanzen überläuft, die zu fürchten sind. Es ist das Echo der Macht als unentrinnbarer."[8] Ähnlich wird an anderer Stelle das Lachen charakterisiert, das sich selbst auf die Seite der Macht schlägt: „Die Angst, die einem selbst nicht mehr droht, explodiert im herzhaften Lachen, dem Ausdruck der Verhärtung des Individuums in sich selbst, das richtig erst im Kollektiv sich auslebt. Das schallende Gelächter hat zu jeder Zeit die Zivilisation denunziert."[9] Im Unterschied zum hämischen Lachen, das die Autoren vor allem als Erzeugnis der Kulturindustrie beschreiben, bewirkt das versöhnende, daß in ihm „die blinde Natur ihrer selbst als solcher [. . .] innewerde".[10]

Wie der vertrauende Blick oder das versöhnende Lachen ist das diskursiv-rationale Eingedenken zugleich ein Akt emotionaler Anteilnahme. Mimetisch wird die Radikalität der Kritik, die aufs Objekt zielt, gleichsam stillgelegt und aufs Subjekt selbst zurückgebogen, das darin des Machtanspruchs seiner Kritik inne wird. Es geht dabei auch um die Rücknahme des idealistischen Allmachtswahns der Philosophie. Der idealistische Begriff der Natur als des mit sich entzweiten Geistes[11] wird transformiert in einen materialistischen Begriff des Geistes als „mit sich entzweiter Natur"[12]. „Selbsterkenntnis des Geistes" heißt hier nicht die Leistung erkenntnis- und weltkonstitutiver Synthesis, sondern die selbst-bewußte Dezentrierung des Subjekts, die „*Bescheidung*, in der [der Geist] als Herrschaft *sich bekennt* und in Natur *zurücknimmt*“[13]. Dieses Zurücknehmen stellt eher eine Einstellung als ein positives Resultat dar. Es ist eine Maxime der heilsamen Irritation der Vernunft, die angesichts ihrer eigenen Mechanismen der Bemächtigung erschrickt, erstaunt oder zögert. Erst dadurch kann diese zu dem werden, was sie schon zu sein vermeinte: ein die Natur Transzendierendes. Der Gedanke tritt aus dem Bann der Natur heraus, „indem er als deren eigenes Erzittern vor ihr selbst sich bekennt“.[14]

Der in der Formel vom Eingedenken verwendete Naturbegriff ist nicht buchstäblich, sondern metaphorisch. Er differenziert offenbar bewußt nicht zwischen erster und zweiter Natur. Deren entscheidendes gemeinsames Merkmal in der Perspektive der *Dialektik der Aufklärung* ist das der blinden Gewalt. So stößt das „Eingedenken der Natur im Subjekt“ auf den Herrschaftscharakter der Verhaltensstrukturen, in erkenntniskritischer Einstellung: der identitätslogischen Vernunft. Ihr ist in der industriellen Gesellschaft jener Verblendungszusammenhang geschuldet, der das Subjekt selbst, als Träger der Vernunft, zum Verschwinden bringt, und dessen Unausweichlichkeit, Horkheimer und Adorno zufolge, der von bloßen Reiz-Reaktions-Schemata kaum nachsteht.

Aber die Rede von Herrschaft und Bemächtigung setzt ein Substrat voraus, dessen sich die Vernunft bemächtigt. Dies ist die Natur als lebendige, die im Begriff des Menschen als bloßem Vernunftwesen verdrängt wurde. Dieser Prozeß der Rationalisierung kulminiert in den mathematisch-naturwissenschaftlichen Denk- und Handlungsformen moderner Technik und Verwaltung. „Eingedenken der Natur im Subjekt“ heißt deshalb beides: die Kritik der instrumentellen Vernunft selbst als Funktion der Selbsterhaltung und die Spurensuche nach dem durch sie Zugerichteten und Verdrängten, nach den Ansprüchen der lebendigen Natur im Subjekt, den anarchischen Impulsen des Leibes, die unter repressiven Bedingungen nur in verzerrter Gestalt, symptomatisch, wiederkehren. Beides, Kritik der Sozialnatur und Dechiffrierung der Triebnatur, stellt eine Selbstkorrektur des Begriffs dar, mit der dieser das Unrecht zurückzunehmen sucht, das durch ihn den Dingen angetan wurde.

Die Dialektik des Begriffs bei Horkheimer und Adorno läßt sich in zweierlei Richtung kritisch verfolgen, nämlich einerseits in erkenntnistheoretischer bzw. sprachphilosophischer, andererseits in geschichtsphilosophischer. Erkenntnistheoretisch ist sie dadurch problematisch, daß eine Kritik *des* identifizierenden Begriffs einen Standort außerhalb des Begriffs voraussetzt, was der Diskursivität der Kritik widerspricht. Albrecht Wellmer hat denn auch der *Dialektik der Aufklärung* ein „intentionalistisches Vorurteil über die Sprache"[15] nachzuweisen versucht. Demgegenüber will ich hier auf die geschichtsphilosophische Seite jener Dialektik eingehen. Die geschichtliche Perspektive ergibt sich aus der Unmöglichkeit, die lebendige Natur im Subjekt unabhängig vom Prozeß ihrer Formung, der zugleich immer auch einer der Deformation ist, zu erfassen. Das Deformierte ist über eine Kritik an der Deformation zu erschließen.

2. Unterirdische Geschichte des Körpers zwischen Kapitalismuskritik und Vernunftkritik. Repressionsmodell der Zivilisationsgeschichte

Der Ausgangspunkt meiner Überlegungen war die Feststellung, daß durch den Begriff der Aufklärung gleichsam ein Riß geht, der deren negative und positive Seite unvermittelt nebeneinander stehen läßt. Die Frage, wie dieser Riß zu überbrücken sein könnte, ist gleichbedeutend mit der nach den Voraussetzungen der Möglichkeit des „Eingedenkens" und damit zugleich nach dessen Gegenstand, der Geschichte der Vernunft. Welchen Sinn Aufklärung annimmt, hängt entscheidend von der Vorstellung des geschichtlich Gewordenen ab, an dem Aufklärung anzusetzen hat. Diese Geschichtskonzeption ist nun aber ihrerseits keineswegs eindeutig. Vielmehr sind zwei Entwürfe zu unterscheiden. Diese lassen sich am Begriff der Entfremdung erläutern, wie er in der Philosophie von Hegel bis Marx gebräuchlich war. Dieser Begriff changiert zwischen den beiden Bedeutungen einer entwicklungsnotwendigen Entäußerung des Subjekts an das Objekt und einer Unterdrückung und Deformation des Subjekts durch eine übermächtige Objektivität, die das Subjekt selbst, wenn auch ohne Bewußtsein, mit geschaffen hat. Je nachdem, welche dieser beiden Seiten man favorisiert, kommt man zu einer Geschichte der Produktion oder der Repression menschlicher Möglichkeiten. Und je nachdem, wie beide mit dem Prozeß der Zivilisation in Verbindung gebracht werden, wird Herrschaft als notwendig oder als abschaffbar erscheinen, wird Aufklärung als Kritik einer verkürzten Vernunft gelten oder als unauflösbar herrschaftsstabilisierende der Vernunftkritik verfallen.

Der ursprüngliche Ansatz der *Dialektik der Aufklärung* zielt auf ein Geschichtsmodell ab, das man als Repressions- oder Entfremdungsmodell bezeichnen könnte – „Entfremdung" verstanden im pejorativen Sinn von Verdinglichung. Dies wird deutlich an den ‚Aufzeichnungen und Entwürfen', den frühesten Teilen des Buches. Die Geschichte des Subjekts erscheint demzufolge als repressive Identitätsbildung auf Kosten von Triebansprüchen, oder, unter umgekehrten Vorzeichen und gegenwartsdiagnostischem Schwerpunkt, als Geschichte des *Zerfalls* dieser Identität, der aber nicht weniger repressive Funktionen hat. In der Aufzeichnung ‚Interesse am Körper'[16] etwa wird dieser Topos unter dem Namen der „unterirdischen Geschichte" eingeführt: „Unter der bekannten Geschichte Europas läuft eine unterirdische. Sie besteht im Schicksal der durch Zivilisation verdrängten und entstellten menschlichen Instinkte und Leidenschaften."[17] Dieser Ansatz führt im Haupttext des Buches zu den zentralen kulturkritischen Thesen über den selbstzerstörerischen Gang der Zivilisation. Demzufolge ist die Verleugnung der inneren Natur der „Kern aller zivilisatorischen Rationalität".[18] Das Verleugnete und Verdrängte kehrt symptomatisch wieder und speist als Komplex deformierter Bedürfnisse die Beharrlichkeit der Herrschaft. Mit der kulturellen Formel von der hierarchischen Dichotomie von Geist und Körper reproduzieren Herrschende wie Beherrschte nicht nur ideologisch, sondern unmittelbar triebökonomisch immer wieder das Prinzip der Unterdrückung.

Die Aufzeichnung ‚Interesse am Körper' gibt Einblick in die Entstehung der Anthropologie des bürgerlichen Typus aus dem Rückzug aus der Marxschen Geschichtsphilosophie. Auf eine für die *Dialektik der Aufklärung* insgesamt charakteristische Weise unklar, ja widersprüchlich, fällt dort nämlich die Antwort auf die Frage aus, wie die Deformation der Leidenschaften historisch näher zu bestimmen ist, welche Instanzen also für die Reglementierung des Körpers verantwortlich sind.

Kennzeichen der symptomatischen Äußerungen, die auf Unterdrükkung, Verdrängung und Wiederkehr des Verdrängten hindeuten, ist die kulturell bestimmte Ambivalenz der Gefühle und Bewertungen. Das Bild des Körpers ist demnach in der Zivilisationsgeschichte immer wieder durch ausgeprägte Haßliebe gefärbt.

Diese wird von den Autoren einerseits als Charakteristikum der „neueren Kultur“[19] bestimmt und aus der Funktion der Arbeit in der bürgerlichen Ökonomie abgeleitet. Das kapitalistisch-bürgerliche Arbeitsethos verschmilzt demzufolge mit der älteren christlichen Lehre, nach der die körperliche Arbeit der Askese des Fleisches dient. Andererseits aber verfolgt die *Dialektik der Aufklärung* die Verstümmelung des Körpers entschieden weiter zu anderen Ursprüngen zurück. In Gesellschaften, in denen Herrschaft noch weniger durch Handel und Industrie vermittelt als auf kriegerische Machtausübung gegründet war, entsprang jene Verdrängung nicht der Hochschätzung der Arbeit, sondern umgekehrt ihrer Ächtung, die mit der Sklaverei einherging. Während der arbeitende Körper Objekt eines Kommandos und einer fremden Nutznießung ist, ist der kriegerische Körper Subjekt-Objekt eines Trainings, das zur Erhaltung der eigenen Macht unerläßlich ist.

Aber auch diese Ableitung scheint noch nicht genügend tief anzusetzen. Auf einer weiteren Abstraktionsstufe wird die Haßliebe zum Körper als eine Art kulturelle Universalie bestimmt. Damit aber schlägt die radikale Kritik – nicht explizit, aber doch implizit – in Resignation, wenn nicht gar in Rechtfertigung des zunächst Kritisierten um. Kultur überhaupt baut, so die Autoren, auf der Beherrschung äußerer Natur auf und führt mit der Distanzierung von dieser auch zur Verdrängung der Triebe. Die Verdinglichung scheint damit ein kulturelles Konstituens zu sein, das aus der „Spaltung des Lebens in den Geist und seinen Gegenstand“[20] resultiert. Vor aller manifesten Verstümmelung ist der Körper, als Objekt der zivilisatorischen Formung, bereits schon „corpus“, das tote Ding, potentiell die Leiche.

„Geist“ bezeichnet hier den „Inbegriff der Macht und des Kommandos“.[21] Damit ist der zivilisationstheoretische Ansatz der *Dialektik der Aufklärung* in einem entscheidenden Aspekt vorgezeichnet. Es handelt sich um eine Genealogie des Geistes, in der dieser sich an seinem Ursprung als das Andere seiner selbst zeigt. Er entspringt, dieser

These zufolge, dem Schrecken vor der undurchschauten und unbeherrschten Natur, der sich die Menschen zunächst mimetisch anzugleichen versuchen. Die mimetischen Verhaltensweisen werden schrittweise durch magische Praktiken, zuletzt durch solche der rationalen Arbeit ersetzt. Wie aber bereits die Magie und selbst die natürliche Mimikry Züge der zweckrationalen Verfügung tragen, so umgekehrt die entfaltete instrumentelle Rationalität noch Züge der Angleichung an die unbelebte Natur. In der durch den Schrecken ausgelösten Mimikry gleicht sich das Leben um der Selbsterhaltung willen seiner Umwelt an und macht sich leblos. Der Prozeß der Zivilisation kehrt diese Assimilation Schritt für Schritt um: als Unterwerfung der äußeren Natur und Verhärtung der inneren Natur gegenüber der Versuchung, in die Hingabe an jene zurückzusinken. Die Grundkonstellation der Angleichung an die unbelebte Natur bleibt auch in der Abstraktionsleistung der instrumentellen Vernunft die des Schreckens. Der verdrängte Schrecken vor der Unmittelbarkeit der bedrohlichen Natur kehrt wieder in Gestalt des Zwangssystems entfalteter Technik im Dienst umfassender Herrschaft: „Von der Angleichung an die Natur bleibt allein die Verhärtung gegen diese übrig. Die Schutz- und Schreckfarbe heute ist die blinde Naturbeherrschung, die mit der weitblickenden Zweckhaftigkeit identisch ist.“[22]

Die Modulation der inneren Natur wird also zugleich als Voraussetzung wie als Folge der Beherrschung äußerer Natur konzipiert. Die „unterirdische Geschichte“ des Körpers und seiner Verstümmelungen stellt sich unter diesem Aspekt als Repressionsgeschichte dar, Zivilisation in ihrem Kern als Unterdrückung von Natur. Die anfängliche Übermacht der Natur spiegelt sich im Bewußtsein der frühen Menschen als Schrecken und heiliger Schauder. Die Verzauberung der Natur durch die mythische Vergötterung ihrer Gewalt trägt aber in sich auch schon den Keim ihrer Entzauberung und Beherrschung. Doch die Distanz zur Natur gewährt den Menschen nicht nur das neue, zivilisatorische Glück der Individuation, sondern bürdet ihnen auch neue Lasten auf, zwingt sie zu Einschränkungen der inneren Natur, angesichts derer die in die Zivilisation noch hineinragende Vorwelt als ständig lockendes, tieferes Glücksversprechen erscheint. Gegenüber diesem zivilisationsbedrohenden Sog dauerhafte Barrieren zu errichten, ist die Funktion der Verpönung von übermäßiger Furcht wie Lust, der Errichtung eines auf seine Selbsterhaltung bedachten, mit sich identischen Ichs. Die zivilisatorische Formung und Verformung besteht wesentlich in der Unterdrückung, Aufschiebung und Verstellung der animalischen Strebungen nach unbedingter und augenblicklicher Triebabfuhr.

Um sich produktiv mit der äußeren Natur auseinanderzusetzen, müssen die Menschen dem Schrecken wie dem Begehren standhalten. Im archaischen Opfer wird diese Struktur gefestigt. Das Opfer repräsentiert die in einer Gemeinschaft verpönten Triebanteile, deren Verdrängung sich die an seiner Inszenierung Beteiligten als sichtbaren Vorgang des Ausschlusses und der Vernichtung vorführen. Damit ist ein entscheidender Mechanismus der „unterirdischen Geschichte" bezeichnet, die „Introversion des Opfers". Die Autoren erläutern ihn an der *Odyssee,* dem „Grundtext der europäischen Zivilisation".[23] Sie interpretieren verschiedene Szenen des Homerischen Epos, in denen es jeweils um die Durchsetzung der Klugheit des Odysseus gegenüber mythischen Gestalten geht (Polyphem, Kalypso, Kirke, Lotophagen, Sirenen), als Darstellung einer zivilisatorischen Grundkonstellation: des Aufbaus einer festen Subjektstruktur durch Unterdrückung, Abwehr oder Sublimierung aller den Imperativen der Herrschaft und Arbeit widerstrebenden Triebimpulse. Subjektivität entspringt, der These von der Introversion des Opfers zufolge, auf der durch Odysseus verkörperten Stufe dem nach innen gewendeten Opferritual. Hatte vordem das Opfer einzelner Individuen die Funktion, das Kollektiv gegenüber innerer und äußerer Bedrohung zu erhalten, so nimmt nun der Kulturheros das Opfer auf sich, ohne sich jedoch selbst von vornherein aufzugeben. Vielmehr erhält er nun sich und die Seinen durch die List, mit der er das mythisch geforderte und festgelegte Opfer umdeutet. Dadurch wird das Opfer zum Betrug.

Freilich zahlt auch er einen Preis, eben den der Unterdrückung der unmittelbar Erfüllung erheischenden Triebe und Affekte. Innere Natur wird nach dem Schema der äußeren unterworfen und dadurch verstellt. Dafür stehen die vielfältigen Leiden des irrfahrenden Helden Odysseus, der unter Todesgefahren den mythischen Naturmächten seine Existenz abgetrotzt hat: „Die Irrfahrt von Troja nach Ithaka ist der Weg des leibhaft gegenüber der Naturgewalt unendlich schwachen und im Selbstbewußtsein erst sich bildenden Selbst durch die Mythen. [. . .] das Wissen, in dem seine Identität besteht und das ihm zu überleben ermöglicht, hat seine Substanz an der Erfahrung des Vielfältigen, Ablenkenden, Auflösenden, und der wissend Überlebende ist zugleich der, welcher der Todesdrohung am verwegensten sich überläßt, an der er zum Leben hart und stark wird."[24]

Die Kontrolle über den Körper zu gewinnen und damit schließlich die Ansprüche der eigenen Natur zu beschneiden, ist die Bedingung des zivilisatorischen Fortschritts, der eben dadurch sein Telos verliert und zur totalitären Herrschaft führt: „Furchtbares hat die Menschheit sich antun müssen, bis das Selbst, der identische, zweckgerichtete, männliche Charakter des Menschen geschaffen war, und etwas davon wird noch in jeder Kindheit wiederholt. Die Anstrengung, das Ich zusammenzuhalten, haftet dem Ich auf allen Stufen an, und stets war die Lockung, es zu verlieren, mit der blinden Entschlossenheit zu seiner Erhaltung gepaart."[25] Die Introversion des Opfers ins zivilisierte Subjekt, die Würde des Heros, wird gewonnen, „indem der Drang zum ganzen, allgemeinen, ungeteilten Glück sich demütigt".[26] Diese Versagung aber ist der Keim der im Fortschritt fortwuchernden Naturverfallenheit. Haftete dem äußeren Opfer schon das Moment des Betrugs an, insofern es rationalisierend den Ermordeten zum Erwählten verklärte, so gründet auch das innere auf dem (Selbst-)Betrug. In der Versagung, dem introvertierten Opfer, wird der unmittelbare körperliche Ausdruck einer Zukunft geopfert, die das Subjekt vor sich herschiebt, ohne sie noch einholen zu können.

3. Lust, Schrecken, Arbeit – Indizien für ein Produktionsmodell der Zivilisationsgeschichte

Wäre dies das theoretisch letzte Wort der *Dialektik der Aufklärung*, dann freilich wäre kein Ausweg aus dem Verblendungszusammenhang, und jede Entwicklung wäre nur ein Auf-der-Stelle-Treten. In der Tat jedoch finden wir dort auch eine andere Dialektik der Naturbeherrschung, die sich am Modell der Entfremdung als Entäußerung orientiert. Insofern ist die Introversion des Opfers auch nicht *das* geschichtsphilosophische Zentrum der *Dialektik der Aufklärung*. Ein erstes Indiz dafür ist eine überraschende Bestimmung der Lust, die sich im Zusammenhang der *Juliette*-Interpretation findet: „Natur kennt nicht eigentlich Genuß: sie bringt es nicht weiter als zur Stillung des Bedürfnisses. Alle Lust ist gesellschaftlich in den unsublimierten Affekten nicht weniger als in den sublimierten. Sie stammt aus der Entfremdung."[27] Diese Passage ist das entscheidende Korrektiv zu einer als bloßer Repressionsgeschichte verstandenen unterirdischen Geschichte des verstümmelten Körpers. Entfremdung erscheint hier nicht als Beschränkung des Handlungs- und Erlebnishorizonts, vielmehr als Voraussetzung seiner Erweiterung über die bloße natürliche Bedürfnisbefriedigung hinaus: als ursprüngliche Entfremdung der Natur, die als vergesellschaftete, als Geist, sich selbst gegenübertritt. Während Natur im iterativen Wechsel von Bedürfnis und Befriedigung aufgeht, wandert dieser Wechsel beim gesellschaftlich hergestellten Trieb als unaufhebbare Spannung des sich in der Wiederholung erneuernden und verändernden Begehrens in die subjektive Erlebens- und Handlungsstruktur selbst ein.

Lust trägt also nicht bloß die Spur der Unterdrückung an sich, sie ist auch produktive Triebkraft des Widerspruchs gegenüber der zivilisatorischen Kontrolle, Quelle des zivilisatorisch Neuen, des Utopischen. Dieser Aspekt der Lust erscheint in der *Dialektik der Aufklärung* insofern überraschend, als die Analysen der Kulturindustrie und des Antisemitismus die Lust primär als Prämie der Anpassung darstellen, als symptomatischen Ausdruck der Verkehrung, durch die das verbotene Begehren zur triebhaften Destruktion des Begehrten wird. Diesem Argument liegt aber ein emphatischer Begriff nicht-deformierter Lust zugrunde, den Horkheimer und Adorno als Modell heranziehen, um zu erläutern, wie sich die philosophische Erkenntnis der instrumentellen Vernunft entwindet. Aus der Perspektive der unterdrückten und nach außen projizierten Wut auf die von der Kultur geforderten Versagungen gilt das „Eingedenken der Natur im Subjekt" als „zuchtlose[r] Gedanke". [28] Lust wie Denken im emphatischen Sinn sind zweckfrei und selbstvergessen. Horkheimer und Adorno drehen Senecas Tugendlehre „res severa verum gaudium" um: „Lust [. . .] ist streng".[29] Erst das bedingungslose Luststreben gemahnt an den „unauflöslichen Widerspruch der Ordnung [. . .], die Glück in seine Parodie verwandelt, wo sie es sanktioniert, und es schafft bloß, wo sie es verfemt."[30]

Lust, die die kulturell und kulturindustriell geforderte Versagung verneint, ist selbst nichts Naturhaft-Vorkulturelles, sondern als Effekt des sinnlichen Symbolgefüges etwas vom physiologischen Funktionieren eines Organs grundlegend Verschiedenes. Sie bezeichnet die Spannung, die als Versprechen auf Erfüllung und als dessen Erleben dem Körper eingeschrieben ist. Diese Einschreibung erfolgt in eins mit der sozialisatorisch hergestellten Distanz zur unmittelbaren Befriedigung des körperlichen Bedarfs. Trotz der Kritik an Freud, er verharmlose die Lust zu einem Trick der Arterhaltung und ihrer Vernunft und entstelle diese zugleich zur Rationalisierung, einem bloßen Überbau der Selbsterhaltung,[31] verdankt sich dieser Begriff der Lust der Psychoanalyse: Lust wird dort bestimmt als Anzeichen für die Auflösung einer Bedürfnisspannung auf der psychophysischen Erinnerungsspur vergangener Befriedigungen. In der sinnlich-symbolisch und sprachsymbolisch angeleiteten Bewältigung der Bedürfnisspannung treibt die Lust das Subjekt zugleich immer wieder über die bloße Wiederholung hinaus, indem sie die Befriedigungserwartung verschiebt. So kann es sich auch in der Hingabe an das der instrumentellen Vernunft Widersprechende dem Zwang der Zivilisation mit zivilisatorischen Mitteln entziehen. Das gesellschaftlich Verpönte der Lust, ihre Kraft, im somatischen ‚Eingedenken' normative Bindungen aufzulösen, leitet auch die diskursive Kritik der starren Funktionen und Bindungen an, eine Erkenntnis, die sich nicht durch Denkverbote zügeln läßt. In der somatischen Lust ist die Utopie der Versöhnung vorgezeichnet, die die Erkenntnis einzuholen hat.

Ein weiteres Indiz für die Alternative zum Repressionsmodell ist eine Bewertung des archaischen Schreckens, die ich allerdings nicht der *Dialektik der Aufklärung* entnehme, sondern dem Aufsatz Horkheimers ‚Zum Begriff der Vernunft'. Dort findet sich die These, daß die Möglichkeit des Glücks, der Menschenwürde, überhaupt dessen, was „noch das Leben lebenswürdig macht", in der aufgeklärten, entzauberten Welt „unterirdisch" noch vom mythischen Erbe zehrt. „Ohne den Schauer, der einmal die Menschen vor ihren Herrschern und Göttern ergriff, würde die Achtung, die auf alles, was Menschenantlitz trägt, heute sich ausdehnen soll, nicht wirklich erfahren; sie sänke zur hohlen Phrase herab."[32] Der Schrecken initiiert nicht nur die selbsterhaltende Mimikry und deren zivilisatorische Aufhebung in Naturbeherrschung, sondern auch die objektive Vernunft, derzufolge der Andere *nicht* bloßes Mittel der Selbsterhaltung ist.

Wie der Schrecken nicht in Angleichung an Natur aufgeht, so der Geist nicht in Naturbeherrschung und Kommando. Zwar entspringt die Vernunft, der *Dialektik der Aufklärung* zufolge, dem natürlichen Impuls der Selbsterhaltung, zwar erweist sie sich als die raffiniertere Gestalt der animalischen Werkzeuge, der Klauen und Zähne, zwar ist sie bis in ihre sublimsten Äußerungen hinein mit Machtansprüchen verwoben, aber sie ist zugleich und zunehmend auch mehr als Wille zur Macht, nämlich sinnliche Erfahrung, Ausdruck und Anerkennung des Anderen als Subjekt. Stellt die instrumentelle Verfügung das ursprüngliche ‚Motiv' des Geistes dar, so geht dieser gleichwohl darin kraft seiner Vermittlungsfunktion nicht auf.

Die Autoren folgen dabei der Hegel-Marxschen Dialektik von Herrschaft und Knechtschaft, nach der der Knecht zwar im Schrecken vor den Sanktionen des Herrn lebt, zugleich aber durch seine produktive Tätigkeit eine Entwicklungsstufe erklimmt, die ihn zuletzt gegenüber dem Herrn überlegen werden läßt. Denn seine Instrumente der Naturbearbeitung, Werkzeug und Sprache, tragen keimhaft in sich universelle Bedeutungen, die über den partikularen Horizont ihrer Entstehung und ursprünglichen Verwendung hinausweisen. Unabhängig von der jeweiligen Bornierung der Herren wie der Knechte setzt sich so die gesellschaftliche Rationalisierung durch: „Die Instrumente der Herrschaft, die alle erfassen sollen, Sprache, Waffen, schließlich Maschinen, müssen sich von allen erfassen lassen. So setzt sich in der Herrschaft das Moment der Rationalität als ein von ihr auch verschiedenes durch. [. . .] In der Gestalt der Maschinen [. . .] bewegt die entfremdete Ratio auf eine Gesellschaft sich zu, die das Denken in seiner Verfestigung als materielle wie intellektuelle Apparatur mit dem befreiten Lebendigen versöhnt und auf die Gesellschaft selbst als sein reales Subjekt bezieht."[33] Geist als vermittelnde Instanz entspringt der Macht, wie andererseits die Kritik an partikularer Macht und Herrschaft der zur Universalität tendierenden Vermittlung. Das gilt für die Institutionen sozialer Herrschaft nicht anders als für die Instrumente der Naturbeherrschung und der symbolischen Formen des sozialisatorischen Umgangs mit innerer Natur.

4. Eingedenken als Selbstreflexion der instrumentellen Vernunft

Die *Dialektik der Aufklärung* enthält also, wie ich an den Begriffen Lust, Schrecken und Arbeit zu zeigen versucht habe, entscheidende Hinweise darauf, daß das Repressionsmodell für die unterirdische Geschichte des Körpers als soziale Geschichte der Subjektivität zu eng ist. Rückblickend auf diese zivilisatorischen Elemente ist festzustellen, daß nicht nur Lust, sondern auch Schrecken und Arbeit zentrale emotionale und prozedurale Aspekte des „Eingedenkens" selbst darstellen – insofern war die Wahl dieser Beispiele nicht zufällig. Aber die *Dialektik der Aufklärung* selbst leistet kaum plausibel die *Vermittlung* zwischen dem Repressions- und dem Produktionsaspekt. Sie bleibt den Nachweis schuldig, wie die instrumentelle Vernunft selbst – nicht eine ihr entgegengesetzte, umfassende Vernunft – die Grenzen der Verdinglichung überschreiten sollte. Gegenüber der von ihr aufgewiesenen Teleologie des Schreckens in der Geschichte bietet sie ein unvermutet aufleuchtendes Vertrauen auf die positive Wirkung derselben instrumentellen Vernunft auf, um deren Kritik es zuvor ging. Einst hatten die Autoren den Objektivismus der Lukácsschen Verdinglichungskritik verworfen, derzufolge das Proletariat, gerade *weil* in ihm die Verdinglichung des Kapitalprozesses kulminiert, eine theoretische und praktisch-umwälzende „Intention auf die Totalität der Gesellschaft"[34] haben sollte. Jetzt aber kehrt dieser Objektivismus wieder in dem Postulat, daß die auf die Spitze getriebene instrumentelle Vernunft die Selbsterkenntnis des Geistes als entzweiter Natur aus sich heraustreibe. Vor dem Hintergrund dieses Vertrauens schlägt die Analyse des universellen Verblendungszusammenhangs um in das Erstaunen darüber, was dessen endgültiges Verschwinden noch verhindere. Die faschistische Gewalt findet so ihre – mystifizierende – Erklärung in der verzweifelten Anstrengung der Betrüger wie der Betrogenen, den fälligen Schritt ins Reich der Freiheit zu verbauen.

Gleichwohl finden sich in der *Dialektik der Aufklärung* einige Hinweise darauf, wie die Selbstreflexion und -kritik der instrumentellen

Vernunft zu denken sei, und zwar im Bereich der Erkenntnis- und Wahrnehmungstheorie. Das Gegenbild zur instrumentalistisch schematisierten Erkenntnis ist die rational-mimetische Hingabe, in der die Vernunft ihre selbst gesetzten Grenzen überschreitet. Zwar gibt es keine Erkenntnis ohne den Zwang der Identität, aber das Ich kann seine kognitivistischen und pragmatistischen Schematisierungen abmildern: „In nichts anderem als in der Zartheit und dem Reichtum der äußeren Wahrnehmungswelt besteht die innere Tiefe des Subjekts. Wenn die Verschränkung unterbrochen wird, erstarrt das Ich. [. . .] Nur in der Vermittlung, in der das nichtige Sinnesdatum den Gedanken zur ganzen Produktivität bringt, deren er fähig ist, und andererseits der Gedanke vorbehaltlos dem übermächtigen Eindruck sich hingibt, wird die kranke Einsamkeit überwunden, in der die ganze Natur befangen ist."[35]

Das „Eingedenken der Natur im Subjekt" besagt also keineswegs, eine ursprüngliche, nicht entfremdete Einheit von Mensch und Natur zu unterstellen. Vielmehr enthüllt die Natur gerade unter der Perspektive des entfalteten menschlichen Vermögens ihre Gleichgültigkeit gegenüber dem Schicksal des Einzelwesens. Dieses ist, bei aller objektiven Sozialität seines Erlebnis- und Handlungshorizonts, einsam dem mitleidlosen Fortschreiten der Naturabläufe ausgesetzt. Das „Eingedenken" kann Gewalt und Leiden nicht rückgängig machen, sondern nur erinnernd aufbewahren und so die instrumentalistische Verhärtung des Subjekts in seinem Umgang mit innerer und äußerer Natur und mit anderen Subjekten mildern. Das „Eingedenken" ist die Einsicht in die Introversion des Opfers und die Erkenntnis, wie weit das Opfer überflüssig geworden ist. In seinem Kern bleibt das Ich ein Gefüge lebensnotwendiger Abwehr- und Selbsterhaltungsmechanismen. Partiell können jedoch deren verzerrende Wirkungen aufgehoben werden, indem sie sich an sich selbst abarbeiten. So erscheint der „reflektierte Gegensatz" von Sinnlichkeit und Begriff als Utopie, als „Möglichkeit von Versöhnung", in ausdrücklichem Gegensatz zu einer – beispielsweise lebensphilosophisch unterstellten – „vom Gedanken unangekränkelten Gewißheit", einer „vorbegrifflichen Einheit von Wahrnehmung und Gegenstand".[36]

Erst im Durchgang durch die begriffliche Formung, die notwendig auch Verzerrung ist, erscheint das Wesen der Natur und gewinnt zugleich einen versöhnenden Ausdruck: „Natur an sich ist weder gut, wie die alte, noch edel, wie die neue Romantik es will. Als Vorbild und Ziel bedeutet sie den Widergeist, die Lüge und Bestialität, erst als erkannte wird sie zum Drang des Daseins nach seinem Frieden, zu jenem Bewußtsein, das von Beginn an den unbeirrbaren Widerstand gegen Führer und Kollektiv begeistet hat. Der herrschenden Praxis und ihren unentrinnbaren Alternativen ist nicht die Natur gefährlich, mit der sie vielmehr zusammenfällt, sondern daß Natur erinnert wird."[37] Diese Differenz zwischen dem An-sich und dem Für-uns der philosophischen Idee ist entscheidend für das, was die *Dialektik der Aufklärung* mit „Erinnerung" oder „Eingedenken" der Natur meint.

In der *Dialektik der Aufklärung* finden sich einige Andeutungen dazu, wie sich diejenigen Instanzen in den Individuen wie in der Gesellschaft herausbilden, die die Selbstkritik der instrumentellen Vernunft anleiten und so die Grenzen der herrschaftlichen Aufklärung durchbrechen können. Diese Andeutungen stehen im Zusammenhang mit der Analyse des Antisemitismus. Die pathische Projektion des Antisemiten, der in der Verfolgung eines Opfers die eigene verdrängte Wut auf die versagende Zivilisation noch einmal exkommuniziert, ist das negative Spiegelbild der mimetischen Hingabe des Subjekts an die Außenwelt. Beide lassen sich aus der projektiven Grundstruktur der Wahrnehmung ableiten. Die Autoren beziehen sich bei ihrem Entwurf einer Geschichte der Wahrnehmung auf Kant, dessen Erkenntnistheorie zufolge Wahrnehmung eine transzendentale Leistung darstellt, die die Ordnung der Dinge konstituiert. Anthropologisch gewendet, enthüllt sich ihnen diese Leistung als die der Projektion von Sinneseindrücken im Dienste der Art- und Selbsterhaltung. Wahrnehmung ist ursprünglich Projektion, die Einheit des Wahrgenommenen ist ein vom Subjekt unbewußt als Lust-, Kampf- oder Angstobjekt Konstituiertes. *Wahre* Bilder der Welt können, dieser Theorie zufolge, von falschen erst auf derjenigen Entwicklungsstufe geschieden werden, auf der äußere und innere Eindrücke voneinander getrennt und jeweils synthetisiert werden. So entsteht die Einheit des Ich als Rückwirkung der Projektion eines einheitlichen Objekts auf das Subjekt.

Diese Phylogenese als Ich-Identität ist die bewußtseinstheoretische

Entsprechung zur Theorie der Introversion des Opfers, wie sie sich im *Odyssee*-Kapitel findet. Wie sich das triebbeherrschende Ich als Verinnerlichung der vom Subjekt ausgeübten Bemächtigung und Herrschaft über äußeres Lebendiges bildet, so ist das kognitive Ich das Spiegelbild der von ihm selbst bewußtlos gestifteten Einheit des Objekts. Und wie das triebbeherrschende Ich zugleich die Formen seiner Befriedigung verschiebt und erweitert, wie es auch erfahren kann, daß das Opfer überflüssig geworden ist, so kann sich das erkennende Ich der projektiven Struktur seiner Wahrnehmung bewußt werden. Das Gegenbild zur blind projektiven, instrumentell verfügenden Einstellung ist das der mimetischen Hingabe, der Fähigkeit des Gedankens, die Sinnlichkeit zu beleben.

Wie aber die These von der Introversion des Opfers die Zivilisationsgeschichte des identischen Ich nach dem Modell einer Repressionsgeschichte zurechtschneidet, so verkürzt die These von der „Introversion" der Projektion die Ichbildung bewußtseinstheoretisch auf ein monologisches Subjekt-Objekt-Verhältnis. Die Bildungsgeschichte des Subjekts wird allein in die Koordinaten seiner Auseinandersetzung mit einer natürlichen Außenwelt eingetragen, ohne noch das Interaktionsfeld zu thematisieren, dessen intrapsychischer Niederschlag die projektive Wahrnehmung darstellt. Der psychoanalytische Terminus der Projektion reicht aber nur so weit, um die subjektiven Erscheinungen der gattungsgeschichtlichen Veränderungen, die Innenperspektive der Erlebnisformen zu bezeichnen. Indem die Autoren diesen Mechanismus zu einer Anthropologie der Wahrnehmung machen, fallen sie hinter die von ihnen selbst konzipierte Dialektik von Individuation und Vergesellschaftung zurück, derzufolge das monadische Individuum zugleich gesellschaftliche Funktion und Widerspruch gegen diese ist.[38]

Mit gewissem Recht fordert deshalb Wellmer im Zusammenhang seiner Metakritik der Kritik der identitätslogischen Vernunft, das „Eingedenken der Natur im Subjekt" um das „Eingedenken der Sprache im Subjekt" zu erweitern: Erst dieses „führt aus dem Bann der Subjektphilosophie heraus; es macht die kommunikative Praxis sichtbar, die dem Leben des sprachlichen Sinns zugrunde liegt, und deren bloßer Schattenriß das ‚vorstellende' und ‚urteilende', das begrifflich

‚identifizierende' und instrumentell handelnde Subjekt ist."[39] Jedoch verkürzt Wellmer damit seinerseits sowohl die kommunikative Praxis, die nicht in Sprache aufgeht, als auch diese, die sich nicht auf Kommunikation reduzieren läßt. Das anonyme Regelsystem der Sprache ist dem Subjekt kaum bewußt, aber nicht durch Verdrängung und Zensur wie das dynamische Unbewußte. Deshalb will der emphatische Begriff des Eingedenkens auf Sprache als Kommunikation nicht recht passen – es sei denn, man verbinde das „Leben des sprachlichen Sinns" mit dem psycho-physischen Sinngefüge der leiblichen Praxis. Sprache und innere Natur sind als zwei Dimensionen der Sozialisierung wie der Dezentrierung des Subjekts aufeinander verwiesen.[40]

Angesichts der sprachphilosophischen Entmythologisierung des Subjekts ist das „Eingedenken der Natur im Subjekt" das entscheidende Korrektiv, um nicht erneut in einen Bann geschlagen zu werden – diesmal in den einer kognitivistischen Theorie des kommunikativen Handelns. Die subjektkonstitutive symbolische Praxis geht in sprachlicher Verständigung nicht auf. Sie interpretiert nicht bloß ein natürliches Antriebspotential. Sie bleibt vielmehr, als Träger der Einübung und Befestigung der gesellschaftlichen Regeln, in unaufhebbarer Spannung zum Bereich einer zwar gesellschaftlich geformten inneren Natur, die aber nur zum geringsten Teil sprachsymbolisch repräsentiert ist und als sinnliches Symbolgefüge ein eigendynamisches Verhaltens- und Phantasiepotential darstellt.

5. Kritik des Repressionsmodells

Das Programm des „Eingedenkens" ist innerhalb der *Dialektik der Aufklärung* selbst nicht genügend radikal durchgeführt, insofern die Vermittlung zwischen der „Introversion des Opfers" und deren Abschaffung allzu brüchig bleibt. Um dies zu zeigen, knüpfe ich im folgenden noch einmal an die Überlegungen zu jenen zivilisatorischen Elementen an, die bereits innerhalb der *Dialektik der Aufklärung* selbst auf die Seite der zivilisatorischen Entäußerung hinweisen: Arbeit, Lust, Schrecken.

Horkheimer und Adorno entwerfen im wesentlichen eine „unterirdische Geschichte" der Repression, deren Notwendigkeit oder Obsoletheit unentscheidbar bleibt. Von Anbeginn an, so die *Dialektik der*

Aufklärung, standen die Menschen vor der Alternative, sich der Natur zu unterwerfen oder diese sich untertan zu machen; der Schrecken vor der Übermacht der Natur war der Keim der mimetischen Leistungen, die Naturgewalt zurückzudrängen. Dadurch aber erweiterten sich auch die Möglichkeiten, sich den Lockungen innerer und äußerer Natur ungestraft hinzugeben. Doch das Instrumentarium kognitiver, triebabwehrender und instrumenteller Fertigkeiten und Zurichtungen schlug auf den beseelten Körper zurück. Mimetisch nahm dieser selbst Schritt für Schritt den Charakter der von ihm versachlichten Natur an. Diese Umformung schnitt ihn von der Fülle sinnlicher Erfahrungen, dem lustvollen Umgang mit sich selbst und anderen, zunehmend ab. Die durch instrumentelle Vernunft gesteuerte Selbsterhaltung führt zur „Selbstentäußerung der Individuen, die sich an Leib und Seele nach der technischen Apparatur zu formen haben.“[41] Damit aber reduzieren Horkheimer und Adorno das Subjekt auf ein bloßes Objekt der Manipulation, als trüge es nicht in sich ein Potential an Bedürfnissen, Erwartungen und Handlungsformen, das nicht restlos durch instrumentelle Vernunft vorherbestimmt ist und dessen Wunschstruktur, bei aller Verflechtung mit den kulturindustriell vorgefertigten Erwartungen, nicht auch ein Stück unverfügbarer Wirklichkeit anzeigt, die Anlaß bietet, das, was ist, in unvorhergesehener Weise zu überschreiten. Wenn die Beherrschung der Natur die Möglichkeiten der Lebenssteigerung nicht nur im Sinne instrumenteller, sondern auch kommunikativer und ästhetischer Erfahrung bereitstellt, dann ist damit jenes „Zurückschlagen“ des Beherrschungsinstrumentariums aufs Subjekt nicht mit der in der *Dialektik der Aufklärung* gezeichneten Rigidität zu denken.

Gewiß kann es weder darum gehen, die menschliche Selbstproduktion auf Arbeit zu reduzieren, noch darum, die Verstümmelung im Zwangssystem erpreßter oder „entfremdeter“ Arbeit zu verharmlosen. Dennoch bleibt festzuhalten, daß die *Dialektik der Aufklärung* die Seite der Produktion und Erweiterung des Lebenskreises durch Arbeit nahezu vollständig ausblendet. Statt dessen erscheint dort *Arbeit* nur abstrakt als Naturbeherrschung unter einem herrschaftlichen Kommando. Entsprechend wird die *Rückwirkung* der Arbeit *auf die arbeitenden Subjekte* auch nur als Anpassung an Organisation und Werkzeug, als Mechanisierung und Fragmentierung des Körpers gesehen, nicht aber als Formung sinnlicher Erfahrung. Arbeit ist jedoch mit dem Trieb nicht nur durch Versagung des Begehrens verbunden, sondern ist zugleich selbst dessen erweiterte Reproduktion. In diesem Kreislauf wird das Begehren zum Stachel und Motiv der Arbeit. Und schließlich richtet sich die Hoffnung der Autoren, daß die *Verstümmelung* der Körper und der Konformismus der Seelen *nicht endgültig* sei, auf die universelle Erfassung von Mensch und Natur sowie die universelle Handhabbarkeit der Mittel dazu, die Verwandlung der Welt ins endgültig beherrschte Objekt eines gesellschaftlichen Gesamtsubjekts, nicht aber auf diejenigen Kräfte, die solcher Universalität entgegenwirken und die aus der pluralen Nähe der Arbeitenden zu dem von ihnen Bearbeiteten entspringen, der sinnlichen Erfahrung.

Auch in bezug auf die Konzeption der Lust als Gegenpol aller zivilisatorischen Imperative greift das Repressionsmodell zu kurz. Die Einsicht in die Produktivität der Lust bleibt ephemer. Zwar ist, wie die Autoren darlegen, Lust in der Tat dort, wo sie zum Inbegriff sinnlicher Selbstvergessenheit, der Maßlosigkeit und des Ordnungswidrigen wird, mit dem zivilisatorischen Bann belegt, der das Prinzip der Selbsterhaltung schützen soll.[42] Aber die Funktion der Lust ändert sich im Prozeß der Zivilisation. Ist sie zunächst im bloß natürlichen Lebenskreis vorwiegend eine Funktion der Arterhaltung, so wird sie mit zunehmender Individuierung in die subjektive Struktur selbst auch als Handlungsmotiv integriert, zu dem das Subjekt als reflektierendes und handelndes Stellung beziehen kann. Schon die *Odyssee* kennt die Lust nicht bloß als Affekt, auf den sich die freiwillige oder erzwungene Versagung richtet, sondern auch als Auszeichnung des Helden, der die Versagung freiwillig auf sich nimmt, als Prämie, die nur ihm zufällt. Nur Odysseus hört das Sirenenlied, nicht die taub gemachten Gefährten. Seine selbst auferlegten Fesseln versagen ihm zwar die Erfüllung der Lust, die der Köder der Todesfalle ist; aber damit verstärken sie auch das subjektive Vermögen, die Sehnsucht über die momentane Versagung hinaus festzuhalten, die Spannung der unerfüllten Lust zu ertragen, um sie auf andere Weise zu erfüllen. Die Erhöhung der Spannung wird so zuletzt zur zielgerichteten Erhöhung der Lust selbst.

Im Spinozas Satz „Das Streben nach Selbsterhaltung ist die erste und einzige Grundlage der Tugend"[43] sehen Horkheimer und Adorno „die wahre Maxime aller westlichen Zivilisation".[44] Aber sie übergehen dabei den Umstand, daß Spinoza auch die erste umfassende Affektenlehre der Neuzeit aufgestellt hat, in der das Prinzip der Selbsterhaltung aufs engste mit dem von Lust und Unlust verknüpft ist. Lust ist dort nichts anderes als die Erfüllung des Strebens nach Selbsterhaltung und Selbstvervollkommnung. Eine derartige Verbindung von Luststreben und Selbsterhaltung findet sich bei zahlreichen Philosophen der englischen, französischen und deutschen Aufklärung, so auch bei Kant, auf den sich die Autoren in diesem Zusammenhang als auf denjenigen beziehen, der am konsequentesten das Subjekt als transzendentales von seinen natürlichen Spuren zu reinigen versucht hat. Aber auch Kant bestimmt die Lust als eines der drei Grundvermögen der Seele und als „das Bewußtsein der Kausalität einer Vorstellung in Absicht auf den Zustand des Subjekts, es in demselben zu erhalten".[45] Die bürgerliche Aufklärung hat Lust als Handlungsmotiv zur Geltung gebracht. Keineswegs ist Lust das schlechthin Antizivilisatorische, als das sie einer bürgerlichen Projektion des Verbotenen ins Vorgeschichtliche erscheinen mag. Die *Dialektik der Aufklärung* beschreibt diese Projektion zunächst durchaus zutreffend, zuletzt jedoch folgt sie ihr selbst auch im Schema ihrer *Erklärung*.

Auch die These, daß der Geist aus dem Schrecken vor der blinden Übermacht der Natur entsprungen sei, bleibt zuletzt unvermittelt neben der Perspektive der Versöhnung von Geist und Natur stehen. Die Behauptung: „der Ruf des Schreckens, mit dem das Ungewohnte erfahren wird, wird zu seinem Namen",[46] bezieht sich auf das Erleben der Natur als eines blinden Kreislaufs von Fressen und Gefressen-Werden, in dem sich die Menschen mit dem Instrumentarium des Denkens, Sprechens und instrumentellen Handelns wie andere Raubtiere auch zu behaupten suchen – gewiß mit durchschlagendem Erfolg. Aber im natürlichen, tierischen Verhalten nach Instinkten und Prägungen hat der Schrecken als Quelle des Mythos noch keinen Platz. Der Schrecken setzt die magische Verzauberung der Welt, ihre Wahrnehmung als Spiel guter und böser Kräfte, bereits voraus. Protosprachliche Anzeichen elementarer Gefühle müssen bereits in ein Gefüge sinnlicher und sprachsymbolischer Repräsentanzen verwandelt worden sein. Durch dieses Gefüge, das den Ausdruck und den Austausch von Eindrücken und Absichten erlaubt, wird die Welt nicht bloß, wie es in der *Dialektik der Aufklärung* heißt, in Kräfte und Wirkungen verdoppelt,[47] sondern in ein vielfältiges Verweisungsgeflecht verzaubert, das gegenüber der Starrheit natürlicher Abläufe Fiktionen, Erwartungen, Fehlhandlungen und damit den Ausdruck von Empfindungen wie Schrecken, aber auch Lust, Stolz u. a. erzeugt. In Magie, Ritualen, Mythen sind instrumentelle, kommunikative und expressive Anteile unauflösbar miteinander verschmolzen. „Woher wollen wir", fragt Heidrun Hesse zu Recht, „eigentlich wissen, daß die Mythen aus der Angst vor der Übermacht der Wirklichkeit geboren sind, daß sie ursprungsnahe Zeugnisse von den unbeholfenen Anfängen rationaler Naturbeherrschung und der frühen Institutionalisierung zivilisatorischer Errungenschaften sind? Könnte es nicht sein, daß diese Theorie des Mythos deshalb so geläufig ist, weil sie denjenigen Mythos über den Mythos festschreibt, der am meisten über uns verrät und über die Epoche, in der wir leben? Möglicherweise sind die variantenreichen mythischen Geschichten keine Geschöpfe der Notdurft, sondern des Erfindungsreichtums, des Übermuts, des freudigen Staunens angesichts des Reichtums dessen, was gegenwärtig ist."[48]

Horkheimer und Adorno kritisieren die instrumentalistische Funktion der Sprache, hypostasieren diese jedoch selbst zu einer Ursprungstheorie. Indem sie das dialektische Denken, „worin jedes nur ist, was es ist, indem es zu dem wird, was es nicht ist",[49] und das den Bann der ausgrenzenden instrumentellen Vernunft aufheben soll, aus der Funktion der Angst anstatt aus der Logik des Symbols ableiten, können sie die Ohnmacht des entfalteten dialektischen Begriffs auch nur dem unerklärlich fortdauernden „Ruf des Schreckens" zurechnen. Ihre Argumentation ist zirkulär: Mit dem Übergang vom Schrecken zum Namen wird die Intentionalität sprachfähiger Subjekte schon vorausgesetzt. Die Darstellung, Beherrschung und Zurichtung der Welt wird auf die Erlebnisse und Intentionen von instrumentell denkenden und handelnden Subjekten zurückgeführt. Wie bereits erwähnt, hat Wellmer deshalb den Autoren den Restbestand einer naiv-rationalistischen Namenstheorie der Sprache vorgehalten, ein intentionalistisches Vorurteil über die Sprache, „eine naturalistische Variante der

Philosophie des sinn-konstitutiven Subjekts".[50] Sie erweist sich insbesondere vor dem Hintergrund von Wittgensteins Fundierung des sprachlichen Sinns in der Praxis von „Sprachspielen" als obsolet. Diese sind, nicht erst in Gestalt der Mythen, gegenüber den Intentionen sprachlicher Subjekte etwas Primäres.

Doch halten wir auch hier nochmals gegenüber einer möglichen sprachtheoretischen Verkürzung des Praxisbegriffs die weiterreichenden Implikationen des „Eingedenkens der Natur im Subjekt" fest. Es impliziert, den symbolisch vermittelten Umgang mit der Welt von Anfang an zugleich als instrumentell und dialektisch zu konzeptualisieren. Die Spannung im Antagonismus der Vernunft, demzufolge diese in ihre natürliche Vorgeschichte verstrickt bleibt und doch immer schon über sie hinausweist, ist auszutragen. Subjektivität ist zivilisationsgeschichtlich an die Verleugnung der Natur derart gebunden, daß es keine ursprünglich unverstümmelte menschliche Natur gibt: die Verstümmelung und die Erfahrung, daß der Drang zum ungeteilten Glück das Glück des erfüllten Körpers, des Eros, einschließt, sind gleichursprünglich. Die Natur im Subjekt verbindet die Menschen mit dem Reich des Animalischen, bloß Seelischen, Unvernünftigen, Begriffslosen; damit aber auch des Unglücklichen, denn das Glück bedarf, um nicht allzu flüchtig, um substantiell zu sein, eben jenes identifikatorischen Begriffs, der zugleich das intellektuelle Organ der Naturbeherrschung darstellt. Mit dieser wurde das zivilisatorische Glücksversprechen im selben Maße hergestellt und zugleich immer wieder in der Geschichte verraten. Natur, die innere wie die äußere, stellt kein verlorengegangenes Paradies dar, sondern das lebendige Substrat, an dessen Erschließung sich der Spielraum der Kultur ermißt.

6. Jenseits der Aufklärung?

Angesichts des Rückfalls eines Teils der hochzivilisierten Menschheit in die faschistische Barbarei stellen sich Horkheimer und Adorno die Frage, warum das Projekt der Aufklärung, die Gesellschaft nach Prinzipien der Vernunft zu gestalten, bislang gescheitert ist. Ihre Antwort in der *Dialektik der Aufklärung* besteht zunächst in dem Nachweis, daß es die Vernunft selbst ist, die unauflöslich mit Herrschaft, Macht, ja Gewalt fusioniert ist. Bei dieser totalisierenden Diagnose müssen die

Autoren aber der Möglichkeit ihrer eigenen Analyse und Kritik mit einem gesonderten Argument geschichtsphilosophisch Rechnung tragen und sodann zeigen, daß die herrschaftsmäßige Aufklärung dialektisch über sich hinaustreibt. Im „Eingedenken der Natur im Subjekt" soll sich die mit einer hypostasierten instrumentellen Vernunft verflochtene Aufklärung über sich selbst aufklären.

Für eine Geschichte des Subjekts, an dem sich die Sozialität der Natur ebenso erweist wie die Natürlichkeit des Sozialen, ist die *Dialektik der Aufklärung* ein entscheidender Markstein. Allerdings fordern ihre Defizite und Desiderate dazu auf, das „Eingedenken der Natur im Subjekt" weiterzutreiben. Bezeichnet „Natur im Subjekt" dort weniger einen bestimmten, eng umgrenzten Gegenstandsbereich als den materialistisch-dialektischen Weg einer praktisch folgenreichen Selbst erkenntnis, dann ist deren „Eingedenken" durch eine Kritik der identitätslogischen Vernunft keineswegs ausgeschöpft. Zwar spürt die *Dialektik der Aufklärung* Machtansprüche noch in scheinbar neutralen Gebilden des Geistes, in Sprache und Denken auf und zeigt deren Verstrickung in die Naturgeschichte des Sozialen. Aber wie etwa Sprache und innere Natur in sinnlicher und diskursiver Praxis, in Erlebnisformen und Handlungsfiguren miteinander vermittelt sind, wie dieselben Figuren sowohl bemächtigende wie mimetische Impulse transportieren, bleibt dort noch vielfach ungeklärt. In Fortführung dieser Fragen wären auch die unterhalb sprachlicher Kommunikation wirksamen (durchaus zwiespältigen: einschließenden wie ausschließenden) Bindungskräfte der lebensweltlichen Praxis, die identifikatorische und affektive Anteilnahme am anderen, auch die darauf gründende Mitleids ethik zu erörtern. Schließlich wäre auch der Naturbegriff über seine sozial-metaphorische Bedeutung hinaus als leiblich-materielles Substrat der Subjektstruktur ernst zu nehmen. Dann stieße man auch notwendig etwa auf das Problem der kreatürlichen Endlichkeit und des Todes, an dem sich das „Eingedenken der Natur im Subjekt" zweifellos zu bewähren hätte.[51]

Die *Dialektik der Aufklärung* ist also keine globale und abschlußhafte Theorie des faktischen Scheiterns und des kontrafaktischen iterativen Anspruchs der Aufklärung. Sie artikuliert vielmehr einen bestimmten Aspekt fortlaufender Skepsis, die die strukturelle Aufklärung seit dem Ende der Epoche der Aufklärung, also schon seit dem Ende des 18. Jahrhunderts begleitet hat. Hatte die klassische Aufklärung universelle Vernunft und individuelle Autonomie gegen die Heteronomie der politischen und religiösen Traditionen gesetzt, so ist der gemeinsame Nenner der Aufklärungs*skepsis* die Entlarvung der Vernunftansprüche als verschobener Ausdruck partikularer Motive. Nietzsches Perspektivismus, seine Umwertung von Wahrheit und Irrtum nach dem Maßstab des Lebens und der Kunst, seine Entmythologisierung der Wissenschaft ist dafür das wichtigste und folgenreichste Beispiel.[52]

Die von Horkheimer und Adorno aufgewiesene Dialektik des Begriffs, ihre als Herrschaftskritik angelegte Vernunftkritik, entspricht dieser unaufhaltsamen Spirale von Selbstdesavouierung und -restituierung der Aufklärung. Gleichwohl halten die Autoren, scheinbar unbeirrt, am Programm der „Rettung der Aufklärung“[53] fest. Der Widerspruch bleibt unaufgelöst: *Einerseits* schreiben sie, bei aller Skepsis gegenüber dem Sinn von Wissenschaft, deren Aufteilung in mythologische Verzauberung und wissenschaftliche Entzauberung fort. Entgegen ihrer zentralen These von der Selbstzerstörung und Selbstrettung der Aufklärung stellen sie doch wieder der falschen Aufklärung die wahre bloß gegenüber. *Andererseits* aber gehen sie über eben dieses Modell eines auszugleichenden Rationalitätsgefälles hinaus. Das „Eingedenken der Natur im Subjekt“ ist als Selbstreflexion der instrumentellen Vernunft ein alternativer Typus der Reflexion und damit die – uneingestandene – Verabschiedung jenes Paradigmas der Aufklärung.

Anmerkungen

1 Max Horkheimer und Theodor W. Adorno, *Dialektik der Aufklärung*, Amsterdam 1947, S. 54.

2 Ebd., S. 55.

3 Auch Benjamin verwendet den Terminus in diesem Sinn. In ‚Über den Begriff der Geschichte' wird der Bezug zum jüdischen Feiertagsritus, zu Thora und Gebet, deutlich (These XV und Anhang B). Das religiöse Eingedenken der Geschichte des jüdischen Volkes dient als Modell für Benjamins Begriff der materialistischen Geschichtsschreibung. Wie das Ritual des Feiertags das Kontinuum des Alltags aufsprengt, so stellt die materialistische Historik das Geschehen gleichsam still, macht es zu einer Monade, in der die Ganzheit des jeweiligen geschichtlichen Zusammenhangs aufgehoben ist (These XVII). (Walter Benjamin, ‚Über den Begriff der Geschichte', in: ders., *Gesammelte Schriften* Bd. I, 2, Frankfurt a.M. 1980, S. 701 – 704.)

4 „Philosophie als meléthe thanátu gehört zur ältesten Tradition, die beinahe kontinuierlich von Platons *Phaidon* bis zu Montaignes These reicht, ‚que philosopher, c'est apprendre à mourir', von Pascal erneuert und von Kant fast destruiert worden ist und seither ihre Kraft beinahe eingebüßt hatte." (Hans Ebeling, ‚Einleitung: Philosophische Thanatologie seit Heidegger', in: *Der Tod in der Moderne*, hrsg. von Hans Ebeling, Frankfurt a.M. 1984, S. 11.)

5 *Dialektik der Aufklärung*, l.c., S. 137.

6 Ebd., S. 136.

7 Ebd., S. 225.

8 Ebd., S. 167.

9 Ebd., S. 136.

10 Ebd., S. 96. Vgl. auch die in Anm. 46 zitierte Passage.

11 „Die Natur hat sich als die Idee in der Form des Andersseins ergeben. [. . .] Die Natur ist der sich entfremdete Geist, der darin nur ausgelassen ist, ein bacchantischer Gott, der sich selbst nicht zügelt und faßt; in der Natur verbirgt sich die Einheit des Begriffs." (Hegel, *Enzyklopädie der philosophischen Wissenschaften im Grundrisse. Zweiter Teil: Die Naturphilosophie*, in: *Werke* Bd. 9, Frankfurt a.M. 1970, S. 24 f., § 247.)

12 *Dialektik der Aufklärung,* l.c., S. 54.

13 Ebd., S. 54 (Hervorhebungen von mir).

14 Ebd., S. 55.

15 Albrecht Wellmer, *Zur Dialektik von Moderne und Postmoderne*. Frankfurt a.M. 1985, S. 87. – Zur Sprachphilosophie Horkheimers vgl. auch Gunzelin Schmid Noerr, ‚Wahrheit, Macht und die Sprache der Philosophie', in: *Max Horkheimer heute: Werk und Wirkung*, hrsg. von Alfred Schmidt und Norbert Altwicker, Frankfurt a.M. 1986, S. 349 ff.

16 Im Typoskript datiert: August 1942; vgl. Max-Horkheimer-Archiv der Stadt- und Universitätsbibliothek Frankfurt a.M.: XI 6.11.

17 *Dialektik der Aufklärung*, l.c., S. 276.

18 Ebd., S. 70.
19 Ebd., S. 277.
20 Ebd., S. 279.
21 Ebd., S. 277.
22 Ebd., S. 214.
23 Ebd., S. 61.
24 Ebd., S. 61 f.
25 Ebd., S. 47.
26 Ebd., S. 74.
27 Ebd., S. 127.
28 Ebd., S. 55.
29 Ebd., S. 168. Senecas Satz aus seinem 23. Brief wird gewöhnlich so übersetzt: „Eine ernste Sache ist eine wahre Freude." Daß die Umkehrung des Satzes in der *Dialektik der Aufklärung* absichtsvoll ist, zeigt seine Wiedergabe an anderer Stelle: „Das römische Sprichwort, demzufolge die strenge Sache die wahre Lust sei . . ." (S. 137).
30 Ebd., S. 137.
31 Vgl. Adorno, *Minima moralia*, in: ders., *Gesammelte Schriften* Bd. 4, Frankfurt a.M. 1980, S. 66.
32 Horkheimer, ‚Zum Begriff der Vernunft', in: ders., *Gesammelte Schriften* Bd. 7, Frankfurt a.M. 1985, S. 31 f.
33 *Dialektik der Aufklärung*, l.c, S. 51 f.
34 Georg Lukács, *Geschichte und Klassenbewußtsein*, Berlin 1923, S. 190. – Zum Verhältnis von Lukács und Horkheimer vgl. etwa Michiel Korthals, ‚Die kritische Gesellschaftstheorie des frühen Horkheimer', in: *Zeitschrift für Soziologie*, Heft 4, 1985, sowie Furio Cerutti, ‚Georg Lukács und die Kritische Theorie' in: *Links*, Juni 1986.
35 *Dialektik der Aufklärung*, l.c., S. 222 f.
36 Ebd., S. 223.
37 Ebd., S. 305.
38 Vgl. ebd., z.B. S. 184 und 238 f.
39 Wellmer, *Zur Dialektik von Moderne und Postmoderne,* l.c., S. 88.
40 Vgl. zu diesem Zusammenhang am Beispiel der Philosophie Herbert Marcuses: Gunzelin Schmid Noerr, ‚Die libidinöse Vernunft', in: Gerhard Gamm (Hrsg.), *Angesichts objektiver Verblendung*, Tübingen 1985.
41 *Dialektik der Aufklärung*, l.c., S. 43.
42 So erlegt der Hedonist Epikur der Lust als erstem und natürlichem Gut das richtige Maß auf, das erst von wahrer Klugheit und Tugend zeugt.
43 Baruch de Spinoza, *Ethik* IV, 22, Leipzig 1910, S. 192.
44 *Dialektik der Aufklärung*, l.c., S. 42.
45 Kant, *Kritik der Urteilskraft*, § 12, in: ders., *Werke* (Akademieausgabe), Bd. V, Berlin 1968, S. 222. Vgl. dazu Werner Stempel, Artikel ‚Lust, Freude', Abschnitt III, in: *Historisches Wörterbuch der Philosophie*, Bd. 5, Darmstadt

1980, S. 558 ff.

46 *Dialektik der Aufklärung*, l.c., S. 26. – An anderer Stelle heißt es, davon abweichend, zum Ursprung des Namens: „vielleicht sind die Namen nichts als versteinerte Gelächter." (S. 96) Beide haben den Doppelsinn von Bemächtigung und Reflexion: „Ist Lachen bis heute das Zeichen der Gewalt, der Ausbruch blinder, verstockter Natur, so hat es doch das entgegengesetzte Element in sich, daß mit Lachen die blinde Natur ihrer selbst als solcher gerade innewerde und damit der zerstörenden Gewalt sich begebe." (Ebd.) Im Unterschied zum bloß reaktiven Schreckensruf ist das Lachen bereits vom Antagonismus der Vernunft gekennzeichnet. Es steht dem symbolisierenden Ausdruck, der Sprache, näher.

47 Ebd., S. 26.

48 Heidrun Hesse, *Vernunft und Selbstbehauptung*, l.c., S. 124 f.

49 *Dialektik der Aufklärung*, l.c., S. 27.

50 Wellmer, *Zur Dialektik von Moderne und Postmoderne*, l.c., S. 87.

51 Darauf verweisen etwa Heidrun Hesse, *Vernunft und Selbstbehauptung*, Frankfurt a.M. 1984, S. 128 und ausführlicher Friedrich W. Schmidt, ‚Die Vergeblichkeit des Opfers und die Irrealität des Todes', in: *Vierzig Jahre Flaschenpost: Dialektik der Aufklärung 1947 bis 1987*, hrsg. von Willem van Reijen und Gunzelin Schmid Noerr, Frankfurt a.M. 1987, S. 129 ff.

52 Vgl. Gerhard Gamm, ‚Die Wiederkehr des Verdrängten', im vorliegenden Band. – Nietzsches „Leitfaden des Leibes" verbindet die Kritische Theorie, bei allen Unterschieden im Telos der jeweiligen Aufklärungskritik, mit einem Hauptstrang der Theorie der Postmoderne. Beispiele dafür sind an erster Stelle die machttheoretischen Untersuchungen Foucaults.

53 Horkheimer, Adorno, ‚Rettung der Aufklärung. Diskussion über eine geplante Schrift zur Dialektik', in: Horkheimer, *Gesammelte Schriften* Bd. 12, Frankfurt a.M. 1985, S. 594.

Heinz Kimmerle

Die „Dialektik der Aufklärung" als Ausgangspunkt einer Bifurkation der philosophischen Denkwege?

Zu Habermas' Deutungsschema der Philosophie der Moderne

1. Die Annahme einer Bifurkation der philosophischen Denkwege nach Adorno

Theodor Wiesengrund Adorno nimmt in der Diskussion über Moderne und Postmoderne, wie sie von Habermas und einigen deutschen und amerikanischen Gesprächspartnern geführt wird[1], eine Schlüsselstellung ein. Das ist deutlich zu sehen in Habermas' Buch *Der philosophische Diskurs der Moderne,* in dem in Hinsicht auf die Aporien der „Dialektik der Aufklärung" und der „Negativen Dialektik" zwei mögliche Wege der Auflösung oder des Weiterdenkens angegeben werden.[2] Das „identifizierende Denken", das sich in seiner auf systematische Einheit gerichteten Begrifflichkeit an das Subjekt bindet, verstrickt sich nach Adorno in Probleme, die rational und begrifflich nicht mehr auflösbar sind. Das Einzelne und Besondere läßt sich mit Hilfe der Begriffe, die auf Verallgemeinerung gerichtet sind, nicht adäquat erfassen. Die Aufklärung erweist sich als dialektisch, insofern sie durch ihr Programm einer rationalen Erfassung der Wirklichkeit den Dingen Gewalt antut, indem diese zu bloßen Objekten herabgesetzt werden, wie sie dem Denken in allgemeinen Begriffen zugänglich sind. Deshalb ist eine radikalisierte Vernunftkritik notwendig; die Aufklärung muß über sich selbst, die ihr innewohnende Widersprüchlichkeit, aufgeklärt werden.

Daraus ergibt sich: zwischen dem Denken und der Wirklichkeit besteht das Verhältnis einer Nichtidentität, das für dieses Denken, sofern es auf seinem Allgemeinheitsanspruch beharrt, eine Art Bankrotterklärung bedeutet. Die Frage ist für Adorno allein noch, was aus der Konkursmasse gerettet werden kann, wie damit in begrenzten Zusammenhängen weitergearbeitet werden kann. Habermas zeigt auf, daß für das Weitergehen der philosophischen Arbeit nach Adorno das Verhältnis der jeweiligen Konzeption zur Rationalität entscheidend ist. Wer die Ratio grundsätzlich kritisiert, ihre Möglichkeiten in Frage stellt und nach Wegen des Denkens sucht, die über ihre Grenzen hinausführen können, gilt als „postmodern" und wird politisch mit dem Neokonservatismus in Verbindung gebracht. Wer hingegen an der Rationalität festhält, ihre inneren Dimensionen zu erweitern sucht, indem er sie differenziert, insbesondere indem er eine kommunikative Rationalität einführt, die nicht mehr subjektphilosophisch, sondern sprachphilosophisch begründet wird, gilt als „modern" und kann sich weiterhin einer progressiven linken politischen Position zurechnen.

Diese begriffliche Strategie liegt auch der Arbeit von A. Honneth über *Kritik der Macht* zugrunde, der aus der „Verschlingung von Mythos und Aufklärung" bei Adorno bzw. bei Adorno und Horkheimer als den beiden Verfassern der „Dialektik der Aufklärung" zwei Auswege sieht.[3] Auf der einen Seite steht die kommunikative Rationalität, die dem Prinzip der Verständigung verpflichtet ist, wie dies durch Habermas vertreten wird. Auf der anderen Seite bleibt ein funktionalistisches Konzept der Macht und ihrer Wirkungen, das die Beziehung des Kampfes als soziales Grundverhältnis annimmt. Für diese Denkrichtung wird Foucault als Kronzeuge genannt.

Auch in A. Wellmers Studien *Zur Dialektik von Moderne und Postmoderne* wird diese Strategie eingesetzt. Nach Adorno kann die Vernunftkritik in doppelter Richtung radikalisiert werden. Sie kann die Pluralität in den Vernunftbegriff selbst hineintragen und ein in sich differenziertes Rationalitätskonzept im Sinne von Habermas entwickeln. Oder ihr bleibt nur die Hoffnung auf eine Erfahrung und deren denkerische Verarbeitung, die jenseits der Grenzen unserer „modernen", der Rationalität verpflichteten Formen des Erfahrens und Denkens liegt. Wellmer verweist in dieser Hinsicht auch auf das andere philosophische Hauptwerk Adornos: die „Ästhetische Theorie", in der die Kunst und ihr Prinzip der Mimesis gegen die Ratio und deren Grenzen ins Feld geführt werden.[4] Von hier aus wird ein dritter Weg denkbar: das Zusammentreten von Mimesis und Ratio, an dem Adorno selbst in beiden philosophischen Hauptwerken gearbeitet hat. Wellmer votiert freilich dafür, das „mimetische" als „ein kommunikatives Moment im Inneren der Sprache" des in seiner Pluralität rational bleibenden Denkens unterzubringen.[5]

Schließlich möchte ich noch auf das Buch von H. Dubiel *Was ist Neokonservatismus?* hinweisen, in dem das politische Pendant des Postmodernismus näher ausgearbeitet wird.[6] Die Zuordnung philosophischer Arbeitsrichtungen zu politischen Positionen bleibt indessen vage. In Habermas' paralleler Veröffentlichung der „Kleinen Politischen Schriften" (V. Teil) zum *Philosophischen Diskurs der Moderne* wird das letztere Werk als der „ideengeschichtliche Hintergrund" der politischen Stellungnahmen angeführt.[7] Die politischen Schriften stehen nicht insgesamt unter dem Titel des „Neokonservatismus", sondern der *Neuen Unübersichtlichkeit,* so daß die Parallele zur Diskussion über Moderne und Postmoderne in eine gewisse Unbestimmtheit gebracht wird. Die früheren direkten Zuordnungen der Postmoderne zum Neokonservatismus werden zwar nicht zurückgenommen, aber doch zumindest relativiert. Angesichts der wachsenden Kritik an dieser Parallele, z. B. im Blick auf Foucault, aber auch auf Derrida[8] würde eine deutliche Revision früherer Äußerungen zweifellos der Klarheit dienen. Dieser Punkt wird indessen in der folgenden Darlegung nur am Rande erwähnt und nicht ausdrücklich zur Diskussion gestellt.

Die Annahme einer Bifurkation der philosophischen Denkwege nach Adorno, die in den erwähnten Diskussionsbeiträgen zum Ausdruck kommt, beruht offensichtlich auf einer gemeinsamen Strategie im Gebrauch und der gegenseitigen Zuordnung bestimmter Grundbegriffe. Eine nähere Auseinandersetzung mit dieser Strategie soll in den folgenden Abschnitten dieses Beitrags erfolgen. Hier möchte ich zunächst nur meiner Verwunderung Ausdruck geben, daß die Vertreter einer kommunikativen Rationalität in bezug auf die Einordnung anderer Konzeptionen einer radikalisierten Vernunftkritik so sehr die Verhaltensform des strategischen Handelns an den Tag legen, statt in einem mehr kommunikativ gerichteten Diskurs Verständigung zu suchen. Damit ist nicht gemeint, daß bestehende Unterschiede in der philosophisch-theoretischen Arbeit abgeschwächt oder vage gelassen werden sollen. Es geht mir auch nicht darum, daß ein strategischer Einsatz von Argumenten an sich etwas Schlechtes oder Zu-Vermeidendes ist. Ich möchte lediglich andeuten, daß diese Verhaltensform zu den eigenen Prämissen der genannten Diskutanten in einem gewissen Widerspruch steht.

2. Hegels philosophischer Ansatz und die Spaltung der Hegelschen Schule in Rechts- und Linkshegelianer

„Hegel hat den Diskurs der Moderne eröffnet. Er hat das Thema eingeführt – die selbstkritische Vergewisserung der Moderne; und er hat die Regeln angegeben, nach denen das Thema variiert werden kann".[9] So beschreibt Habermas den Ausgangspunkt seines Diskurses über Moderne und Postmoderne. Zweifellos ist richtig, daß Hegel einen Begriff der Vernunft entwickelt und zur Grundlage seines Systems gemacht hat, der in sich sein Anderes enthält und deshalb Anspruch darauf machen kann, komprehensiv zu sein. Dieser Vernunftbegriff ist Habermas' eigentlicher Leitbegriff. Im Unterschied zu Hegel möchte er die einheitliche Fundierung dieser Vernunft im Subjekt vermeiden und im Sinne Kants an der inneren Differenziertheit der Vernunft als theoretischer und praktischer Vernunft sowie als Urteilskraft festhalten. Dazu verhilft ihm der ausdrückliche Übergang vom Paradigma der Subjektphilosophie zu dem der Sprachphilosophie, insbesondere der Sprachpragmatik, wie sie in der Sprechakttheorie von Austin und Searle ausgearbeitet ist.

Es ist jedoch die Frage, ob es möglich ist, in dieser Hinsicht beides haben zu wollen. Kants in sich differenzierter Vernunftbegriff ist alles andere als komprehensiv. Zur Einsicht in diesen Sachverhalt braucht man nur an die Theorie der Gefühle zu erinnern, wie sie in der *Kritik der praktischen Vernunft* ausgearbeitet wird. Es gibt nur ein einziges Gefühl, die Achtung, das als vernünftiges Gefühl gilt und als Triebfeder des guten Handelns fungieren kann. Im übrigen stehen die Gefühle der Vernunft entgegen und sind deshalb von der Bestimmung des Willens auszuschließen, die dem moralisch guten Handeln zugrunde liegt.

Umgekehrt gilt für Hegel, daß die innere Dialektik der Vernunft, die ihr Anderes enthält, so daß sie komprehensiv sein kann, selbst nichts anderes ist als die Struktur der Subjektivität. Subjektivität heißt für Hegel: Sich-selbst-ein-Anderes-werden und aus diesem Anderen zu sich selbst zurückkehren.

Ebendiese Struktur findet sich in der kommunikativen Rationalität. Der praktische Diskurs, durch den normative rechtliche oder moralische Geltungsansprüche überprüft werden, verbleibt innerhalb vernünftiger Argumentation, in der jedes Gegenargument als ein Argument erwiesen werden muß, das im Prinzip der vernünftige Gesprächspartner gegen sich selbst einwenden kann. Sofern für Hegel Vernunft dasselbe ist wie Subjektivität, bleibt jede Philosophie, die sich auf Hegels Vernunftbegriff gründet, Subjektphilosophie, sie mag sich drehen und wenden, wie sie will. Wenn man sich einmal anschaut, wie Habermas den Übergang vom subjektphilosophischen zum sprachphilosophischen Paradigma vollzieht, zeigt sich auch sehr schnell, daß er dabei nicht die Sprache als solche meint, unter Einschluß ihrer unberechenbaren Aspekte und ihres unverfügbaren Seins. Sondern diejenigen illokutionären Sprechakte werden innerhalb der Sprache ausgezeichnet, in denen der Sprechende sich gegenüber dem Hörenden an vernünftig zu begründende Bedingungen bindet. Der „Leitfaden“ für die Ordnung der „Vielfalt kommunikativer Handlungen“ ist eine Typologie der Sprechhandlungen, in denen argumentativ zu überprüfende „Geltungsansprüche“ formuliert werden.[10]

Aber lassen wir derart grundsätzliche Betrachtungen zu Habermas' Philosophie beiseite. Ich möchte kritisch nachvollziehen, wie er den philosophischen Ansatz Hegels darstellt und daraus die Spaltung in Rechts- und Linkshegelianer mit den weiteren Folgeerscheinungen, der Philosophie Nietzsches und der Praxisphilosophie begreiflich macht. Denn dies soll die authentische Bifurkation sein, die sich im Anschluß an Adorno lediglich noch einmal wiederholt. Dieser Vorgang ist ein Auseinandertreten verschiedener Positionen innerhalb der modernen Philosophie – eine Konsequenz der Habermasschen Darstellung, der ich von Herzen zustimmen kann. Habermas legt seinen Diskurs der Moderne so an, daß alle konservativen, neo- und jungkonservativen Positionen als das Andere dieses Diskurses verstanden werden können. Diese begriffliche Strategie ist die Reibungsfläche meiner Gegenargumentationen, durch die die Linie philosophischer Denkarbeit nach Hegel, die über Nietzsche und Freud, Horkheimer und Adorno, Heidegger und Derrida zu Bataille und Foucault führt, nicht als Postmodernismus erwiesen wird, der dem Modernismus inhärent bleibt, sondern als ein Denkweg, der in Abstoßung von einer wesentlich weiter zurückreichenden philosophischen Tradition zu einem Denken unterwegs ist, das in einem radikaleren Sinn als Habermas die Sprache zu seinem Paradigma macht.

Die Hegel-Darstellung in Habermas' Buch geht aus von der Zweiteilung des Hegelschen Denkens, wie sie in den Jugendschriften (1792 - 1800) und den systematischen Schriften (1801 ff.) wiederzufinden ist. Die Jenaer Zeit (1801 - 1807), der in früheren Texten von Habermas die größte Bedeutsamkeit zuerkannt wurde, wird jetzt nicht gesondert behandelt, sondern als Übergangsperiode zwischen dem jungen Hegel und dem Hegel des Systems lediglich kurz erwähnt. Das ist ein Rückfall in ein traditionelles Deutungsschema, von dem loszukommen Habermas früher selbst einen wichtigen Anstoß gegeben hat. Er stellt es nun so dar: „Hegel operiert in seinen frühen Schriften mit der versöhnenden Kraft einer Vernunft, die sich nicht bruchlos aus der Subjektivität herleiten läßt", sondern in den intersubjektiven Lebenszusammenhängen die Möglichkeit der Entfaltung einer „kommunikativen Vernunft" zumindest noch offenhält.[11] An deren Stelle setzt Hegel später „die absolute Selbstbeziehung eines aus seiner Substanz zum Selbstbewußtsein gelangenden Subjekts, das die Einheit wie die Differenz des Endlichen und des Unendlichen *in sich* trägt"[12]. Im Blick auf die politische Philosophie bedeutet das: Auf der Linie der Auffassung der „Jugendschriften" hätte „eine demokratische Selbstorganisation der Gesellschaft" gedacht werden können. „Die Logik des sich selbst begreifenden Subjekts erzwingt hiergegen den Institutionalismus eines starken Staates."[13] Die Ansätze des jungen Hegel zur kommunikativen Rationalität und zu einer linken progressiven politischen Position werden also später verdorben; es kommt zur Logik der Subjektivität und zum politischen Konservatismus.

Dagegen möchte ich einen doppelten Einwand machen.

1. Der junge Hegel benutzt den Begriff der Vernunft in keiner Weise

als Leitbegriff, weder den der versöhnenden noch den der kommunikativen Vernunft. Die höchste Einheit, die er der Entzweiung der religiösen und der gesellschaftlich-politischen Verhältnisse entgegensetzt, ist dem Denken und der Vernunft gerade nicht zugänglich, sondern wird jenseits der philosophischen Begriffe durch den ästhetischen Akt, die Liebe bzw. die Religion ermöglicht. Im Unterschied zu den Jugendfreunden Schelling und Hölderlin, wobei sich der erste freilich nie mit Hegel und Hölderlin zusammen in Frankfurt aufgehalten hat[14], ist der Leitbegriff für Hegel die Religion, die er als schöne Religion und als Religion der Liebe versteht. An der ästhetischen Dimension dieser Utopie hat Hegel nie gezweifelt, wie Habermas meint.[15] In der „Differenzschrift" von 1801 sind es Spekulation und *Kunst*, durch die der absolute Indifferenzpunkt der höchsten Einheit erfaßbar wird. Beide „sind in ihrem Wesen der Gottesdienst . . . lebendiges Anschauen des absoluten Lebens, und somit ein Einsseyn mit ihm".[16]

2. Es ist zwar richtig, daß seit 1801 auch das Wissen „im Indifferenzpunkt" ist, sofern es sich nämlich als Spekulation oder vernünftiges Wissen über das sich in Gegensätzen fixierende Denken der Reflexionsphilosophie erhebt und die Einheit als Einheit der Einheit und der Gegensätze erfaßt. In der weiteren Entwicklung des Systems der Philosophie nimmt dann bekanntermaßen die absolute Philosophie, gegenüber Religion und Kunst als den beiden anderen Gestalten des absoluten, sich in seinem Anderssein als sich selbst erfassenden Geistes die schlechthin übergeordnete höchste Stelle ein. Man darf aber nicht vergessen, daß die Konzeptionen der „Jugendschriften" und des spekulativ abgerundeten Systems verklammert werden durch den Begriff des „Lebens", der zum Verständnis dessen, was Hegel als Vernunft und was er als Wirklichkeit denkt, unerläßlich ist. Denn von diesem Begriff aus läßt sich die berühmte und berüchtigte Formel des Gleichseins von Vernunft und Wirklichkeit überhaupt erst sinnvoll interpretieren, eine Formel, die Habermas in Kenntnis neuer Texte und neuer Forschungen zu dieser Frage, z. B. von D. Henrich, ganz traditionell verstanden wissen will.[17]

Um die Bedeutung des Begriffs „Leben" für Hegels Denken in aller Kürze anzugeben, stütze ich mich auf eine Stelle aus dem Aufsatz „Über die wissenschaftlichen Behandlungsarten des Naturrechts" von

1802 – 1803. Dieser Begriff, der nach Hegels Angaben mit dem des Geistes deckungsgleich sein soll, bezeichnet ein Grundverhältnis, das in der Philosophie der Natur und in der Philosophie des Geistes anzutreffen ist, die in dieser Periode auch „Philosophie der Sittlichkeit" heißt. Die „Unterschiede der Wissenschaft des Naturrechts und der Moral" bestimmen sich nach diesem Text nicht wie bei Kant gemäß den abstrakten Prinzipien von Legalität und Moralität, sondern durch die „Konstituierung der absoluten sittlichen Identität", deren „Wesen nicht eine Abstraktion, sondern die Lebendigkeit des sittlichen" ist. Recht und Moral sind Momente dieser sittlichen Identität in ihrer wesenhaften Lebendigkeit. Als abstrakte haben sie keine Realität, sondern nur als Lebendige.[18] Das bedeutet, daß sie in ihrem Wesen geschichtlich sind, sich notwendig verändern entsprechend den geographisch-klimatischen und den zeitlich-historischen Bedingungen, die zusammen ein Ganzes ausmachen.[19] Die Veränderungen, die dem geschichtlichen Leben gemäß sind, verlaufen ohne Erstarrung der äußeren Institutionen, die hier noch wie in den „Jugendschriften" als deren „Positivität" beschrieben wird. „Positivität" bezeichnet das Abstrakte, Formelle, Tote. Wenn sie entsteht, bildet sie gewissermaßen eine Schein- oder Gegenrealität, die gegebenenfalls durch einen revolutionären „Sprung" ins lebendige Leben, die reale Realität zurückgenommen werden muß. Die lebendige Geschichte ohne Erstarrung ihrer institutionellen Gestalt geht „mit gleichmäßiger, jedoch nicht mechanisch gleichförmiger, sondern mit gleichförmig beschleunigter Bewegung fort". Deshalb genießt sie „einer neuen Gestalt, welche sie errungen hat". Es bedarf keiner revolutionären Brüche, sondern „wie sie in dieselbe springt, so verweilt sie sich in ihr".[20]

Hegel sucht nun zu zeigen durch die Ausarbeitung seines Systems der Philosophie, daß die Struktur der Vernunft als absoluter Subjektivität, die das Andere ihrer selbst in sich trägt, den Gestalten dieses geschichtlichen Lebens entspricht. Deshalb sagt er in dem umstrittenen Doppelsatz der Vorrede zur „Rechtsphilosophie":

„Was vernünftig ist, das ist wirklich (im Sinne lebendiger, wirklicher Wirklichkeit); und was (in diesem Sinn) wirklich ist, das ist vernünftig."[21]

Er formuliert damit eine innere Norm der verhandenen Wirklichkeit, an der sich ablesen läßt, ob sie revolutionär verändert oder in ihrem ausgeglichenen, keine Positivität hervorbringenden Bewegungsrhythmus bewahrt werden muß. Diese Position befindet sich jenseits der Alternative der Rechts- und Linkshegelianer. Sie deutet die geschichtliche Wirklichkeit in einer Weise, durch die überhaupt erst verständlich wird, warum es in der Politik rechte, konservative und linke, progressive Kräfte gibt. Eine frühere Fassung dieses Satzes, die vor einigen Jahren von Henrich veröffentlicht worden ist: „Was vernünftig ist, wird wirklich, und das Wirkliche wird vernünftig“[22], bildet deshalb nicht eine „schwächere Formulierung“ für eine Sanktionierung des Bestehenden; sie betont vielmehr den Geschehenscharakter der lebendigen Wirklichkeit, die sich in der gegebenen „äußeren Wirklichkeit“ nicht ohne weiteres, sondern nur unter bestimmten, der Wirklichkeit innewohnenden Bewegungsformen wiederfindet.

Es ergibt keinen Sinn, sich für einen grundsätzlich konservativen oder progressiven Standpunkt auf Hegel zu berufen. So gesehen haben Rechts- und Linkshegelianer auf dieselbe Weise unrecht. Das ist auch bereits von Marx und Engels in der *Deutschen Ideologie* mit völliger Deutlichkeit formuliert worden.[23] Was Hegel im Blick auf die politischen Entwicklungen lehren kann, besteht darin, daß diese an der in ihnen enthaltenen inneren Norm des geschichtlichen Lebens gemessen werden können und daß dies je nach Lage der Dinge eine kritische oder eine zustimmend-bewahrende Haltung bedingt. Es ist dieser Geschehenstyp, diese innere Dynamik wirklicher Geschichte, die nach Hegel in der neueren Zeit, die er auch die „moderne Zeit“ nennt, ausdrücklich an das Prinzip der Subjektivität gebunden ist, das im Bereich des Politischen als die Freiheit der Subjekte zu erläutern ist. Damit wird aber in der neueren Zeit nur explizit, was als treibende Kraft der Geschichte von Anfang an in ihr wirksam war. Seit es Staaten gibt, ist eine Entwicklung in Gang gekommen, die in den politischen Institutionen einen Entfaltungsraum für das Bewußtsein der Freiheit zu schaffen sucht, der schließlich als die Freiheit aller einzelnen Subjekte verstanden wird. Die Moderne ist nach Hegel nicht verständlich ohne den Geschehenszusammenhang, den er Weltgeschichte nennt, den man aber genauer als die Vorgeschichte der modernen europäischen Staatenwelt bezeichnen kann.

Dieser geschichtliche Zusammenhang wird durch Hegel fundiert in der Geschichte der Philosophie und ihrer Grundbegriffe. Die *Wissenschaft der Logik*, in der das sich selber denkende Denken seine eigenen Grundbegriffe und deren Zusammenhang entfaltet, das schließlich in die absolute Subjektivität ausmündet, die sich in ihrem Anderen selbst begreift, ist in der Geschichte schrittweise ans Licht getreten. Die Geschichte der Philosophie ist die Entfaltung und das Zusichkommen der Logik. Von Parmenides, Platon und Aristoteles über Augustinus und Thomas, Descartes und Spinoza (um nur einige Hauptstationen zu nennen) entfaltet sich und erfaßt sich schrittweise die Struktur des Denkens und der Vernunft, deren absolutes Sichselbstbegreifen das Hervortreten der Subjekthaftigkeit des Denkens ist. Descartes und die neuzeitliche Philosophie bilden auf diesem Weg die letzte entscheidende Etappe.

Wenn es zutrifft, daß die Rechts- und Linkshegelianer wie jede grundsätzliche Option für Konservatismus oder Progressismus den sachlichen Kern der Hegelschen Philosophie in gleicher Weise verfehlen, entfällt das Deutungsschema einer Bifurkation der weiteren philosophischen Denkarbeit nach Hegel. Es wäre interessant, an dieser Stelle auf Marx einzugehen, der in seiner Analyse des Kapitalismus für die ökonomische Entwicklung ganz genau den von Hegel entwickelten Geschehenstyp aufgezeigt und zum Maßstab seiner Kritik gemacht hat. Er will dabei die Hegelsche Methode von ihrer idealistischen Hülle befreien und deren rationellen Kern herausschälen. Zugleich hat er jedoch im Begriff „Praxis" eine Instanz benannt, die mehr umfaßt als Vernunft und dialektisch-vernünftige Theorie. Und er sucht durch seine Analyse der gesellschaftlichen Produktion den Ausgangspunkt des subjektiven Bewußtseins, das sich dann zu einem anderen ins Verhältnis setzt und daraus die gesellschaftlich-politische Sphäre aufbaut, definitiv zu überwinden. Aber das Buch von Habermas enthält kein eigenes Marx-Kapitel. Die praxisphilosophische Fortsetzung des Hegelschen Projekts schließt nach seiner Darstellung beim jungen Marx an und versucht den Gedanken einer gesellschaftlich vermittelten „menschlichen Emanzipation" unter den „funktionalen Beschränkungen hochkomplexer Gesellschaftssysteme" durchzuhalten. Ferner wird konstatiert, daß Marx im Fortgang seines Denkens – wie Hegel –

den „grundbegrifflichen Zwängen der Subjektphilosophie" erliegt.[24] Dies scheint mir jedoch allenfalls die halbe Wahrheit zu sein. Die unablässige Tätigkeit der kapitalistischen Produktion, ihre Expansion, die von keiner Gegenkraft aufzuhalten ist, ist durchaus mit der „Tathandlung" des Fichteschen Ich in Verbindung zu bringen.[25] Aber es finden sich auch andere Passagen bei Marx, in denen die Natur als das vorausgesetzte umfassende Medium menschlicher Arbeit ernstgenommen wird und z. B. das Problem der Nichtreproduzierbarkeit des Bodens eine neue Dringlichkeit gewinnt.[26]

Aber hier ist nicht der Ort für eine Marx-Diskussion. Der Text des Habermasschen Buches könnte dazu höchstens Anlaß geben durch das Fehlen einer ausführlichen Behandlung dieses Autors. Es war das Ziel dieses Beitrags, das Deutungsschema eines in sich doppelten Hegel, der zu rechten und linken Fortsetzungen Anlaß gibt, zu unterminieren. Wenn der Gedanke einer Bifurkation nach Hegel entkräftet ist, ist auch der Wiederholung dieser Entwicklungsfigur nach Adorno der Boden entzogen.

3. Verweis auf eine alternative Denktradition und deren „Ausweg aus der Subjektphilosophie"

Nun ist es aber so, daß Habermas neben dem damit entkräfteten Deutungsschema der modernen Philosophie eine andere Linie erwähnt und einer ausführlichen Kritik unterzieht. Diese Linie steht auf der Seite der Rechtshegelianer, ohne bei ihnen anzuschließen. Man kann diese Linie zeichnen ausgehend von Nietzsche über Horkheimer und Adorno, aber auch über Heidegger und Bataille zu Derrida und Foucault sowie zu den US-amerikanischen Literaturkritikern und weiteren „neostrukturalistischen" Theoretikern. Dabei gilt für diese Denker, was freilich bei Habermas nicht steht, daß sie ebenfalls ein deutliches kritisches Verhältnis zu Hegel unterhalten. Nietzsche ist für sie eine alternative Möglichkeit des Denkens, sich auf die Gesamtheit der europäischen Philosophie zu beziehen und von da aus eine Selbstverständigung über die Möglichkeiten des eigenen Denkens zu gewinnen.

Habermas stellt es so dar, daß die Autoren dieses Überlieferungsstranges (wobei er im Blick auf Horkheimer und Adorno immer eine gewisse Ausnahme macht) sich nicht aus den Aporien einer vom Subjekt (oder einer das Subjekt vertretenden Instanz) her gedachten Ursprungsphilosophie befreien können. Das ist m. E. eine Fehlinterpretation, die darauf beruht, daß die Verschiebung im Wahrheitsbegriff nicht ernst genommen wird, die hier stattfindet. Wahrheit wird von diesen Denkern gerade nicht mehr als fundierende Instanz aufgefaßt, sondern als eine Interpretation des welthaften Geschehens, die darauf verzichtet, eine solche Instanz anzugeben oder auch nur zu suchen. Daß von den handelnden und ihre Handlungszusammenhänge irgendwie deutenden Menschen immer wieder eine bestimmte Perspektive eingenommen wird, die Einiges sichtbar macht und gerade dadurch Anderes verdeckt, ist lediglich eine *Kennzeichnung* des welthaften Geschehens, ohne es zu fundieren oder als sinnhaft mit dem Anspruch auf bleibende Allgemeinheit zu erklären. Es eröffnet indessen auch nicht als einzige Aussicht diejenige eines völligen Relativismus. Denn es besteht die Möglichkeit, sich im Blick auf den genannten Perspektivismus mehr oder weniger adäquat zu verhalten. Wer für dieses Wahrheitsgeschehen offen ist, wird in seinem Denken und Handeln anders ausgerichtet sein als einer, der aufs neue ein wie immer geartetes letztes Allgemeines oder eine Universalität verbürgende Instanz zu finden sucht.

Eine gegenkritische Erörterung der Habermasschen Kritik würde den Raum weiterer Artikel füllen. Daran arbeite ich in anderem Zusammenhang. Es ist deutlich, daß die Autoren, die man in diese alternative Überlieferungslinie einordnen kann, nicht den Weg von Habermas beschritten haben, an die Stelle der subjektzentrierten eine in sich differenzierte kommunikative Vernunft zu setzen. Die Kritik am Bewußtseinsbegriff der Transzendentalphilosophie bis hin zu Husserl ist zwar diesen Autoren und Habermas gemeinsam. Sie vollziehen auch wie er einen Übergang von der Bewußtseinsphilosophie zur Sprachphilosophie als neuem richtungsweisenden Denkparadigma. Für Habermas jedoch bleibt dieses neue Paradigma mit seiner inneren Differenziertheit vernunft-intern, während es für die Autoren der alternativen Denktradition notwendig erscheint, mit den Mitteln des philosophischen Denkens, die sich der Vernunfttradition verdanken und sich weiter an ihr messen und orientieren müssen, das Andere der Vernunft, das Nichtidentische, Ausgeschlossene in seiner Andersheit und

Vielheit zu Belassende in ihren Diskurs aufzunehmen. Das sind mühsame, sich immer wieder in Paradoxe verstrickende Wege, die radikaler als Kant die Grenze der Vernunft erfahren und erfassen, sofern sie nämlich von den verschiedenen Richtungen aus, die an die Grenze führen, dasjenige bestimmbar machen, was auf der anderen Seite dieser Grenze liegt. Daß hierfür ein Verstricktbleiben in die vom Subjekt her gedachte Ursprungsphilosophie kennzeichnend ist, wie Habermas meint, kann widerlegt werden. Wohl muß man fragen, ob nicht gerade dieses Schicksal Habermas selbst ereilt, sofern er den als Subjektivität bestimmten dialektischen Vernunftbegriff Hegels weiterhin zum eigentlichen Leitbegriff einer komprehensiven Rationalität machen will.

Anmerkungen

1 Vgl. Habermas: Der philosophische Diskurs der Moderne. Zwölf Vorlesungen. Frankfurt 1985; ders. Die Neue Unübersichtlichkeit. Kleine politische Schriften V. (edition Suhrkamp 1321. Neue Folge 321) Frankfurt 1985; A. Wellmer: Zur Dialektik von Moderne und Postmoderne. Vernunftkritik nach Adorno. (Suhrkamp Taschenbuch Wissenschaft 532) Frankfurt 1985; Bernstein (Hrsg.): Habermas and Modernity. Oxford 1985.
2 S. Th. W. Adorno/M. Horkheimer: Dialektik der Aufklärung. Philosophische Fragmente. Amsterdam 1947; Adorno: Negative Dialektik. (Suhrkamp Taschenbuch Wissenschaft 113) Frankfurt 1966.
3 S. A. Honneth: Kritik der Macht. Reflexionsstufen einer kritischen Gesellschaftstheorie. Frankfurt 1985.
4 S. Adorno: Ästhetische Theorie. (Suhrkamp Taschenbuch Wissenschaft 2) Frankfurt 1968.
5 S. Wellmer, a.a.O., S. 157.
6 Vgl. H. Dubiel: Was ist Neokonservatismus? (edition Suhrkamp 1313. Neue Folge 313) Frankfurt 1985.
7 S. Habermas: Die Neue Unübersichtlichkeit. A.a.O., S. 7.
8 Vgl. D. R. Hiley: „Foucault and the Question of Enlightenment", in: Philosophy and Social Criticism (1985), S. 63-83.
9 S. Habermas: Der philosophische Diskurs der Moderne. A.a.O., S. 65.
10 S. Habermas: Theorie des kommunikativen Handelns. Frankfurt 1981, Band 1, S. 411.
11 S. Habermas: Der philosophische Diskurs der Moderne. A.a.O., S. 39.
12 S. a.a.O., S. 46.
13 S. a.a.O., S. 54.
14 Vgl. a.a.O., S. 43f.
15 Vgl. a.a.O., S. 44.

16 S. G.W.F. Hegel: Gesammelte Werke. (Hrsg. von der Deutschen Forschungsgemeinschaft) Band 4: Jenaer Kritische Schriften. (Hrsg. von H. Buchner und O. Pöggeler) Hamburg 1968, S. 76.
17 S. Habermas, a.a.O., S. 55; vgl. Anm. 22.
18 S. Hegel, a.a.O., S. 470.
19 S. a.a.O., S. 479.
20 S. a.a.O., S. 484.
21 S. Hegel: Grundlinien der Philosophie des Rechts. (Hrsg. von J. Hoffmeister, Philosophische Bibliothek 124a) Hamburg 1967 (4. Aufl.), S. 14.
22 S. Hegel: Philosophie des Rechts. Die Vorlesung von 1819/1820 in einer Nachschrift. (Hrsg. von D. Henrich) Frankfurt 1983, S. 51; Vgl. S. 14-17.
23 Vgl. K. Marx: Die Frühschriften. (Hrsg. von S. Landshut, Kröners Taschenausgabe 20a) Stuttgart 1953, S. 345.
24 S. Habermas, a.a.O., S. 78f.
25 S. H. Kimmerle: Entwurf einer Philosophie des Wir. Schule des alternativen Denkens. Bochum 1983, S. 38-42.
26 Vgl. H. Immler/W. Schmied-Kowarzik: Marx und die Naturfrage. Ein Wissenschaftsstreit zum Verhältnis von politischer Ökonomie und ökologischer Krise. (Kasseler Philosophische Schriften 10) Kassel 1983; A. Arndt: Karl Marx. Versuch über den Zusammenhang seiner Theorie. Bochum 1985, S. 90-95.

Gérard Raulet

Jürgen Habermas und der philosophische Diskurs der Postmoderne

Ohne auf die Bezeichnung „Kritische Theorie" verzichten zu wollen, hat Jürgen Habermas in den letzten Jahren die Merkmale hervorgehoben, wodurch sich seine eigene Entwicklung und die Kritische Theorie in ihrer heutigen Fassung von den Positionen Adornos und ihres Begründers Horkheimer unterscheiden.[1] Zu dieser „Revision" kam es unter dem zweifachen Druck der Aufgaben, die durch die tiefgreifende Umwandlung des sozio-ökonomischen Umfelds entstanden sind,[2] sowie der „postmodernen" Theorien in Soziologie und Philosophie. Deren ideologische Auswirkungen in Frankreich, den USA und sogar in Deutschland bedrohen den Einfluß der Kritischen Theorie, der vor 15 bis 20 Jahren noch unbestritten war, und stellen für sie eine Herausforderung dar.[3] Bedenkt man, mit welcher polemischen Schärfe er einerseits zur sogenannten „Postmoderne" Stellung nimmt und mit welcher Beharrlichkeit er andererseits eine Neubegründung der modernen Vernunft, ihres „normativen Charakters" und ihrer „Verbindlichkeit" versucht,[4] so besteht kaum ein Zweifel, daß Jürgen Habermas sich dieser Herausforderung stellen will. Dabei versteht er sich nicht als „Fortsetzer" der Kritschen Theorie –, eine Fortsetzung hält er für unmöglich – doch will er auch nicht einfach mit ihr brechen.[5] Auf dem Spiel steht offensichtlich für ihn das Schicksal der Aufklärung, auf die sich die beiden programmatischen Texte Marcuses und Horkheimers 1937 beriefen. Die Frage ist allerdings, inwieweit seine „Parteilichkeit für die Vernunft" (s. *Legitimationsprobleme im Spätkapitalismus*), wie er sie in der *Theorie des kommunikativen Handelns* thematisiert, die Verfassung der Postmoderne als neue Etappe in der Dialektik der Aufklärung zu bewältigen vermag.

Die Postmoderne: Ideologie oder Realität?

In einem im November 1984 vor den Cortes in Spanien gehaltenen Vortrag über den „Geist der Zeit" erklärte Habermas: „Ich halte [die] These vom Anbruch der Postmoderne für unbegründet".[6] Zwar „sieht es so aus, als seien die utopischen Energien aufgezehrt, als hätten sie sich vom geschichtlichen Denken zurückgezogen. Der Horizont der Zukunft hat sich zusammengezogen und den Zeitgeist wie die Politik gründlich verändert."[7] Dennoch ist die postmoderne *Ideologie* von der *realen* Aufzehrung der utopischen Energien zu unterscheiden. Habermas knüpft in aktualisierender Fassung an Marcuses Gedanken vom „Ende der Utopie"[8] an; während aber Marcuse die These vertritt, daß utopische Diskurse, die unter Berufung auf andere historische und soziale Möglichkeiten gegen die herrschende geschichtliche Ordnung oder gegen eine unumkehrbar scheinende Entwicklung protestieren, verschwinden müssen, wenn die historischen Bedingungen ihrer Verwirklichung erfüllt sind,[9] stellt Habermas fest, daß diese Dialektik zwischen Utopie und Geschichte zum Stillstand gekommen sei. Die Geschichte leistet nicht mehr die dialektische Verwirklichung utopischer Impulse, der „Handlungsalternativen und der Spielräume"[10], die durch sie eröffnet werden. Durch ihre Verwirklichung als negative Utopie oder als Anti-Utopie scheint die Utopie sogar unglaubwürdig zu werden. Die Utopien „stellen Wissenschaft, Technik und Planung als verheißungsvolle und unbeirrbare Instrumente einer vernünftigen Kontrolle von Natur und Gesellschaft vor. Genau diese Erwartung ist inzwischen durch massive Evidenzen erschüttert worden. Die Kernenergie, die Waffentechnologie und das Vordringen in den Weltraum, die Genforschung und der biotechnische Eingriff ins menschliche Verhalten, Informationsverarbeitung, Datenerfassung und neue Kommunikationsmedien sind von Haus aus Techniken mit zwiespältigen Folgen".[11]

Doch trotz dieser „massiven Evidenzen", die den realen Kontext der postmodernen Theorien bilden[12], meint Habermas – Ziel dieses Beitrags ist es gerade, die Konsequenzen aus dieser Behauptung aufzuzeigen –, daß sich „nicht die Struktur des Zeitgeistes, nicht der Modus des Streites über künftige Lebensmöglichkeiten" ändere. Nicht die utopischen Energien überhaupt zögen sich vom Geschichtsbegriff zurück. Erschöpft sei vielmehr eine ganz bestimmte Utopie, nämlich die auf dem Paradigma der Arbeit beruhende Sozialutopie, die offenbar vom Modell des Sozialstaates (des *Welfare State*) nicht erfüllt werden kann.[13]

Diese These verweist indirekt auf den Dualismus zwischen Arbeit und Interaktion, von dem in *Erkenntnis und Interesse* (1968) die Rede war[14]; die eigentliche Frage ist aber, inwieweit sie die Grundlage dafür bilden kann, daß das Paradigma der Arbeit durch das Kommunikationsparadigma der Interaktion ersetzt wird; oder ob nicht umgekehrt dieses letztere für den Dualismus ausschlaggebend ist, so daß es die den Theoretikern der Postmoderne entgegengehaltene Behauptung des Kommunikationsparadigmas tautologisch vorbereiten würde – macht doch Habermas ihnen den Vorwurf, sie könnten sich nicht vom Modell der Arbeit und von seinen negativen Konsequenzen lösen.

Trotz ihrer Behauptung, sich von der Moderne zu befreien, seien die Postmodernen in Wirklichkeit von ihr abhängig – genauer gesagt von der Rationalität, die in ihr zum Ausdruck kommt. Daraus, daß sich diese in einer Sackgasse befindet, ziehen sie nach Habermas den voreiligen Schluß, daß das moderne Bewußtsein eine grundlegende Wandlung durchgemacht habe.[15] Ist aber die Moderne je etwas anderes gewesen als „der Ort, wo sich Traditionsfortsetzung und Innovation verschränken"[16], ein Prozeß ständiger Neubestimmung, der für die Handelnden „authentische Gegenwart" ist und ihnen das Bewußtsein gibt, „modern" zu sein? Hegel hat, wie Habermas zeigt, als erster begriffen, daß die „Moderne" gleichzeitig Bruch und Kontinuität ist.[17] Sie existiert nur als Krisenmoment im Modernisierungsprozeß.[18] In diesem Sinne ist die Postmoderne selbst nur eine neue Moderne, oder, wie Habermas sagt, sie partizipiert an der Bewegung der „unvollendeten Moderne"[19]. Habermas beläßt es allerdings nicht bei diesem Argument,[20] das ja zum Historismus und zum Relativismus führen würde. Er bleibt nicht bei dem Gedanken stehen, daß an den Berührungspunkten zwischen Tradition und Innovation die Moderne jeweils „ihre Normativität aus sich selber schöpfen" muß.[21] Er versucht vielmehr, dem „normativen Inhalt" eine Begründung zu geben, die, selbst ein Bestandteil der modernen Rationalität, durch die ständige Redefinition nicht angegriffen, sondern im Gegenteil gefördert wird. Mit seiner Unterscheidung zwischen postmoderner Realität und postmoderner Ideologie und mit der Kritik an letzterer setzt sich Habermas gleichzeitig zum Ziel, die Ideologiekritik neu zu fundieren.

Beruht aber die Legitimität eines solchen Unternehmens nicht auf der vorausliegenden Unterscheidung zwischen Ideologie und Realität? Wie weit trägt der Gedanke, daß die Erschöpfung des Arbeitsparadigmas den kommunikativen Ansatz bestätigte, der Realität der postmodernen Produktionskräfte Rechnung? Werden hier nicht die postmodernen Auswirkungen der Modernisierung heruntergespielt?[22] Auf diese Fragen zielen die hier skizzierten kritischen Bemerkungen zur Argumentation Habermas'.

Die Frage nach den Kriterien

Der Dualismus Realität-Ideologie hat jedenfalls den Vorteil, daß er die Existenz und den Einfluß der Postmoderne in den philosophischen und soziologischen Theoriebildungen ernstnimmt; vor allem da, wo sie nach Habermas einen neo-konservativen Trend anzeigen, der die Erschöpfung der utopischen Energien und die Rationalitätskrise des Sozialstaates besiegelt. Die französischen „Post-Strukturalisten" werden in der Rede „Die Moderne – ein unvollendetes Projekt" (1980) als „junge Konservative" bezeichnet, die „mit modernistischer Attitüde einen unversöhnlichen Antimodernismus [begründen]. Sie verlegen die spontanen Kräfte der Imagination, der Selbsterfahrung, der Affektivität ins Ferne und Archaische, und setzen der instrumentellen Vernunft manichäisch ein nur noch der Evokation zugängliches Prinzip entgegen, ob nun den Willen zur Macht oder die Souveränität, das Sein oder eine dionysische Kraft des Poetischen. In Frankreich führt diese Linie von Georges Bataille über Foucault zu Derrida. Über allen schwebt natürlich der Geist des in den 70er Jahren wiedererweckten Nietzsche."[23] Diese Positionen erscheinen Habermas vor allem deswegen als gefährlich, weil sie ein Ausdruck des „weitverbreiteten Glaubens" sind, „daß alles, was die menschliche Kultur an universalen Zügen aufweist, eher auf die Natur des Menschen zurückgehe als auf die rationale Infrastruktur der menschlichen Sprache, des Erkennens und Handelns, d.h. der Kultur selbst"[24]. Der Rückzug auf einen „archaischen Urgrund", der den Rationalisierungsformen vorausliege, entspreche einer allgemeinen Tendenz, die auch in den Sozialwissenschaften zu beobachten sei: „eine gewisse Wiederbelebung von biologistischen Ansätzen, die während mehrerer Jahrzehnte aus politischen Gründen diskreditiert waren (z.B. die Soziobiologie und die genetische Intelligenzforschung)" (ebd.). Es wird deutlich, was alles bei der Suche nach einer normativen Begründung auf dem Spiel steht; doch da diese Begründung auf „Hintergrundgewißheiten" beruht, die von allen Teilnehmern geteilt werden, sobald sie sich auf die Kommunikation einlassen, stellt sich die Frage, ob Habermas nicht selbst einer zweifachen Gefahr erliegt: entweder gehört diese Begründung ihrerseits einer nicht zu hinterfragenden Vorzeitigkeit an, oder aber sie geht in ihrer argumentativen Aktualisierung (Rationalisierung) verloren. An dieser Stelle soll der Aufweis versucht werden, daß Habermas aus dieser Alternative nicht auszubrechen vermag.

Seine kleinen polemischen Essays markieren deutlich den Angriffspunkt seiner Auseinandersetzung mit dem Poststrukturalismus in *Der philosophische Diskurs der Moderne* (1985):

„Derrida zieht aus Heideggers Kritik der neuzeitlichen Subjektivität den Schluß, daß wir der Tretmühle des abendländischen Logozentrismus nur durch ziellose Provokation entkommen können. Statt die vordergründigen Kontingenzen *in* der Welt beherrschen zu wollen, sollten wir uns besser den geheimnisvoll verschlüsselten Kontingenzen der Welterschließung ergeben. Foucault radikalisiert Horkheimers und Adornos Kritik der instrumentellen Vernunft zu einer Theorie der Ewigen Wiederkehr der Macht. Seine Botschaft vom immer gleichen Machtzyklus der immer neuen Diskurs-Formationen muß den letzten Funken von Utopie und von Vertrauen der westlichen Kultur in sich selbst ersticken."[25]

Diese Auseinandersetzung sei deswegen so dringend und unumgänglich, weil das Selbstbewußtsein der Moderne stark gelitten habe; seinen Verfall hat schon die Kritische Theorie Adornos und Horkheimers konstatiert. Kant, der in seiner Schrift „Was ist Aufklärung?" gegen diejenigen Instanzen antritt, die die „Vormundschaft" des rationalen Subjekts übernommen haben, Beichtiger, Ärzte und *Bücher*, welche an seiner Stelle denken, wird heute selbst als „Meisterdenker" angesehen.[26] Für Habermas aber sind die Feststellung, daß die Aufklärung gescheitert sei[27], und der Bruch mit ihren Zielsetzungen, der die Philosophie ins Unvordenkliche hinüberrettet, zwei verschiedene Dinge.[28] Dabei entgeht ihm nicht die Verwandtschaft zwischen den „Poststrukturalisten" und der Neufassung der Kritischen Theorie, die 1944 von der *Dialektik der Aufklärung* eingeleitet wird:

„Mir scheint, daß aus der Perspektive der *Dialektik der Aufklärung* die Selbstdementierung der Vernunft soweit gediehen war, daß Horkheimer und Adorno, übrigens auch Pollock mit seiner Theorie des Staatskapitalismus, die politischen Institutionen vollkommen entleert gesehen haben von allen Spuren der Vernunft – alle gesellschaftlichen Institutionen und auch die Alltagspraxis. Die Vernunft war für sie im wörtlichen Sinne utopisch geworden, hatte jeden Ort verloren; und das hat dann die ganze Problematik der *Negativen Dialektik* auf den Plan gerufen."[29]

An den Unterschieden ist ihm freilich noch mehr gelegen:

„Adornos und Horkheimers Vernunftkritik verfinstert sich an keiner Stelle zum Widerruf dessen, was die große philosophische Tradition, insbesondere die Aufklärung, mit dem Begriff der Vernunft, wie vergeblich auch immer, einmal intendiert hat. Die beiden radikalisieren, wie Nietzsche, die Vernunftkritik bis zur Selbstbezüglichkeit, d. h. bis zu dem Punkt, an dem die Kritik auch noch ihre eigenen Grundlagen zersetzt. Aber Adorno unterscheidet sich von den Nietzschenachfolgern, von Heidegger auf der einen, Foucault auf der anderen Seite, gerade darin, daß er aus den Paradoxien dieser gleichsam subjektlos gewordenen Vernunftkritik nicht mehr ausbrechen will – er will im performativen Widerspruch einer Negativen Dialektik, die die unumgänglichen Mittel des identifizierenden und objektivierenden Denkens gegen dieses selbst richtet, ausharren."[30]

Habermas lehnt also nicht die Konsequenzen ab, die sich aus der *Dialektik der Aufklärung* ergeben; doch verlangt er ihre *dialektische* Relektüre, eine Rekonstruktion des modernen Rationalisierungsprozesses, die sich zum Ziel setzt, die Normativität nicht einfach zu leugnen – um den Preis des Rückzugs der „Normen" (oder deren Platzhalter) ins Irrationale –, sondern sie neu zu verankern. Durch die Hervorhebung der Verwandtschaft zwischen der *Dialektik der Aufklärung* und dem französischen Poststrukturalismus verwahrt er sich zugleich gegen den Vorwurf, ein bequemes Urteil fällen zu wollen, das von der Frage der eigenen Legitimität absähe.[31] Er ist sich im Gegenteil im klaren darüber, daß diese erst rekonstituiert werden muß. Sein Plädoyer für die Aufklärung besteht also in dem Aufweis der Fortdauer der Normativität gerade in der dialektischen Bewegung, die alles Normative zerstört zu haben scheint. Er vertritt die These, daß die Dialektik der Aufklärung (das heißt der Modernisierung) geschichtlich das Paradigma der Kommunikation fördert:

„Marx hat in der *Einleitung zur Kritik der politischen Ökonomie* von 1857 begründet, in welchem Sinne die Kategorie der Arbeit ein universaler, auf alle Gesellschaften anwendbarer Begriff ist . . . Methodisch in derselben Weise müßte man auch bei einer solchen Kommunikationstheorie klarmachen, wie die Entwicklung zum Spätkapitalismus objektiv die Bedingungen dafür erfüllt hat, daß wir erkennen können, daß in den Strukturen sprachlicher Verständigung Universalien stekken, die sogar die Maßstäbe für eine geschichtsphilosophisch nicht mehr zu begründende Kritik hergeben."[32]

Hier liegt der Kern seiner Argumentation: die kommunikative Begründung (sowie der Verzicht auf die Geschichtsphilosophie, anders ausgedrückt: auf den historischen Materialismus) besitzt eine geschichtliche Legitimität, die auf dem Modernisierungs- und Rationalisierungsprozeß beruht. Dabei bleibt allerdings offen, wie sich ihre geschichtliche Wirklichkeit zum (quasi-)transzendentalen Norm-Status verhält – ein Problem, mit dem sich seit zwanzig Jahren die „linguistische" (Mac Carthy) bzw. kommunikative Wende der Habermasschen Kritik auseinandersetzt und das sie bis jetzt nicht gelöst zu haben scheint.

Habermas beruft sich zwar darauf, daß Kant selbst die Ansprüche und Leistungen einer Prozeßrationalität dargestellt hat[33], deren Praxis er ja gerade durch die Argumentationstheorie herausarbeiten will[34]; zu fragen ist aber, wie diese „ihre Normativität in sich selber findet" („in welchem Sinne und auf welche Weise moralische Gebote und Normen begründet werden können")[35]. Nur unter dieser Bedingung kann sie wirklich als Abwehrfront gegen eine „philosophische" Praxis dienen, die auf jegliche Kriterien (Wittgenstein)[36] und Paradigmen[37] verzichtet und deshalb nicht mehr in der Lage ist, den Standort und die Berechtigung ihres Diskurses zu begründen (mag sie auch den Anspruch preisgegeben haben, Urteile zu fällen).[38]

Die Frage nach den Kriterien einer Kritik der postmodernen Ideologie ist also untrennbar mit der Grundlagenfrage verbunden.

Die Frage nach den Grundlagen

Der heutige Rationalismus faßt diese Frage, der sich die moderne Rationalität in ihrer Bemühung, den Platonismus und die aristotelische Ontotheologie abzulösen, immer wieder konfrontiert sah, im „Münchhausen-Trilemma"[39] zusammen, d. h. in der Alternative zwischen drei gleichermaßen unakzeptierbaren Lösungen[40]: dem *regressus ad infinitum*, dem logischen Zirkel, und der unbegründeten Unterbrechung des Begründungsprozesses.[41] Habermas bemerkt, daß ein Ausbruch aus diesem Trilemma „zwischen Zirkel, unendlichem Regreß und Rekurs auf letzte Gewißheiten" nur durch den „Verzicht auf Begründungsfundamente überhaupt" möglich scheine.[42] Will man diese Schwierigkeit nicht wie die französischen „Poststrukturalisten" lösen, das heißt durch den „nicht diskursiven Rückzug" auf einen archaischen Urgrund, und so nach Habermas die Vernunft selbst preisgeben, so bietet der kritische Rationalismus Poppers einen „prozeduralen" Ausweg. Karl Otto Apel vertritt, daß „intersubjektive Geltung von Aussagen aufgrund von kritischer Diskussion aber [. . .] ein von Popper und seinen Schülern mit Recht angestrebtes methodisches Ziel wissenschaftlich-philosophischer Wahrheitssuche zu sein"[43] scheinen.

So hält Albert mit Popper „auch eine rationale Letztbegründung ethischer Normen für unmöglich, schlägt aber statt dessen vor, die bestehenden Moralsysteme ebenso wie die bestehenden wissenschaftlichen Theorien hinsichtlich ihrer Realitätsbewährung einer ständigen kritischen Überprüfung, möglichst im Lichte von Alternativen, zu unterwerfen."[44]

Der berühmte „Positivismusstreit", an dem er 1961 teilnahm, läßt erkennen, warum Habermas die Lösung des kritischen Rationalismus nicht genügt.[45] Beim Positivismusstreit ging es um die Frage, inwieweit an der kritischen Prüfung selbst *Normen* beteiligt sind – wodurch die

„kritisch-rationale" Diskussion zu einem Zirkel würde. Die kritischen Rationalisten – Popper zuallererst – sind in Wirklichkeit ständig in Gefahr, die Diskussion mit dem Falsifikationsverfahren zu verwechseln, und vergessen, nach den ideologischen, sozialen und historischen Bedingungen zu fragen, unter denen das Testverfahren, das heißt die Falsifikation, geschieht. Die „Protokollsätze" Poppers sind zwar nicht unfehlbar und müssen als Konventionen behandelt werden, die nur in der Gemeinschaft der Wissenschaftler Geltung haben, dennoch sind sie unabhängig von sozialen, historischen und politischen, das heißt außerwissenschaftlichen Bedingungen. Die Einsicht, daß die Protokollsätze konventionell sind, bedeutet also nur einen scheinbaren Bruch mit der Überzeugung von der Unabhängigkeit der Wissenschaft gegenüber der sozialen Welt; denn nach Popper „entscheidet" sich der Wissenschaftler zur Annahme eines bestimmten Protokollsatzes unabhängig von der geschichtlich-sozialen Situation, das heißt nur in Hinblick darauf, inwieweit der betreffende Satz das kritische Falsifikationsverfahren aushält. Es geht daher keinesfalls um eine Reflexion über Normen.[46] Die Begründung wird zwar durch die kritische Prüfung ersetzt, doch, erklärt Habermas, „die zum Begründungsäquivalent erhobene Kritik" ist „ein Verfahren, dessen wir uns nicht voraussetzungslos bedienen können. Deshalb kehrt mit der Diskussion über die nicht-verwerfbaren Regeln der Kritik eine schwache Version des Kantischen Begründungsmodus in die inneren Höfe des Kritizismus zurück."[47]

Um dieser Schwierigkeit zu entgehen, schließt sich Habermas Karl Otto Apels Argumentation gegen den kritischen Rationalismus an, dem er bis dahin gefolgt ist. Apel „postuliert" mit eigenen Worten: „eine *transzendentale Sprach-Pragmatik* [. . .], die sich mit der Reflexion auf die Bedingungen der Möglichkeit sprachlich formulierter und als solche intersubjektiv gültiger Erkenntnis zu befassen hat".[48]

Diese intersubjektive Geltung bildet ein „Moment von Unbedingtheit"[49], das nach Habermas begründende Funktion besitzt:

„Weil . . . die Geltungsansprüche, die wir im Gespräch mit unseren Überzeugungen verbinden, über den jeweiligen Kontext hinauszielen, weil sie über räumlich und zeitlich beschränkte Horizonte hinausweisen, muß sich jedes kommunikativ erzielte oder reproduzierte Einverständnis auf ein Potential angreifbarer Gründe, aber eben auf Gründe stützen. Gründe sind aus einem besonderen Stoff; sie zwingen uns, mit Ja oder Nein Stellung zu nehmen. Damit ist in die Bedingungen verständigungsorientierten Handelns ein Moment von Unbedingtheit eingebaut."[50]

Dieses „Moment von Unbedingtheit" ist allerdings vom „Apriori der Kommunikationsgemeinschaft" und „der rationalen Argumentation"[51] Apels verschieden. Die Vorbehalte Habermas' gegenüber diesem Apriori[52] lassen auch erkennen, worin die Originalität, die Stärke und die Schwäche des Ansatzes besteht: aus seiner Antwort auf die Grundlagenfrage ergibt sich, daß das normative Moment nicht nur apriorisch, sondern transzendental und empirisch zugleich sein muß.

„Daß Apel [. . .] hartnäckig am Letztbegründungsanspruch der Transzendentalpragmatik festhält, erklärt sich, wie ich meine, aus einer inkonsequenten Rückkehr zu Denkfiguren, die er mit dem energisch vollzogenen Paradigmenwechsel von der Bewußtseins- zur Sprachphilosophie selber entwertet hat."[53]

Nicht zufällig erinnere Apel in seinem Aufsatz über die Kommunikationsgemeinschaft an Fichte: sein Ansatz bedeute einen Rückfall in die Subjektivitäts- und Bewußtseinsphilosophie, von der wir uns nach Habermas – an dieser Stelle stimmt er mit den Postmodernen überein – zu befreien haben. In *Der philosophische Diskurs der Moderne* lobt Habermas Foucaults Kritik an der Verdoppelung des Subjekts und erklärt eindeutig, daß die kommunikative Vernunftauffassung die Trennung zwischen transzendental und empirisch aufhebe.[54] Von daher wird seine Suche nach einem „Brückenprinzip" verständlich, welches seiner Funktion nach mit der Induktion vergleichbar ist, da diese in der Wissenschaftslogik die Kluft zwischen Einzelbeobachtungen und universellen Hypothesen zu überbrücken hat.[55] Die überragende Leistung Kants ist es, daß er den kategorischen Imperativ als Universalisierungsgrundsatz auffaßt, „welcher die Verallgemeinerungsfähigkeit von *Handlungsweisen* und *Maximen* bzw. der von ihnen berücksichtigten (also in den Handlungsnormen verkörperten) *Interessen* fordert" (ebd). Nicht zufällig knüpfen heute „kognitivistische" Ethiken an die Kantische Ethik an.[56]

Der Kognitivist ist einer der Diskussionspartner, mit denen Habermas sich auseinandersetzt. Doch sein eigentlicher Gegner im Zusammenhang mit der Postmoderne ist der *Skeptiker*. Dessen Argumenten begegnet er interessanterweise dadurch, daß er von den Positionen Apels Abstand nimmt:

„Das transzendentalpragmatische Argument in der von Apel vorgeschlagenen Form ist sogar zu schwach, um den Widerstand des konsequenten Skeptikers gegen *jede* Form einer Vernunftmoral zu brechen."[57]

Das gilt zum Beispiel für Foucault:

„Der *konsequente Skeptiker* entzieht dem Transzendentalpragmatiker den Boden für seine Argumente. So kann er sich beispielsweise der eigenen Kultur gegenüber wie ein Ethnologe verhalten, der philosophischen Argumentationen kopfschüttelnd als dem unverständlichen Ritus eines merkwürdigen Stammes beiwohnt. Dieser von Nietzsche eingeübte Blick ist ja von Foucault wieder zu Ehren gebracht worden."[58]

Gegen Apel ist einzuwenden, daß er den Skeptiker unterschätzt, indem er an seiner Position als einziges den „performativen Widerspruch" auszusetzen hat:

„Etwas, das ich nicht, ohne einen Selbstwiderspruch zu begehen, bestreiten und zugleich nicht ohne formallogische petitio principii deduktiv begründen kann, gehört zu jenen transzendentalpragmatischen Voraussetzungen der Argumentation, die man immer schon anerkannt haben muß, wenn das Sprachspiel der Argumentation seinen *Sinn* behalten soll."[59]

Dadurch begeht er aber selbst eine petitio principii, und zwar ein Sinnpostulat. Habermas ist geschickter; er gibt zu, daß die „Begründung der Gesprächsethik nicht den Stellenwert einer Letztbegründung einnehmen kann" und möchte zeigen, „warum dieser Status für sie auch gar nicht reklamiert zu werden braucht".[60]

Habermas hält an der Idee fest, daß der Universalisierungsgrundsatz „je schon" bei einem realen Austausch beteiligt sei, daß *„das als Argumentationsregel fungierende Verallgemeinerungsprinzip von Voraussetzungen der Argumentation überhaupt impliziert wird"*[61], er versucht aber nicht, das Transzendentale durch kognitivistische Argumente zu verteidigen, sondern betrachtet dieses Prinzip „unter

Prozeßaspekten"[62] und distanziert sich dabei von seiner früheren Auffassung vom „Idealkonsens".[63]

Sein Ansatz verdient Beachtung; entgeht er aber wirklich dem „Skeptizismus"? Was ist auf das Argument Lyotards in *Le Différend* zu sagen:

„Wie Wittgenstein bemerkt, ist zwischen den konstitutiven Regeln des Tennis- oder Schachspiels und den strategischen Ratschlägen, wie man am besten gewinnt, zu unterscheiden. Wenn jemand die Regeln verletzt, so führt er eine neue Satzregelung ein, er spielt nicht mehr Tennis oder Schach. Wenn er aber die strategischen Ratschläge mißachtet, so spielt er ‚schlecht'. ‚Schlecht' spielen ist erlaubt. ‚Ich weiß, daß ich schlecht spiele, aber ich will nicht besser spielen.' In diesem Fall müßte der Partner antworten: ‚Ach so, dann ist ja alles in Ordnung.' (Wittgenstein's Lectures on Ethics, in: The Philosophical Review 74, 1965, S. 5). Dabei lassen wir sogar die Möglichkeit außer Betracht, daß ‚schlecht' spielen eine gute und ungewohnte Strategie sein kann, die im nachhinein als ‚gut' zu bezeichnen ist. ‚Gut gespielt!' Diskursgattungen sind Strategien. Niemandes?"[64]

Diese Art Skeptiker, der einen noch radikaleren Verzicht auf das transzendentale Subjekt leistet, da er die Intersubjektivität durch die Agonistik der Streitpunkte ersetzt und die Annahme aufgibt, daß die Sprache der Kommunikation diene, kann sich Habermas offensichtlich nicht vorstellen: er vertritt die These, „daß der Skeptiker durch sein Verhalten seine Mitgliedschaft in der Gemeinschaft derer, die argumentieren, aufkündigt – nicht weniger, aber auch nicht mehr".[65] Argumentiert er denn auf seine Weise nicht? Jedenfalls kann Habermas an ihn nicht denselben Vorwurf richten wie an denjenigen, der sich „wie ein Ethnologe verhält": er ziehe sich auf eine sprachlose „Robinsonade" zurück, die „nicht einmal als eine fiktive Versuchsanordnung vorstellbar" sei (ebd.). Da er am Leben bleibt, nimmt er ja weiterhin an den sozialen Interaktionen teil, denen er sich zu entziehen vorgibt. Unser Skeptiker bleibt nämlich nicht bloß am Leben oder beobachtet es von außen, sondern nimmt aktiv an den Lebensbeziehungen teil. Nun gibt es nach Habermas keine „soziokulturelle Lebensform", „die nicht auf eine Fortsetzung kommunikativen Handelns mit argumentativen Mitteln wenigstens implizit angelegt wäre – wie rudimentär die

Formen der Argumentation auch immer ausgebildet, wie wenig diskursive Verständigungsprozesse auch immer institutionalisiert sein mögen".[66] Beruht sie aber ihrerseits wiederum auf gemeinsamen Regeln (wenn auch bloß in rudimentärer Form, daß heißt *qua* Teilnahme an einem Austausch)? Ist nicht die Möglichkeit in Betracht zu ziehen, daß die individuelle Performativität und Expressivität als *Formen des Austauschs* anstelle der Argumentation treten? Habermas betont, daß die Individuen nicht zwischen Kommunikation und Performativität oder zwischen kommunikativem und strategischem Handeln *wählen* können: der Beweis steht aber aus, daß das kommunikative Handeln noch seinen Ort hat[67]; eine petitio principii oder eine konstruktivistische Deduktion sind nicht ausreichend.

In dieser Hinsicht sind, wie so oft bei Habermas, die letzten Abschnitte aus dem Kapitel „Diskursethik – Notizen zu einem Begründungsprogramm" besonders zweideutig und suggestiv: „Tatsächlich unterliegen praktische Diskurse Beschränkungen, die gegenüber einem fundamentalistischen Selbstverständnis in Erinnerung gebracht werden müssen."[68]

Diese erste Konzession ist aber mit drei größeren Schwierigkeiten verbunden, die von Habermas ganz offen dargestellt werden. Erstens gehören „praktische Diskurse" in der Realität nicht derselben Ordnung an wie die Auseinandersetzung zwischen Habermas und seinen mehr oder weniger fiktiven Gegnern: „Sie sind weniger ‚handlungsentlastet', weil mit strittigen Normen das Gleichgewicht intersubjektiver Anerkennungsverhältnisse berührt wird" (ebd.). Genauer ausgedrückt stört das strategische das kommunikative Handeln – ob bis zur Unkenntlichkeit, bleibt bei Habermas ungewiß. Der Haupteinwand gegen diese offen dargestellte Schwierigkeit lautet, daß hier die sozialen Konflikte als „Kampf um Anerkennung" (ebd.) gedacht werden. Zu beweisen wäre, daß ein solcher Kampf überhaupt noch stattfindet und daß der „Widerstreit der Meinungen" [*différends*] nicht nur am zufälligen Schnittpunkt zwischen performativen und expressiven Diskursspielen entsteht. Die kommunikative Dimension erscheint in diesem Zusammenhang als reines Postulat.

Zweite Schwierigkeit (die Reihenfolge ist hier geändert): „praktische Diskurse gleichen, wie alle Argumentationen, den von

Überschwemmung bedrohten Inseln im Meer einer Praxis, in dem das Muster der konsensuellen Beilegung von Handlungskonflikten keineswegs dominiert" (ebd.).

Diese Schwierigkeit ist eine Zuspitzung der ersten; sie beruht auf der Anerkennung der modernen *Zersplitterung* und der „Zerstückelung der Diskursgattungen"[69] als Ergebnis der Ausdifferenzierung der vormodernen substantiellen Vernunft in autonome Sphären, die in den drei (bzw. vier) Kritiken Kants zum Ausdruck kommt: des Verstandes, der (spekulativen oder moralischen) Vernunft und der ästhetischen und teleologischen Urteilskraft. Die Kantische Insel der reinen Vernunft wird zu einem Archipel. „In der Einleitung zur dritten *Kritik* wird die Auflösung der Diskursgattungen nicht nur anerkannt, sie wird sogar so sehr dramatisiert, daß die Übergänge zwischen den unterschiedlichen Gattungen zum Problem werden."[70] Das Habermassche Problem des „Brückenprinzips" hat sich – möglicherweise bis ins Unendliche – vervielfacht. Selbst wenn der Skeptiker „dazu neigt . . ., zu dramatisieren".[71]

Deshalb kommt hier ein flagranter Mangel der Habermasschen Konstruktion zum Vorschein, der mit dem Status der Ästhetik zusammenhängt:

„Praktische Diskurse, in denen auch die Angemessenheit der Interpretation von Bedürfnissen zur Sprache kommen muß, behalten einen internen Zusammenhang mit der ästhetischen Kritik auf der einen, der therapeutischen Kritik auf der anderen Seite; und *diese beiden Formen der Argumentation stehen nicht unter der Prämisse strenger Diskurse.*"[72]

Der kärgliche Status der Ästhetik ist umso schwerwiegender – sieht man einmal von den Abschnitten über Schiller in *Der philosophische Diskurs der Moderne* ab –, als Habermas den Poststrukturalisten, vor allem Derrida, ihre Sprachästhetisierung vorwirft: *„Die Ästhetisierung der Sprache, die mit der doppelten Verleugnung des Eigensinns von normaler und poetischer Rede erkauft wird . . ."*[73] Die Ästhetik wird nur im Rahmen der idealtypischen Rekonstruktion der Modernisierung behandelt, und zwar als Diskursgattung, die in der Moderne Autonomie erlangt hat. Diese Beschreibung verbleibt aber so sehr im Allgemeinen, daß die dissoziierten Sphären bloß nebeneinandergereiht werden, ohne daß dadurch ihre gegenseitige Verschränkung erklärt würde (auf dieses Problem geht Habermas selber am Ende des Kapitels „Diskursethik . . .“ ein), schlimmstenfalls aber die gleichzeitige Behauptung des Performativen und des Expressiven ignoriert wird.[74]

Zwei weitere Konzessionen

Am Ende dieser Neufassung der Grundlagenfrage zeichnen sich also diejenigen Probleme ab, an denen die Diagnose der Postmoderne bei Habermas zu scheitern droht. Damit soll nicht sein Bemühen geleugnet werden, die Bedingungen einer wahrhaften „Argumentation“ herauszuarbeiten – davon zeugen ja die Risiken, die er dadurch in Kauf nimmt, daß er über Apel hinausgeht.

Diese Risiken kommen in zwei gewichtigen Konzessionen zum Ausdruck: im Verzicht auf die „Vernunft in der Geschichte“ und in demjenigen auf die Subjektphilosophie. Die „Theorie des kommunikativen Handelns“ befreit den historischen Materialismus von seinem heute überflüssig gewordenen „geschichtsphilosophischen Ballast.“[75] Sie kann das Erbe der Hegelschen Interaktion antreten, die seit „Arbeit und Interaktion“[76] für Habermas den wichtigsten Bezugspunkt bildet, ohne die Prämissen von Geschichts- und Subjektphilosophie mit übernehmen zu müssen.[77]

Die Geschichtsphilosophie war in der Tat unerläßlich für die Kohärenz von Horkheimers Darstellung der Kritischen Theorie.[78] Sie leistete die Verbindung zwischen empirischer Forschung und „Sozialphilosophie“, wodurch die Zersplitterung der Ansätze in den einzelnen Disziplinen überwunden werden konnte. Weiter unten wird zu zeigen sein, daß Habermas entgegen seinen eigenen Äußerungen weiterhin einer Geschichtsphilosophie bedarf, und daß diese sogar ein unverzichtbares Glied innerhalb seines Versuchs ist, den Gegensatz zwischen empirisch und transzendental zu überbrücken (und damit auch der wunde Punkt an seinem Ansatz; die *captatio benevolentiae* seiner geduldigen Diskussionen mit gegnerischen Theorien wäre schließlich bloßer „kommunikativer“ Schein: ausschlaggebend sind die Schlußbemerkungen in seinen Aufsätzen und Büchern, wo die Frage nach der praktischen Geltung seiner theoretischen Konstruktion gestellt wird).

Hinsichtlich dieser Subjektphilosophie vertritt Habermas – wie bereits angedeutet – die Meinung, daß das Paradigma der Bewußtseinsphilosophie „erschöpft" sei.[79] Bedenkt man, wie umstritten diese ist, so konnte er kaum weniger tun, als ihr eine nur polemische Legitimität zuzuerkennen. Habermas geht aber weiter. Zwar ist auch hier seine soziologische Analyse ungenügend: auf das Subjektivitätsprinzip verzichtet er hauptsächlich deswegen, weil es mit der konstitutiven Intersubjektivität der kommunikativen Rationalität unvereinbar ist. Doch wenn er auch den „Eintritt in die Postmoderne" aus ökonomischen und soziologischen Gründen ablehnt, so gibt er trotzdem zu, daß sie in der Philosophie seit Nietzsche und Heidegger stattgefunden hat, und daß dort die Begründung der modernen Rationalität auf die Selbstidentität des Subjekts geleugnet wird.[80] Habermas akzeptiert diesen Bruch mit der okzidentalen Metaphysik und der modernen Rationalität, sofern der Verzicht auf die Subjektphilosophie ihm als die einzige Möglichkeit eines radikalen Bruchs mit der „instrumentellen Vernunft" erscheint.[81] Dem kann man natürlich entgegenhalten, daß er ihn nur *als solchen* akzeptiert; denn eine Art „Krypto-Messianismus" – die oben erwähnte „petitio principii" – zielt auf den Beweis, daß die kommunikative Vernunft nicht bloß die einzige Art und Weise ist, sich von der Subjektphilosophie zu befreien[82], sondern daß sie mit Notwendigkeit aus der *Geschichte* der Moderne folgt.

Wie bereits im Zusammenhang mit der Grundlagenfrage folgt Habermas der Argumentation der „Poststrukturalisten" nur so weit, wie sie mit dem *Postulat* der Argumentation zu vereinbaren ist. Soweit sie sich aber „zwischen Argumentation, Erzählung und Fiktion" bewegt[83], geht er einen anderen Weg. Doch *gerade da, wo Fiktion und Realität ineinander übergehen, läßt sich das Wesen der Postmoderne erkennen.*[84]

Habermas bekämpft die Konfusion[85] und die „Ununterschiedenheit" der Diskurse, das heißt das, wodurch sie die Differenzierung verschleiern, deren Ergebnis sie selbst sind. Ist doch diese Differenzierung (nach Habermas' an Weber geschulter Rekonstruktion) mit der Modernitätsbewegung selbst gleichzusetzen. So zum Beispiel in seiner Kritik an der postmodernen Architektur:

„Bemerkenswert sind vor allem die Initiativen zu einer Gemeindearchitektur, die die Betroffenen nicht nur deklamatorisch in den Planungsprozeß einbezieht und Stadtteile im Dialog mit den Klienten plant. Wenn in der Stadtplanung die Steuerungsmechanismen des Marktes und Verwaltungen so funktionieren, daß sie für die Lebenswelt der Betroffenen dysfunktionale Folgen haben – und den ‚Funktionalismus', der einmal gemeint war, durchkreuzen –, dann ist es nur konsequent, die willensbildende Kommunikation der Beteiligten mit den Medien Geld und Macht in Konkurrenz treten zu lassen. Freilich gibt die Sehnsucht nach entdifferenzierten Lebensformen diesen Tendenzen oft den Anstrich eines Antimodernismus. . . . Diese Ideologie der Unterkomplexität schwört dem vernünftigen Potential und dem Eigensinn der kulturellen Moderne ab."[86]

Was Habermas hier beschreibt, ist die Zweideutigkeit der Postmoderne; einerseits erschüttert ihr Pluralismus den monologischen Diskurs des Funktionalismus und stellt potentiell ein Gegengewicht zu der Tendenz dar, die die „Sprache, in ihrer Funktion der Handlungskoordinierung, [ersetzt] durch Medien wie Geld und Macht"[87]; andererseits aber führen die „Relokalisierung", die Rückkehr zum Ort – zum Beispiel der „Polyzentrismus" der Kleinstädte bei Paolo Portoghesi –, der Slogan „Small is beautiful" oder aber der „kritische Regionalismus" eines Kenneth Frampton zu einem „ästhetischen Populismus"[88], den Habermas zu Recht als neuen Konservatismus bezeichnet. Seine breitangelegte Kritik an der Philosophie Derridas in *Der philosophische Diskurs der Moderne* ist von verwandten Motiven geleitet. Sein Einwand zielt im wesentlichen darauf, daß die „Dekonstruktion" der Denkformen die *Auflösung des Gattungsunterschieds* zwischen Philosophie und Literatur und zwischen Poesie und Philosophie nach sich ziehe, und daß diese durch ihre Identifikation mit der Fiktion billig von aller normativen Problematik dissoziiert werde.[89]

„Weil Derrida diese eine, eben die ‚poetische' Sprachfunktion überverallgemeinert, hat er keinen Blick mehr für das komplexe Verhältnis einer normalsprachlichen Alltagspraxis zu den beiden, gleichsam in entgegengesetzten Richtungen ausdifferenzierten außeralltäglichen Sphären. Während die polare Spannung zwischen Welterschließung und Problemlösung im Funktionsbündel der Alltagssprache zusammengehalten wird, spezialisieren sich Kunst und Literatur einerseits, Wissenschaft, Moral und Recht andererseits auf Erfahrungen und

Wissensarten, die sich jeweils im Einzugsbereich *einer* Sprachfunktion und *einer* Geltungsdimension herausbilden und verarbeiten lassen. Derrida ebnet diese komplizierten Beziehungen holistisch ein, um Philosophie an Literatur und Kritik anzugleichen."[90]

Wie seine Auseinandersetzungen mit John R. Searle und Austin zeigen, mißverstehe Derrida die Originalität der *ordinary language*, jedenfalls bestreitet er sie; die *speech acts* kennzeichnen sich nicht mehr durch ihre illokutionäre Kraft. Versprechen, Zitat des Versprechens und Versprechen als Bestandteil eines Theaterstückes, Wiederholung und Zitat sind ein und dasselbe – *Realität und Fiktion gehen ineinander über*.[91]

Habermas kritisiert zwar die Nivellierung der Unterschiede, doch greift er selbst bei seiner Verteidigung der Vernunft auf die normale Alltagssprache zurück, wo Kunst, Wissenschaft, Moral und Recht noch nicht in autonome Sphären ausdifferenziert sind. Weil die Alltagskommunikation nicht zwischen Wahrheitsfragen, Gerechtigkeitsfragen und Geschmacksfragen differenziert, ist in ihr die Einheit der drei Vernunftmomente, die sich in den drei *Kritiken* Kants autonomisiert haben, noch erhalten: der theoretischen Vernunft, der moralisch-praktischen Vernunft und der ästhetischen Urteilskraft.[92] Vergegenwärtigt man sich die Typologie in seinen Schriften vor der „linguistischen Wende" und seine Unterscheidung zwischen drei Interessen – dem technischen, dem praktischen und dem emanzipatorischen Interesse[93] –, so wäre das emanzipatorische Interesse in der normalen Sprache der Alltagskommunikation wirksam. Die Theorie des kommunikativen Handelns kann die Hegelsche Interaktion[94] beanspruchen, ohne sich seine Geschichtsphilosophie mit aufzuladen.

Schließlich und vor allem bedeutet die „Entdifferenzierung" der komplexen Beziehungen zwischen normaler Sprache und anderen Diskursgattungen, daß Derrida die Vermittlerrolle zwischen Alltagskultur und Expertenkultur außer acht läßt, die jeweils von Philosophie und Literatur ausgeübt wird. Er verfährt also wie die postmodernen Architekten, die beide Bereiche mit Hilfe einer „Doppel-" oder gar „Mehrfachkodierung" einfach nebeneinanderstellen.[95] Nun ist aber ihr Bezug insofern entscheidend, als er auf die Frage nach der empirischen Anwendbarkeit von Theorien hinweist, das heißt also auch der

Theorie des kommunikativen Handelns. Es wird sich herausstellen, daß diese Frage den Übergang zwischen dem kommunikativen Kontext betrifft, in dem sich die Gesprächsteilnehmer „bewegen", ohne daß sie zwischen den einzelnen Momenten zu unterscheiden hätten – ihrer Lebenswelt – und der Dimension der Thematisierung und der Differenzierung, der Rationalisierung als moderne Form der Praxis.

Vierte Konzession: Die Zersplitterung.

Die vierte Konzession ist noch folgenschwerer, da sie die postmoderne Realität betrifft, den Eintritt der wachsenden Differenzierung und Komplexität ins Zeitalter der fragmentarischen Erfahrungen.[96] „Multiple coding", allgemeine Auflösung des Sozialgewebes, „Polytheismus der Werte", Sprechakte, die als „allgemeine Agonistik"[97] erscheinen.

„Mit dem Grad der Rationalisierung einer Lebenswelt wachsen keineswegs die Wahrscheinlichkeiten für konfliktfreie Reproduktionsvorgänge – lediglich das Niveau verschiebt sich, auf dem die Konflikte auftreten können. Mit der Ausdifferenzierung der Lebensweltstrukturen vervielfältigen sich nur die Erscheinungsformen gesellschaftlicher Pathologien . . .: Sinnverlust, anomische Zustände und Psychopathologien sind die auffälligsten, nicht die einzigen Klassen von Symptomen. So fallen die Ursachen für Pathologien der Gesellschaft, die im Modell der Spaltung eines Makrosubjekts noch um den Klassenantagonismus herum *gebündelt* werden konnten, in breit gestreute geschichtliche Kontingenzen auseinander."[98]

Habermas leugnet also nicht die „Zersplitterung" als postmoderne Wirkung der Modernisierung. Doch nimmt er dieser Wirkung gegenüber offenbar eine defensive Haltung ein. Denjenigen, die sich zu Gehlens Spruch bekennen – „Die Prämissen der Aufklärung sind tot, nur ihre Konsequenzen laufen weiter"[99] –, halt er die Unterscheidung zwischen sozialem Modernisierungsprozeß und „normativem Inhalt"[100] der Moderne entgegen. Die *Theorie des kommunikativen Handelns* befürwortet ja eine doppelte Abstraktion: die Abstraktion der Entwicklung der kognitiven Strukturen von der geschichtlichen Dynamik der Ereignisse, und der sozialen Entwicklung von den geschichtlich konkretisierten Lebensformen.[101]

Der Vorwurf Habermas' ist berechtigt, wonach die postmodernen Diskurse die Frage nach ihrer eigenen Legitimität völlig ausklammern[102] (zum Beispiel Derrida bei der Aufhebung des Unterschieds zwischen Realität und Fiktion). Er räumt allerdings ein, daß „die Kriterien, nach denen Hegel und Marx, noch Max Weber und Lukács die emanzipatorisch-versöhnenden von den repressiv-entzweienden Aspekten der gesellschaftlichen Rationalisierung unterschieden hatten", stumpf geworden seien.[103] Die Frage ist, ob man zwischen Vereinigung und Entzweiung trennen kann. Zwar scheinen die postmodernen Diskurse angesichts der wachsenden Komplexität zu ermatten und sich in die Ununterschiedenheit zu flüchten, doch Weber selbst hat die unauflösbare Verknüpfung zwischen den Wirkungen von Vereinigung und Entzweiung aufgezeigt, die nur zwei Seiten an ein und demselben Prozeß sind. Und auch die Habermassche Deutung der Beziehungen zwischen Rationalisierung und Lebenswelt beruht auf dieser ständigen Verklammerung. Habermas' Relektüre der *Dialektik der Aufklärung* bringt zum Vorschein, daß der „normative Inhalt" sich aus dieser Dialektik der Modernisierung ergibt – hierin besteht, wie bereits gesagt, seine Stärke gegenüber den kognitivistischen Grundlagenbegriffen; erst im Prozeß, der die nicht hinterfragten Gewißheiten der Lebenswelt problematisiert, wird der normative Inhalt erfaßbar:

„Unter dem unnachsichtig moralisierenden Blick des Diskursteilnehmers hat diese Totalität [sc. der Lebenswelt] ihre naturwüchsige Geltung eingebüßt, ist die normative Kraft des Faktischen erlahmt – können sich vertraute Institutionen in ebensoviele Fälle problematischer Gerechtigkeit verwandeln. . . . Die lebensweltliche Fusion von Gültigkeit und sozialer Geltung hat sich aufgelöst."[104]

Die Lebenswelt wird moralisiert und theoretisiert: „was bis dahin als Tatsache oder Norm fraglos gegolten hatte, kann nun der Fall oder auch nicht der Fall, gültig oder ungültig sein."[105] Gerade daraus ergibt sich nun auch die Notwendigkeit des kommunikativen Handelns als Mittel zur Rekonstituierung des Normativen durch die Diskussion:

„Als Ressource, aus der die Interaktionsteilnehmer ihre konsensfähigen Äußerungen alimentieren, bildet die Lebenswelt ein Äquivalent für das, was die Subjektphilosophie als Leistungen der Synthesis dem Bewußtsein überhaupt zugeschrieben hatte. . . . Aber diese allgemeinen Strukturen prägen sich den partikularen Lebensformen allein über das Medium verständigungsorientierten Handelns auf, durch das sie sich reproduzieren müssen. Das erklärt, warum sich das Gewicht dieser allgemeinen Strukturen im Verlaufe von geschichtlichen Prozessen der Ausdifferenzierung verstärken kann. *Das ist auch der Schlüssel zur Rationalisierung der Lebenswelt und zur sukzessiven Freisetzung des im kommunikativen Handeln angelegten Vernunftpotentials.*"[106]

Um den normativen Inhalt erfassen zu können, ist eine theoretische Konstruktion nötig; in diesem Sinne sind die Werke Habermas' selbst *Rationalisierungen*, ohne die uns dieser Inhalt entzogen bliebe. Insofern diese Rationalisierungen aber eine nicht hinterfragte Selbstverständlichkeit problematisieren, nehmen sie selbst an einer Auseinandersetzung teil (was die eigenartige Form seiner Werke erklären könnte: teils schwerfällige Rekonstruktionen, teils Auseinandersetzungen mit theoretischen Gesprächspartnern). Wie alle wissenschaftliche Praxis sind sie einem „Dauertest"[107] unterworfen und nicht unfehlbar. So verzichten sie entschieden auf den Hegelschen Wahrheitsbegriff.[108] Die Kritische Theorie selbst kann heute nur in Form einer Kommunikationstheorie, die selbst wiederum kommunikativ ist, eine Beziehung zwischen empirischer Analyse und diskursiver Darstellung herstellen. Es ist ganz im Sinne ihrer Begründer – wenn auch in geänderter Fassung –, wenn man sagt, daß sie nur durch die Einbeziehung in ihren eigenen Gegenstand die Normativität ermitteln kann, die zur Grundlage seiner Erkenntnis werden soll.

In Wirklichkeit, das sei am Schluß nochmals wiederholt, ist diese Abhängigkeit der normativen Grundlage von ihren Aktualisierungen gleichzeitig Stärke und Schwäche des Habermasschen Ansatzes – das gleiche galt ja bereits für die frühe Kritische Theorie. Diese war darauf angewiesen, in der Gesellschaft selbst die Garantie ihres kognitiven Interesses zu finden, doch bereits 1937 gab Horkheimer zu, daß eine solche nicht existiere.[109] An diesem Punkt tritt auch offen zutage, was man als die Aporie der Habermasschen Theorie bezeichnen kann: nichts gewährleistet, daß die Rationalisierung, von der die Aktualisierung des „normativen Inhalts" abhängig ist, wirklich zu einer kommunikativen Praxis führt, die diesen Inhalt durch den Konsens realisiert. Falls sie zur allgemeinen Zersplitterung führt, hat die kommunikative

Rationalität deren Spielregeln zu akzeptieren. Sie verfängt sich dann in einen Widerspruch, dem sie nur entkommen kann, indem sie sich auf eine der beiden Positionen zurückzieht, die sie vorher abgelehnt hat: das Apelsche Apriori einer transzendentalen Kommunikationsgemeinschaft oder eine der Interaktion zugrundeliegende Geschichtsphilosophie. Wenn sie ihren eigenen Forderungen genügen will, so muß sie die „quasi-transzendentale“ Gültigkeit der Normen preisgeben und – im günstigsten Fall – an „fragile Netzwerke“[110] opfern, wenn nicht an die Agonistik der pragmatischen Begegnungen.[111]

[Autorisierte Übersetzung von Annette Disselkamp]

Anmerkungen

1 Habermas, Dialektik der Rationalisierung, in: Die neue Unübersichtlichkeit, Frankfurt 1985, S. 167ff.
2 vgl. Habermas, Aufgaben einer kritischen Gesellschaftstheorie, in: Theorie des kommunikativen Handelns, Frankfurt 1981, Bd. 2, S. 548ff.
3 vgl. das Seminar der „Groupe de recherche sur la culture de Weimar“ (Paris, Maison des Sciences de l'Homme, 1986): „La théorie critique doit-elle être révisée?“ Mit Beiträgen von M. Gangl („Zur forschungspraktischen Aktualität der Kritischen Theorie“), W. van Reijen („Gibt es eine andere Kritische Theorie?“), H. Meschonnic („Critique de la Théorie critique“), A. Honneth („Aktuelle Aufgaben einer kritischen Gesellschaftstheorie“), K. Lenk („Ideologie und Ideologiekritik. Kritische Überlegungen zu Horkheimers Konzeption“).
4 Ich stütze mich im wesentlichen auf folgende Werke: Theorie des kommunikativen Handelns a. a. O. [zit. TKH]; Vorstudien und Ergänzungen zur Theorie des kommunikativen Handelns, Frankfurt a.M. 1984 [zit. Vorstudien]; Moralbewußtsein und kommunikatives Handeln, Frankfurt a.M. 1983 [zit. MK]; Kleine politische Schriften, Frankfurt a.M. 1981 [zit. KPS]; Der philosophische Diskurs der Moderne, Frankfurt a.M. 1985 [zit. PDM]; Die neue Unübersichtlichkeit, a. a. O. [zit. NÜ].
5 vgl. NÜ 209.
6 NÜ 145.
7 NÜ 143.
8 Marcuse, Das Ende der Utopie, Berlin 1967; s. dazu Raulet, La fin de l'utopie, in: La Pensée, 1985, n°248.
9 vgl. a. Horkheimer, Die Anfänge der bürgerlichen Geschichtsphilosophie, Frankfurt a.M. 1970.
10 NÜ 142.
11 NÜ 144.
12 vgl. hierzu G. Raulet, Gehemmte Zukunft. Zur gegenwärtigen Krise der

Emanzipation, Darmstadt und Neuwied 1986.
13 vgl. NÜ 145.
14 s. Erkenntnis und Interesse, Frankfurt a.M. 1973; vgl. a. Arbeit und Interaktion, in: Technik und Wissenschaft als „Ideologie", Frankfurt a.M. 1968, S. 9-47. Zu dem genannten Dualismus s. P. L. Assoun, G. Raulet, Marxisme et théorie critique, Paris 1978, S. 149-237.
15 NÜ 144.
16 NÜ 141.
17 vgl. PDM 13ff. und 34ff.
18 s. Raulet, Vorwort zu J. Le Rider/G. Raulet, Verabschiedung der (Post-)Moderne?, Tübingen 1987, und Gehemmte Zukunft, a. a. O., S. 7f.
19 s. KPS 444f.
20 Mit seiner Hilfe unternehmen wir es in Gehemmte Zukunft, die postmoderne Diagnose zu „radikalisieren".
21 NÜ 141.
22 vgl. Marc Guillaume, Postmoderne Effekte der Modernisierung, in: Le Rider/Raulet, Verabschiedung der (Post-)Moderne?, a. a. O.; s. a. Raulet, Gehemmte Zukunft, a. a. O., Kap. III und IV.
23 KPS 463f.
24 MK 31.
25 NÜ 144.
26 MK 20.
27 s. Horkheimer, Vernunft und Selbsterhaltung; MK 50.
28 MK 19.
29 NÜ 177.
30 NÜ 219.
31 NÜ 222.
32 NÜ 174.
33 vgl. MK 12.
34 s. MK 52.
35 MK 67.
36 vgl. MK 23, PDM 233, etc.
37 NÜ 134.
38 PDM 390.
39 vgl. H. Albert, Traktat über kritische Vernunft, Tübingen 1980, sowie die Kritik Apels: „Das Problem der philosophischen Letztbegründung im Lichte der transzendentalen Sprachpragmatik", in B. Kanitschneider (Hrsg.), Sprache und Erkenntnis – Festschrift für Gerhard Frey, Innsbruck 1976, S. 57ff.
40 Apel, „Das Problem . . .", a. a. O., S. 58.
41 vgl. MK 90.
42 MK 15.
43 Apel, „Das Problem . . .", a. a. O., S. 59.
44 Apel, „Das Problem . . .", a. a. O., S. 57.

45 Th. W. Adorno, R. Dahrendorf, H. Pilot, H. Albert, J. Habermas, K. R. Popper, Der Positivismusstreit in der deutschen Soziologie, Darmstadt und Neuwied 1969.
46 s. Raulet, Espérance et sécularisation, Habil. Paris-Sorbonne 1985, Bd. I-2, S. 535ff.
47 MK 15.
48 Apel, „Das Problem . . .“, a. a. O., S. 60.
49 TKH 2, 586.
50 MK 26-27.
51 Apel, „Das Problem . . .“, a. a. O., S. 75.
52 vgl. MK 90ff; zur Überwindung eines rein transzendentalen Ansatzes s. a. TKH 2, 590.
53 MK 106.
54 s. PDM 347ff.
55 MK 73.
56 MK 73 und 53.
57 MK 54-55.
58 MK 109.
59 MK 92; zitiert aus Apel, „Das Problem der philosophischen Letztbegründung im Lichte einer transzendentalen Sprachpragmatik“, a. a. O., S. 72f.
60 MK 93.
61 MK 97.
62 MK 98.
63 vgl. MK 99; s. dazu G. Kortian, Métacritique, Paris 1979; Raulet, Consensus et légitimité, in: Esprit 1980, n° 1, S. 157ss.; ders., Entretien avec Jürgen Habermas, in: Allemagnes d'Aujourd'hui, 1980, n° 73, S. 28ss.
64 J. F. Lyotard, Le différend, Paris 1983, S. 198.
65 MK 109.
66 MK 110.
67 MK 112.
68 MK 115.
69 Lyotard, a. a. O., S. 190.
70 ebd.
71 MK 116.
72 MK 115. (Hervorhebung v. mir, G. R.).
73 PDM 240.
74 Dieses Problem taucht am Ende der „Kritischen Bemerkungen“ auf; s. Raulet, Zur soziologischen Bedeutung der neuen Kommunikationstechnologien, in M. Frank/G. Raulet/W. van Reijen (Hrsg.), Die Frage nach dem Subjekt, Frankfurt 1987, und Raulet, Singuläre Geschichten und pluralische Ratio, in Le Rider/Raulet, a. a. O.
75 TKH 2, 562.
76 Arbeit und Interaktion, in: Technik und Wissenschaft als „Ideologie“, Frank-

furt a.M. 1968, S. 9-47.
77 vgl. PDM 368.
78 vgl. TKH 2, 560ff.; und NÜ 167ff.
79 PDM 346.
80 vgl. PDM, Kap. IV und VI.
81 vgl. PDM 366.
82 vgl. PDM 344ff.
83 PDM 353.
84 vgl. Raulet, Gehemmte Zukunft, a. a. O., Kap. III und IV.
85 vgl. den Titel „Die neue Unübersichtlichkeit".
86 NÜ 27.
87 TKH 2, 549.
88 vgl. Raulet, Natur und Ornament, Darmstadt und Neuwied 1987, S. 66 und 122ff.
89 vgl. PDM 221 und 223.
90 PDM 243.
91 vgl. PDM 228ff. und 236.
92 vgl. NÜ 174f.
93 Zu den Erkenntnisinteressen vgl. Technik und Wissenschaft als „Ideologie", a. a. O.; Besprechung in Assoun/Raulet, Marxisme et Theorie critique, a. a. O.
94 vgl. PDM 368.
95 Charles Jencks, The Language of post-modern architecture, London 1981, S. 6ff.
96 vgl. Habermas, Stichworte zur geistigen Situation der Zeit, Frankfurt a.M. 1979, S. 46ff.
97 J. F. Lyotard, La condition post-moderne, Paris 1979, S. 23.
98 PDM 403.
99 PDM 11.
100 PDM 390ff.
101 vgl. TKH 2, 562.
102 vgl. PDM 390.
103 PDM 392.
104 MK 117-118; s. a. TKH 2, 589.
105 MK 117.
106 PDM 379. Hervorhebung von mir, G. R. Vgl. dazu Raulet, Gehemmte Zukunft, a. a. O., S. 167ff.
107 PDM 234.
108 Dadurch unterscheiden sie sich von der ersten Generation der Kritischen Theorie, vgl. NÜ 172.
109 s. Horkheimer, Traditionelle und kritische Theorie, Frankfurt a.M. 1968, S. 33; vgl. dazu Raulet, Gehemmte Zukunft, a. a. O., S. 144.
110 PDM 415-418.
111 s. Lyotard, La condition post-moderne, a. a. O., S. 33. Diese Kritik wird weiterentwickelt bei Raulet, Singuläre Geschichten und pluralische Ratio, a. a. O.

Christiane Bender

Luhmanns Systemtheorie als Selbstaufklärung der Aufklärung?

Verbrechensaufklärung, Sexualaufklärung, politische Aufklärung, Aufklärung über gesunde Ernährung stellen Beispiele für unterschiedliche bereichsspezifische Verwendungsweisen des Wortes „Aufklärung" dar, denen man im Alltag häufig begegnet. In allen genannten Fällen wird jedoch ein gemeinsamer Sinn unterstellt und im Gebrauch mitverwandt: Bei den Erkenntnissen, die in den je unterschiedlichen Kontexten veröffentlicht und zur Sprache gebracht werden, handelt es sich nicht um beliebige Informationen, sondern um ein Wissen, das den angesprochenen Menschen – falls sie es verarbeiten – hilft, selbständig Ziele zu setzen und eigenverantwortlich zu handeln. Aufklärung bezeichnet also die Vermittlung eines der praktischen und intellektuellen Kompetenz förderlichen Wissens, dessen Ignoranz für die Betreffenden Ungewißheit, Unsicherheit, Ideologieabhängigkeit und vor allem Unfreiheit bedeuten würde.

Diese allgemeine Definition von Aufklärung, die den unterschiedlichen Verwendungsweisen des Begriffs im Alltag gemeinsam ist, steht in der Tradition der historischen Aufklärung. Diese sah den Menschen als ein zur Vernunft befähigtes Wesen an, dem die Einsicht in seine Verhältnisse, in Natur, Geschichte und Kultur zur entscheidenden Voraussetzung wird, selbstbestimmt und frei sich zu orientieren und sein Leben zu organisieren.

Die historische, epochenspezifische Aufklärung gründete daher ihre Kritik an den überkommenen ideellen und politischen Bedingungen, an Religion und Staat, auf die Idee des durch Vernunft bestimmten freien Menschen. (Oelmüller 1973: 141 ff.).

In diesem Sinne hielt sie ein Fortschreiten in der Geschichte für möglich und wollte selbst dazu beitragen, diesen Fortschritt zu initiieren. (Schalk 1971: 619 ff.).

Mit der Durchsetzung der bürgerlichen Gesellschaft als Industrie- und Klassengesellschaft geriet der an der Vernunft- und Einsichtsfähigkeit des Menschen im allgemeinen ansetzende Begriff von Aufklärung zunehmend in Zweifel, mit in sich widersprüchlichem Resultat. Aufklärung scheint einerseits überflüssig zu werden, andererseits aber notwendiger denn je:

1. Aufklärung als eine partikulare Strömung des Denkens und Philosophierens mit starken allgemeinverbindlichen Ansprüchen scheint in dem Maße überflüssig zu werden, in dem die institutionelle und politisch-rechtliche Sicherung der Freiheit der Einzelnen diesen die Voraussetzung und Möglichkeit liefert, unabhängig von allgemeinen Idealen sich an eigenständig gefaßten Zielbestimmungen zu orientieren. Im „Zeitalter der Aufklärung" (Kant) wird Aufklärung tendenziell überflüssig.
2. Der Einsatz von Wissenschaft und Technik drückt die Emanzipation des Menschen von der Natur aus und trägt dazu bei, den Prozeß der Naturbeherrschung zu beschleunigen. Damit geht jedoch keineswegs ein Fortschritt des Menschen einher im Sinne einer auf Freiheit und Autonomie basierenden Geschichtsmächtigkeit. Die Gefahren ungeplanter Folgen menschlichen Handelns wachsen mehr denn je zur gewaltsamen Bedrohung der gesamten menschlichen Existenz an, deren Hintergründe aufgrund einer nicht mehr zu bewältigenden Komplexität kaum noch mit Einsicht aufzuhellen sind. (Beck 1986: 25-112).

„Komplexität" lautet daher auch das entscheidende Stichwort, welches als zentraler Bestandteil einer Diagnose der Moderne für Niklas Luhmann Grenze und Reichweite von Aufklärung heute absteckt. Seine Hauptthese entspricht einem aufklärungskritischen Zeitgeist:

Angesichts einer sozialen Wirklichkeit, die vor allem durch Komplexität, sich selbst steuernde Systeme und Kontingenz von Ereignissen zu beschreiben ist, kann man sinnvollerweise von einer im Interesse der Vernunft argumentierenden Aufklärung nur noch „Abklärung" (Luhmann 1974a: 67) erwarten, nämlich den vollständigen Verzicht auf Vernunftbegriffe, die der Empirie allgemeingültige Sollens- und Zielorientierungen vorschreiben. (Luhmann 1968) Diese Forderung adressiert Luhmann an die Wissenschaft, die in der Forschung paradigmatisch die Bewegung der Aufklärung, die Akkumulation von Wissen und neuen Erkenntnissen, zum Ausdruck bringt. Dazu sei jedoch die Wissenschaft, so Luhmann weiter, nur mehr in der Lage, wenn sie ihre Ziele und Aufgaben als Beitrag zur Reduktion und Erfassung von systemischer Komplexität und zur Selektion funktionaler Äquivalente betrachte. Diese Operationen dienten der Selbstorganisation sozialer Gebilde (Systeme), wozu die Wissenschaft selbst gehöre. Die Aufgabe, dazu einen Beitrag zu leisten, könne die Wissenschaft nur erfüllen, wenn sie sich von den „autoritativen Ansprüchen der Vernunft", dem darin erhobenen uneinlösbaren Totalitätsanspruch befreie und sich selbstreflexiv ihre Grenzen setze. Luhmanns Programm einer soziologischen Aufklärung fußt daher auf einer mit den Mitteln der Systemtheorie durchgeführten Kritik der normativen Aufklärungskonstruktion des „alteuropäischen" Idealismus.

Im folgenden soll geprüft werden, ob Luhmann nicht – entgegen seiner Ankündigung, die Verwendung des Begriffs der Aufklärung zu restringieren – dessen Bedeutungsgehalt und Anwendungsbereich vielmehr soweit ausdehnt, daß der spezifische Sinn von Aufklärung verloren geht. Zudem stellt sich die Frage, ob nicht Luhmanns Forderung nach dem Abdanken der Vernunftideen Wissenschaft und Wissen zu Bestandteilen einer rationalistischen Hypostasierung systemischer und szientifischer Weltbeherrschung werden läßt, wobei jeglicher Bezug auf die Erkenntnis- und Handlungskompetenz von Subjekten – scheinbar – irrelevant wird. Abschließend sollen, kontrastierend zu Luhmanns Konzept der Leistungen einer systemtheoretisch geläuterten Aufklärung, die inhaltlichen Begrenzungen des Begriffs der Aufklärung bei Kant und Hegel in Erinnerung gebracht werden.

Die Strategie der „Abklärung der Aufklärung"

In seiner Antrittsvorlesung 1967 an der Rechts- und Staatswissenschaftlichen Fakultät der Universität Münster formulierte Luhmann die Grundprämissen einer „abgeklärten Aufklärung" für die Soziologie, deren Ausarbeitung er, abgesehen von einer umfangreichen zusätzlichen Publikationsaktivität, in mittlerweile vier Bänden mit dem Titel „Soziologische Aufklärung“ betreibt. Im folgenden geht es um die Abgrenzung gegen die traditionelle Vernunftaufklärung, an deren Stelle er die Soziologie als Systemtheorie etablieren will. (1974a: 66 ff. Nachweise ohne Namensangabe beziehen sich im folgenden immer auf N. Luhmann).

Kritisch postuliert Luhmann gegen die, seiner Meinung nach, antiquierten „Aufklärungsutopien“ (1974a: 73), daß es nicht mehr um den Entwurf von Teleologien richtigen Handelns gehen kann. (1974b: 137) Stattdessen sei für die Analyse, Einschätzung und Steuerung von Handlungsprozessen die Kenntnisnahme ihrer Inkongruenz, Vielschichtigkeit und Fremddetermination ausschlaggebend. Deshalb müsse die Vorstellung zwingender Ziele und Sinnkonstrukte aufgegeben werden. Als vorrangiges aufklärungsbedürftiges Problem erhalte man die Frage, wie soziale Kontingenz bewältigt werden könne. Sinn verliere „seinen kompakten, undurchsichtigen, substantiellen und insofern wahrheitsfähigen Charakter als etwas, das so ist und nicht anders. Hinter so viel Aufklärung wird noch ein soziales Problem spürbar, die soziale Kontingenz der Welt. Große Theorie ist jetzt nur noch möglich als Vorschlag zur Lösung dieses Problems . . .“ (1974a: 68).

Die Forderung, soziologische Aufklärung und Theorie solle zur Bewältigung von Kontingenz beitragen, zieht sich wie ein roter Faden durch Luhmanns Schriften. Kontingenzbewältigung ist für ihn das entscheidende Problem, das sich in der modernen Gesellschaft für Handelnde stellt. Denn diese befinden sich prinzipiell in einer Situation alternativer Handlungs- und Bezugsmöglichkeiten: alles ist so, wie es ist, weder unmöglich noch notwendig, es kann so und anders sein und werden. (1972: 32 ff.).

Diesem Postulat scheint eine genuin aufklärerische Denkfigur eigen, die es berechtigt erscheinen läßt, von soziologischer Aufklärung zu sprechen. Während in einer deterministischen Weltbetrachtung das Ziel der Selbstbestimmung keinen Sinn hat, lassen sich, ausgehend von Kontingenz, Geschichte und Schicksal als Resultat und Konstrukt von Handlungen verstehen und Handlungsalternativen denken, die von der Selbstverantwortlichkeit der Handelnden geprägt sind. Der auf-

klärerische Beitrag von Analyse und Theorie bestünde dann darin, die Autonomie der Handelnden zu stärken.
Dieses aufklärerische Selbstverständnis wird jedoch dadurch obsolet, daß Luhmann die Welt als Inbegriff kontingenter Ereignisse ansieht. Denn er folgert daraus, daß willkürliche Sinn- und Zielkonstrukte, die nur von der Option der Handelnden abhängen, für die Theorie gleichrangig auswählbar sind, da die Wertung nicht bei der Theorie, sondern bei den Handelnden liegt. Da aber das Kontingenz-Postulat die Autonomie der Handelnden nicht sichert, sondern vielmehr relativiert und zur Disposition stellt, kann die Theorie ebenso den Strategien des Abbaus von Autonomie dienen. Auch hier müßte – nach Luhmann – Theorie Unterstützungsfunktionen übernehmen.

Die durch das Kontingenz-Postulat vorbereitete und ansatzweise begründete Indifferenz der „Aufklärung neuen Typs" gegenüber Zielen und Normen führt dazu, unkritisch sich „bestehenden Funktionszusammenhängen" zu verschreiben. Das wird an Luhmanns Erklärung deutlich, anhand von vorgegebenen Funktionsprämissen zu entscheiden, ob es sinnvoll ist, Intransparenz in Transparenz, Latenz in reflektiertes Wissen zu überführen. Jedoch gibt er ein Kriterium, anhand dessen Funktionalität im Sinne von Aufklärung gemessen werden kann, nicht an. Jeder Bezug, in den etwas funktional eingepaßt werden kann, läßt sich selbst als kontingente Position relativieren. Daher soll eine „abgeklärte Aufklärung" die Handelnden vor zu vielem Wissen verschonen und ihnen dafür lieber „funktionale Äquivalente" anbieten. Mit anderen Worten: Einem Straßenbahnschaffner, der nach dem Weltganzen fragt, biete man lieber gängige Ideologien an, als daß man ihn mit den Antinomien der Vernunft beunruhige.

Hier stellt sich jedoch die Frage, ob die Indifferenz der Kriterien, in der Luhmann die Begrenzung der Aufklärung sieht, nicht dazu führt, alle Prozesse, die zu einer effizienteren Funktionsbewältigung führen, unterschiedslos mit dem Begriff Aufklärung zu kennzeichnen. Dann aber verliert der Begriff Aufklärung seinen Sinn. Ohne an den Zielvorgaben Einsicht und Handlungsfähigkeit festzuhalten, läßt sich jedoch mit dem Begriff Aufklärung kein spezifisches Wissen mehr qualifizieren. Luhmanns Modell der sozialen Wirklichkeit beschreibt eine Kette zueinander relativer Funktionsbestimmungen. Es kann gerade deshalb, weil keinerlei regulative Zielsetzungen den Zusammenhang beeinflussen, auch nicht den Namen Aufklärung tragen. Zwar unterstellt Luhmann, daß alle Ereignisse in Wissen und Wissenschaft transformiert und strategisch verarbeitet werden können, aber ob dies der Festigung von Ideologien, der Steuerung von Macht oder der Stabilisierung von Ungleichheit gilt, muß hier völlig offen bleiben. Die Zielindifferenz ist also gerade das Zeichen, daß Aufklärung als Bezugspunkt der Theorie nicht intendiert ist.

Dies wird vor allem am Zusammenhang der Begriffe Kontingenz und Komplexität deutlich: Kontingenz im Sinne einer prinzipiellen Veränderbarkeit der Welt ermöglicht nicht nur Handlungen, sondern bedroht sie ebenso, indem alle relevanten Handlungsfaktoren jederzeit fraglich werden. Dagegen wandelt das Festhalten an durchgängigen Zielvorstellungen Kontingenz in Komplexität um. Wenn Kontingenz abgebaut wird und nicht-kontingente Handlungsbedingungen gesichert werden, bedeutet das gleichzeitig, daß Komplexität anwächst. Diese erschwert nun aber selbst die Handlungsorganisation, da ein Übermaß an Komplexität das sinnhafte Erleben der Handelnden übersteigt. Theorie, insbesondere Soziologie, die sich von überhöhten Aufklärungsidealen befreit hat, soll, so Luhmann, als „weltaufklärende Wirklichkeitswissenschaft“ genau zu diesem Problem „der Erfassung und Bewältigung von Komplexität“ einen Beitrag leisten. (1974 a: 72 f.). Jedoch, wenn der Abbau von Kontingenz den Aufbau von Komplexität bedeutet, und dies wiederum zur Reduktion von Komplexität zwingt, läßt sich hieraus kein Kriterium dafür gewinnen, warum es sich bei diesen Prozessen um Aufklärung handeln soll. Luhmann liefert hier vielmehr die Beschreibung eines Prozesses, den man *nicht* Aufklärung nennen kann, denn jedes Wissen, das funktional zur Kontingenz- und Komplexitätsbewältigung eingesetzt wird, kann in gleicher Weise zur Unfreiheit und Intransparenz beitragen. Zwischen dem Zugewinn an Handlungsorientierung und einem Verlust an Handlungsperspektiven, zwischen Emanzipation und Regression, läßt sich hier nicht mehr differenzieren. Die unterschiedliche Bewertung kann nur im Rahmen vorgegebener Funktionssysteme getroffen werden, die jedoch selbst willkürlich gesetzt sind und dem Dilemma von Kontingenz- und Komplexitätsab- und -aufbau anheimfallen.

Dennoch kommt Luhmann in seiner formalen Analyse sozialer Prozesse nicht ohne Begriffe aus, die Zielbestimmungen und Orientierungen formulieren. Den Bezugspunkt seines Modells der Rationalität stellen die Systeme als organisierte Einheiten bereits verarbeiteter Kontingenz und Komplexität dar. „Systeme vermitteln zwischen der äußersten unbestimmten Komplexität der Welt und dem engen Sinnpotential des jeweils aktuellen Erlebens und Handelns. Sie sind das Medium der Aufklärung." (1974 a: 76). Zweifellos beschreibt Luhmann hier eine notwendige Voraussetzung von Erlebnisverarbeitung und Handeln: Ohne die systematisierende Leistung von Begriffen lassen sich Erlebnisse und Sinneseindrücke nicht verarbeiten und in Erkenntnis überführen, ohne die Voraussetzung des Systemcharakters der sozialen Wirklichkeit lassen sich sinnbezogene Handlungen nicht durchführen.

Aber damit ist lediglich eine notwendige Bedingung von Aufklärung benannt, die jedoch nicht zureichend Aufklärung von anderen Prozessen der Erkenntnisgewinnung und der Handlungsorientierung unterscheidet. Die Systemhaftigkeit von Handlungen und Begriffen allein gibt kein Kriterium für die Zielorientierung des Prozesses im Sinne von intellektueller und praktischer Kompetenz an.

Die Rationalität der Systeme besteht für Luhmann hauptsächlich darin, daß sie der kontingenten Welt bereits eine Struktur auferlegt haben. Zwar sei es möglich, so Luhmann, diese Rationalität infrage zu stellen, aber es sei unsinnig, da durch solche Fragen und Zweifel die Komplexität lediglich auf ein nicht mehr bewältigbares Maß vergrößert werde. Die bestehende Systemwelt ist also so wenig vernünftig wie irgendeine erdachte Welt, und daher ist sie alternativlos.

Luhmann erhebt hier vorgegebene Funktions- und Strukturzusammenhänge zum erstrebenswerten Ziel und zur ultima ratio. Der Rationalitätsbegriff wird daher innerhalb einer Theorie empirischer Prozesse definiert, deren holistische Konstruktion gleichwohl die empirische Überprüfung unmöglich macht. Unberücksichtigt für die Formulierung der Rationalität sozialer Aufklärung bleibt jedoch, daß der Rationalitätsbegriff lediglich im Rahmen der Stimmigkeit des systemtheoretischen Modells plausibel ist. Die Adäquatheit des Modells als Beschreibung der Realität ist aber gerade dann höchst fraglich, wenn die These der Selbstorganisation und der eigenwilligen Sinnkonstitution der Systeme zutrifft. Die Außenperspektive des Theoretikers muß dann die Möglichkeit zutreffenden Wissens über Binnenperspektiven von Systemen äußerst zweifelhaft erscheinen lassen. Die Feststellung der Rationalität der Systeme innerhalb der systemtheoretischen Denkweise kann weder den Anspruch erheben, das „einzige" Rationalitätsmuster benannt zu haben, noch zureichende theoretische Gründe vorbringen, den Sinn von Kritik und alternativen Rationalitätskonzepten zu negieren.

Der Haupteinwand, den Luhmann gegen die alteuroäpische Aufklärung vorträgt, kommt in seiner Konzeption des Systembegriffs zum Ausdruck: Systeme stellen die organisierte Form der Kontingenz- und Komplexitätsbewältigung dar.Sie agieren selbsttätig, der Mensch gehört diesen Systemen nur als Umwelt an. Die Anthropozentrik, die Luhmann dem Subjektdenken der Tradition vorwirft, wird aufgehoben in der Konzeption einer eigenständigen Logik und Funktionsweise von Systemen, anhand derer er Rationalität mißt. Auch hier stellt sich die Frage, ob diese Kernaussagen der Theorie sich noch mit Anspruch und Anliegen von Aufklärung identifizieren lassen. Vor allem seinem Bestreben, den Bereich von Aufklärung zu begrenzen und realitätsbezogen zu machen, arbeitet er hier entgegen.

Die These der selbststeuernden, eigenlogischen Systeme läßt sich kaum außerhalb von Selbstimmunisierungsstrategien begründen. Denn jeder Begriff, der auf die Welt als Einheit zielt, ist dogmatisch, da er sie als Erfahrungstatsache behandelt. Ein solcher Einheitsbegriff wäre allein einem göttlichen Wissen vorbehalten. Luhmann aber bedenkt an keiner Stelle, daß die unterstellte Rationalität der Systeme durch seine Wahrnehmung und sein Wissen über die Rationalität gebrochen ist. Insofern decken sich die Zielorientierungen, die er aufstellt, mit der Reichweite des menschlichen Erkenntnis- und Handlungsvermögens und stellen nur innerhalb der Perspektiven von Handelnden und Erkennenden Bezugspunkte dar. Menschliche Perspektiven lassen sich danach beurteilen, ob sie der Kompetenz in Erkennen und Handeln dienen oder nicht. Indem Luhmann die Aufklärung an die von ihm behauptete Rationalität der System(welt) bindet, depotenziert er die Aufklärung in entscheidendem Maße: Während diese die Welt rational einrichten wollte, unterstellt er sie als bereits rational organisierte. Aufklärung, die nicht in Systemrationalität einklinkt, wird sinnlos.

Autopoiesis der Systeme: die Hypostase der Systemrationalität

Der Gedanke, nicht mehr Subjektbestimmungen, sondern Systemvorgaben als Ziel von Aufklärung anzusehen, wird in Luhmanns 1985 erschienenem Buch „Soziale Systeme“ weiterentwickelt. Die These, daß alle Rationalität Systemrationalität ist, heißt hier, daß Systeme nicht nur ihre Selbsterhaltung betreiben, sondern auch autonom ihre eigenen Sinnwelten produzieren und dafür ihre sie selbst immunisierenden Legitimationsgrundlagen ausarbeiten. Damit wird aber der rationalistische Topos der Systemtheorie, die prinzipielle Herstellbarkeit der Welt als Funktionszusammenhang, ins Absurde überzogen.

Der entscheidende gedankliche Zusammenhang ist folgender: Systeme produzieren sich selbst; Selbstreflexion, Selbstreferenz, Selbstreflexivität stellen sogenannte Operationsmodi der Systeme dar, mit Hilfe derer sie Kontingenz und Komplexität bewältigen. (1985 : 31 ff.).

In der systemtheoretischen Formulierung der genannten Begriffe als Strategien der Selbstorganisation der Systeme sollen möglichst alle bewußtseinstheoretischen Anklänge, die im Zusammenhang mit der philosophischen Tradition stehen, getilgt werden. (1982; 1985). Sprachlich gerät Luhmann damit in die Schwierigkeit, Begriffe zu verwenden, z. B. Selbstbeobachtung und -thematisierung, die – zumindest alltagssprachlich – ohne die Vorstellung von Bewußtsein und Wissen keinen Sinn ergeben. Die Verwendung des Kunstwortes „Autopoiesis“ verdeckt diese Schwierigkeit und soll den Weg zu Formen der Selbstbezüglichkeit weisen, für die kybernetische und evolutionstheoretische Modelle die Vorlage bilden. Mit dem Begriff der Aufklärung, der am Ziel des Selbst-bewußt-werdens des Menschen orientiert ist, hat das Konzept der selbstreflexiven Aufklärung bei Luhmann daher nichts gemeinsam. (1985 : 464 ff.).

Um den strategischen Wert, den operationalen Charakter solcher Prozesse der Selbstbeziehung zu betonen, behauptet Luhmann, daß die Identität des Systems nicht notwendig auf Selbstbeziehung beruhen muß. Hierin soll lediglich eine geeignete Methode der Komplexitätsbewältigung von „Fall zu Fall“ bestehen. (1985 : 60 f.).

Anhand dieser Konstruktion kann gezeigt werden, daß die Ausschaltung von Bewußtsein und Wissen in unaufhebbare Widersprüchlichkeiten führt: Wie kann ein System, das über keinerlei Bewußtsein von sich als „Selbst“ verfügt, Prozesse der Selbstbezüglichkeit planen, organisieren, rational verwenden? Eine Identität kann seine Selbstbeobachtungskapazitäten nur dann effizient steigern, wenn es bereits über ein Wissen darüber verfügt, was seine Identität als eine besondere abgrenzbare Einheit ausmacht. (Henrich 1982).

Dieses grundlegende Wissen um die eigene Identität läßt sich auch nicht – wie Luhmann dies nahelegt – als technisches Wissen auffassen und produzieren. „Systeme“ können nur solange Ziele der Selbstverwirklichung, der Selbstanalyse, der Selbstthematisierung verfolgen, solange sie „immer schon“ ein Wissen von sich selbst haben. Selbstreflexive Wesen, die über die Biologie hinaus ihr Leben vermittels der Vorstellung von sich selbst führen, geben ihre Identität auf, wenn sie ihr Bewußtsein von sich verlieren.

Identitäten, die nicht über Bewußtsein von sich verfügen, sind daher aber auch nicht in der Lage, Selbstbezug in Form strategischer Handlungen zu produzieren.

Eine zusätzliche Ungereimtheit des Gebrauchs von Selbstbezüglichkeit besteht in der funktionalen Einordnung unter das Ziel der Komplexitätsbewältigung. Die Komplexität von Systemen – geht man von einer evolutionstheoretischen Betrachtungsweise aus – nimmt mit dem Grad der Selbstbezüglichkeit (biologischer Organismus, soziale, personale Systeme) zu. Identitäten, die soweit selbstbezüglich sind, daß sie sich zum Gegenstand von Distanzierungs- und Identifizierungsprozessen machen, daß sie von Erwartungen und Vorstellungen ausgehend Lebensprozesse organisieren, erhöhen die Komplexität ihrer Handlungs- und Entscheidungslagen dadurch, daß sie Alternativen eröffnen, die Probleme und Spannungen nach sich ziehen – der Effizienz im Sinne komplexitätsmindernder Reduktion dient dies nicht. Will man dennoch Prozesse, die der Selbstreflexion dienen, fördern und stabilisieren, so deshalb, weil das Ziel von Aufklärung in der Selbständigkeit und Selbstaufklärung des Handelnden liegt und das Ziel auch dort Aufklärung initiiert, wo funktionale Effizienz im Sinne der Bestandserhaltung der Systeme nicht gewährleistet, sondern problematisch wird.

„Abklärung“ der Aufklärung, das „Selbstreflexivwerden der Aufklärung“, bedeutet für Luhmann, die Zielvorstellungen der Vernunftaufklärung, die Autonomie des Menschen, aufzugeben zugunsten einer funktionalen Betrachtungsweise, die an die Zielsetzungen bestehender Systeme gebunden ist. Aufklärung bezeichnet dann die Bereitstellung systemisch verwertbaren Wissens schlechthin, ein Kriterium der Selbstreflexion, der Aufklärung als Aufklärung gibt es somit nicht.

Grenze und Selbstreflexion der Aufklärung

„Leben wir jetzt in einem aufgeklärten Zeitalter?“ (Kant 1783 : 15). Diese Frage müßte Luhmann mit einem nachhaltigen „ja“ beantworten. Kant hat sie in der Schrift „Was ist Aufklärung“ verneint. Er spricht dagegen von einem Zeitalter der Aufklärung, das den Menschen die Chance gibt, sich aus ihrer „selbstverschuldeten Unmündigkeit“ zu befreien, wenn sie sich ihres Verstandes „ohne die Leitung eines anderen“ (ebda.) bedienen.

Von einem „aufgeklärten Zeitalter“ zu sprechen, verbietet sich aus dem Geist der Aufklärung selbst: damit würde ein bestimmter Wissens- und Bewußtseinsstand eines Zeitalters dogmatisch festgeschrieben und es würde verhindert, „Erkenntnisse zu erweitern, von Irrtümern zu reinigen und überhaupt in der Aufklärung weiterzuschreiten.“ (Kant, 1783 : 13). Dazu aber bedarf es als „Probierstein“ der Idee der Autonomie, des Selbst-denkens, anhand derer soziale Prozesse sich danach unterscheiden lassen, ob sie Aufklärung beinhalten oder nicht. Ohne die Regulierung des Prozesses durch die Idee ist daher der Begriff Aufklärung nicht angebracht und wird unspezifisch gebraucht. Die Idee selbst kann aber nicht zum Gegenstand von Strategien gemacht werden, da sie selbst die regulative Voraussetzung von Erkenntnis und Handlung ist. So gesehen steuert die Idee der Autonomie den Aufklärungsprozeß und macht ihn möglich, aber sie selbst kann nicht zum Inhalt werden, ohne tautologisch zu sein. Auch hier wird dem

Aufklärungsprozeß eine Grenze gesetzt. Es handelt sich nur dort um Aufklärung, wo derjenige, der sich aufklärt, Wissen und Handlungen an der Vorstellung und der Idee seiner Autonomie orientiert.

„Aufklärung ist der Ausgang des Menschen aus seiner selbstverschuldeten Unmündigkeit. Unmündigkeit ist das Unvermögen, sich seines Verstandes ohne Leitung eines anderen zu bedienen. Selbstverschuldet ist die Unmündigkeit, wenn die Ursache derselben nicht am Mangel des Verstandes, sondern der Entschließung und des Mutes liegt, sich seiner ohne Leitung eines anderen zu bedienen. Sapere aude! Habe Mut, dich deines eigenen Verstandes zu bedienen! ist also der Wahlspruch der Aufklärung." (Kant 1783 : 9).

Interessant an diesem Verständnis von Aufklärung als Selbstaufklärung ist, daß Kant hier einen Begriff der Selbstverantwortlichkeit des Menschen in Anspruch nimmt, der nicht nur die Selbstaufklärung mittels des Verstandes, sondern auch die Unmündigkeit als Verzicht auf Mündigkeit einbezieht und daher die Unfreiheit des Menschen als selbstverschuldet ansieht. Diese Betrachtungsweise stellt eine Voraussetzung dafür dar, Befreiung und Fortschritt in der Menschheitsgeschichte für möglich zu halten. Kant leitet den Anspruch an Aufklärung nicht aus der Natur, sondern aus der Freiheit der Menschen ab, sich der Forderung der Vernunft, der Idee der Selbstverantwortlichkeit, zu stellen und nicht zu entziehen.

Ohne dies zu negieren, geht Hegel über Kants Bestimmung der Möglichkeit, die Idee der Vernunft in der Geschichte zu realisieren, einen entscheidenden Schritt hinaus. Hegels ironisierende Einwände gegen die Aufklärung sind bekannt: die Aufklärung sei „abstrakt" und „formell", sie sei als „Eitelkeit des Verstandes" die „heftigste Gegnerin der Philosophie" und bleibe „im Feld des Endlichen" stehen. „Die Aufklärung drückt schon in ihrem Ursprung und an und für sich die Gemeinheit des Verstandes und seine eitle Erhebung über die Vernunft aus, und daher hat es keiner Veränderung ihrer Bedeutung bedurft, um sie beliebt und faßlich zu machen; aber man kann annehmen, daß das Wort ‚Ideal' nunmehr die allgemeine Bedeutung dessen trägt, was keine Wahrheit in sich hat, oder das Wort ‚Humanität' desjenigen, was überhaupt platt ist." (Hegel 1802/3 : 183)

Hegel kritisiert an der Verstandesaufklärung, daß sie den Schritt der

Selbstreflexion in Richtung der Genese der postulierten Ideen nicht konsequent betreibt. Die Ideen werden dort der Wirklichkeit gegenübergestellt, ohne daß sie als Resultat von Geschichte und Entwicklung begriffen werden. Macht man sich diesen Hegelschen Gedanken zueigen, dann folgt daraus: Die Selbstreflexion der Aufklärung bzw. der Ideen, die Aufklärung initiieren und regulieren, bedeutet nicht, wie bei Luhmann, daß Aufklärung ihren kritisch-normativen Status aufzugeben habe, sondern vielmehr, daß Aufklärung sich auf ihre historischen Voraussetzungen als auf ihre eigene Bildungsgeschichte besinnen muß.

Die Erfahrung der Französischen Revolution in Rechnung stellend, geht Hegel davon aus, daß die Ideale der Aufklärung nicht allein schon mit der Befreiung von den Fesseln der feudalen Ordnung und des Glaubens verwirklicht sind. Vielmehr bedarf es der Reflexion der Aufklärung auf die politischen und sozialen Verankerungen der Freiheit in der Geschichte, um die kritisch-normative Kraft der aufklärerischen Ideen wirksam werden zu lassen. (Ritter 1977 : 183 ff.).

Die Institutionen der bürgerlichen Gesellschaft unterscheiden sich allerdings grundsätzlich von denen der Tradition, die dem Menschen noch verpflichtende Status- und Sinnbestimmungen zugewiesen haben. Hegel wie Luhmann konstatieren den Verlust ihres sich überhistorisch begründenden substantiellen Charakters, Hegel jedoch beurteilt die Funktionalität der Institutionen der bürgerlichen Gesellschaft danach, inwieweit in ihnen die Forderung nach Mündigkeit eingelöst wird: In der Moderne wird transparent und für jeden erfahrbar, daß die politischen und sozialen Verhältnisse weder natur- noch gottgegeben sind, sondern auf menschlichen Handlungen und Entscheidungen beruhen und ebenso historisch relativ und veränderbar sind.

Das heißt gerade nicht, daß die Aufklärung in der Selbstreflexion ihrer eigenen historischen Bedingungen, ihr Anliegen, die alltäglichen komplexen und kontingenten Verhältnisse danach zu prüfen, inwieweit die Idee der Freiheit in Recht und Staat als Bedingung der Selbstbestimmung der Individuen praktisch wirksam ist, an die faktischen Institutionen der modernen Gesellschaft abzugeben hätte. Gerade bei der Voraussetzung der Pluralität von Sinn- und Ausdruckswelten in der Moderne ist für den Einzelnen Sinn nicht bloß gegeben, sondern aufgegeben. Es stellen sich Begründungs- und Orientierungsprobleme, Lebenskonzepte nicht dem Zufall zu überlassen, sondern kraft Kenntnis und Einsicht sinnbestimmt zu entwickeln.

Für Hegel ist es vor allem die als Wissenschaft auftretende, methodisch reflektierte Philosophie, die die begrifflichen, nicht dogmatischen, sondern auf Einsicht und Begründung zielenden Mittel zur Erörterung von Denkhaltungen, Handlungsorientierungen und Paradigmata als Möglichkeit der Selbstverständigung und -aufklärung bereitstellt.

Indem die Philosphie an den Forderungen der Aufklärung und somit an der Zielvorstellung der Autonomie des Subjekts festhält, hat sie ein Kriterium zur Hand, die Kontingenz und Funktionalität sozialer Prozesse aufzudecken und zu kritisieren und Handlungen zu qualifizieren, die vom Ziel der Selbstbestimmung getragen und geprägt werden. Erst der Verzicht auf die Idee der Aufklärung läßt die Welt zu jenem sinn- und vernunftlosen System werden, wie Luhmann sie beschreibt.

Literaturliste:

Beck, U. (1986), Risikogesellschaft. Auf dem Weg in eine andere Moderne. Frankfurt.

Hegel, G.W.F. (1802/03) Aufsätze aus dem Kritischen Journal der Philosophie, in: G.W.F. Hegel, Jenaer Schriften 1801 – 1807, Werke in zwanzig Bänden Bd. 2 Frankfurt 1970 S. 169 – 433.

Henrich, D. (1982) Fluchtlinien. Frankfurt

Kant, I. (1783) Beantwortung der Frage: Was ist Aufklärung? in: Was ist Aufklärung. Stuttgart 1974.

Luhmann, N. (1968). Zweckbegriff und Systemrationalität. Tübingen.

ders., (1972), Sinn als Grundbegriff der Soziologie, in: J. Habermas; N. Luhmann, Theorie der Gesellschaft oder Sozialtechnolgie – Was leistet die Systemforschung? Frankfurt, S. 25 – 100

ders., (1974a) Soziologische Aufklärung, in: Soziologische Aufklärung, Aufsätze zur Theorie sozialer Systeme, Bd. 1, Opladen, 4. Aufl.

ders., (1974b) Gesellschaft, in: 1974, S. 137 – 193

ders., (1982) Autopoiesis, Handlung, und kommunikative Verständigung, in: Zeitschrift für Soziolgie, Jg. 11, Heft 4, S. 366 – 379.

ders., (1985) Die Autopoiesis des Bewußtseins, in: Soziale Welt, Jg. 36, Heft 4, S. 402 – 446.

Mahlmann, Th. (1971) Aufklärung, in: J. Ritter (Hg.), Historisches Wörterbuch der Philosophie, Darmstadt.

Oelmüller, W. (1973) Aufklärung, in: H. Krings; H.M. Baumgartner, Ch. Wild (Hg), Handbuch der philosophischen Grundbegriffe, Bd. 1, München.

Ritter, J., 1977 Hegel und die französiche Revolution (1956), in: J. Ritter, Metaphysik und Politik, Frankfurt, S. 183 – 233.

„Wir sind ein Geschehen, das alle Menschen fället"

(Johannes von Tepl)

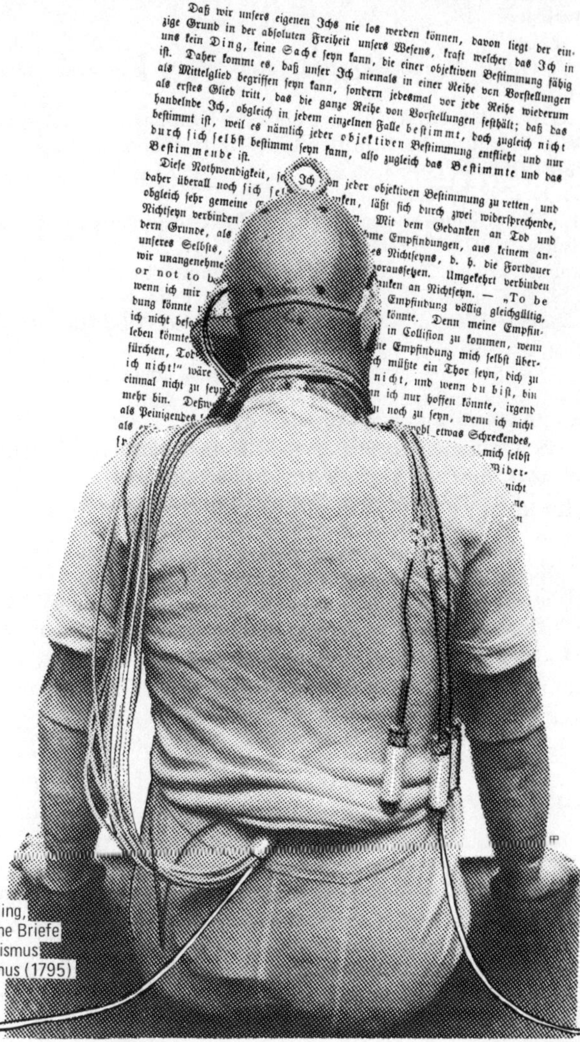

Text:
F. W. J. Schelling,
Philosophische Briefe
über Dogmatismus
und Kriticismus (1795)

Barbara Brick

Die Aufgabe des Leibes zwischen Aufklärung und Gegenaufklärung

Eine Kontroverse in der bürgerlichen Frauenbewegung des deutschen Kaiserreiches

Der feministischte Blick auf die Geschichte hat ein weibliches Geschichtsbewußtsein ausgebildet. Wie in jeder Geschichtsschreibung besteht auch hier die Gefahr von Fehldeutungen und Verharmlosungen.[1] Im unlängst geführten Historikerstreit ging es darum, ob nicht zugunsten einer deutschen Identitätsbildung der Nationalsozialismus verharmlost wird. Ich sehe darin eine Parallele zu der feministischen Aufarbeitung der alten Frauenbewegung, weil auch hier Positionen zu finden sind, die zugunsten einer sozialen Identität der Frauen heute[2], die Selbstzerstörung der bürgerlichen Frauenbewegung vor 1933[3] außer Acht lassen, die ihre Gleichschaltung im Nationalsozialismus ermöglichte. Die Politik, den Frauen gesellschaftlichen Einfluß zu ermöglichen, die jedoch zuletzt zu ihrer entmündigenden Einbindung in den patriarchal-autoritären Staat beitrug, wird als „Frauenpolitik" beschrieben.[4] Ausgeblendet wird dabei, was es für diese Frauen hieß, einen solchen Staat als „Kulturstaat" im 1. Weltkrieg „heroisch"[5] zu verteidigen.

Mich irritieren die Widersprüche von Mütterlichkeit und Kriegsbereitschaft, von weiblicher Kultur – zur Pflege und zum Schutz des Lebens –, die der Aufgabe des Mannes als Soldat entsprechen sollte. Es wird auch nicht danach gefragt, was ihre neue Weltanschauung, die sie die „Neu-Formulierung" von Emanzipation nannten, für die Lebensentwürfe der Frauen bedeutete, die ihre individuellen Wünsche und

Bedürfnisse aufgeben mußten für eine „organische Ganzheit“.[6]

Helene Lange und ihr Kreis in der „Führung“ des Bundes Deutscher Frauenvereine ist immer noch eine Art Denkmal, dessen Demontage überfällig ist. Im folgenden möchte ich eine Denkfigur der Interpretation in der Frauenforschung untersuchen, nämlich was „frauenpolitische Prioritätensetzung“[7] bedeutet. Die Repräsentantinnen der bürgerlichen Frauenbewegung kämpften um gesellschaftlichen Einfluß, wobei sie die Selbstunterdrückung der Frauen zur notwendigen Bedingung erklärten. Die gewählten Strategien zur Emanzipation führten die Frauen in ein enges Gehäuse der Hörigkeit, das sie Vernunft nannten. Sie reduzierten den aufklärerischen Anspruch der Vernunft auf einen „Tatsachenblick“. Im Akzeptieren und Verinnerlichen „väterlicher Werte“, eines patriarchalen autoritären Normengefüges beschränkten sie die Lebensentwürfe, die individuellen Glücksansprüche, auf die Regeln versteinerter Normen von Mütterlichkeit. Ich sehe deshalb die Frauenbewegung um 1900 als ein Beispiel für die Dialektik von Aufklärung und Emanzipation: für das Problem, daß soziale Bewegungen, die größere Freiheits- und Handlungsspielräume eröffnen wollen, dabei normative und dogmatische Positionen aufbauen, die die individuelle Emanzipation wiederum einschränken. Wenn Feministinnen heute die Forderungen jener Frauen im Kontext der damaligen Strategie zu verstehen und rechtfertigen[8] suchen, dann verkürzen sie damit den Gesamtzusammenhang der Politik, in der die Strategie wirksam war, und fetischisieren das strategische Ziel des Einflußnehmens. Außerdem wirft die Interpretation zugleich ein Licht auf ihre eigene politische Position.

Helene Lange verfolgte seit 1905 den Weg der institutionellen Einbindung von Mütterlichkeit in den Staat. Angesichts der nachhaltigen Integration von Frauen in den Produktionsprozeß schrieb sie:

> „Versucht nun aber die Frau, aus der bisher durch die Ehe ihr angewiesenen Wirkungssphäre herauszutreten und produktive Arbeit zu tun, d. h. sich unmittelbar an der volkswirtschaftlichen, der erwerbsmäßigen Gütererzeugung zu beteiligen, wie es die Proletarierin muß, so gerät sie innerhalb der kapitalistischen Wirtschaftsordnung aus dem Regen in die Traufe.“[9]

Die Position Helene Langes ist hier insofern anti-kapitalistisch, als sie die Mütter vor der Desubjektivierung durch die kapitalistische Zeitökonomie bewahren wollte. Sie griff auf die traditionelle patriarchale Polarisierung in weibliche und männliche Geschlechtscharaktere zurück und gedachte, damit die Probleme der Frauenerwerbstätigkeit zu lösen. Sie schrieb den Dualismus der Geschlechter für die Arbeitsgebiete fest: kommunikative Kompetenz der Frau gegenüber der technischen des Mannes, die „personenorientierte Frau" gegen den „sach- und geräteorientierten Mann". Das sind die Grundlagen ihrer Forderung nach einer geschlechtsspezifischen gesellschaftlichen Arbeitsteilung. Es war eine Politik für eine andere Zeitorientierung der Mütter. Die aufgaben-orientierte Zeit – am „Wachstum der einzelnen Seele" gemessen –, war weibliche Zeit, gegenüber der männlichen, persönlichkeitszerstörenden, abstrakten Zeitmessung des Produktionsprozesses. Denn die unterschiedlichen Ausprägungen des „Frauenlebens" und der Frauenarbeit würden zur „mißbrauchten Frauenkraft" führen, wenn man sie in die Anforderungen pressen würde, „die vom Manne für den Mann geschaffen wurden"[10]:

> „Man verlangt nämlich von der Frau nicht nur dem Kraftmaß nach männliche Leistung, sondern man kennt auch für die Qualität, für die Art ihrer Leistung keinen eigenen Maßstab. Es wird die Unvereinbarkeit der frauenhaft-mütterlichen Aufgaben mit den im Beruf an die Frau herantretenden Anforderungen umso größer, je ferner dieses Berufsgebiet der Welt ihrer natürlichen Interessen, ihres weiblichen Empfindens liegt."[11]

Die Kritik am Arbeitsprozeß, und an der Zeitökonomie des Kapitalismus, orientierte sich am traditionellen Wertesystem weiblichen Handelns. Das eigenständige Wertesystem der Frau sollte das Wertesystem des Männlichen (Technik, Produktion, Sozialstruktur) ergänzen. Kulturelle, geistige Mütterlichkeit sollte die öffentliche Mission der Frau in den Berufen sein, in denen es um Aufgaben der Reproduktion geht;

> „Pflege des Menschen"[12], „individuelle Erziehung, individuelle Armenpflege, individualisierende Handhabung der industriellen Gesetzgebung [. . .]"[13]

Eine geschlechtsspezifische gesellschaftliche Arbeitsteilung, bei der die Frauen für den Zusammenhalt des Sozialen zuständig wären, würde eine Konkurrenz der Geschlechter ausschließen. Für Helene Lange lag die Rechtfertigung von gesellschaftlichem Fraueneinfluß in der Natur der Frau, d. h. sie suchte ihn in Biologie zu verankern. Ihre Kritik galt der Zeitökonomie. Aber dieser Kernpunkt frauenpolitischer Intervention bezog sich nicht auf den gesellschaftlichen Arbeitsprozeß, sondern auf die männliche Natur und ihre Zivilisation. Die an den Aufgaben der Reproduktion orientierte Zeit wurde aus der Wesensbestimmung der weiblichen Natur, dem „Urgestein"[14] abgeleitet.

> „dieser Vorgang (die technische Revolution) ergriff den Lebenskreis der Frau, nur daß er hier Halt machen mußte bei einem Stück Natur, das wie Urgestein, wie ein unzerstörbarer Kern dieser Insel übrig bleiben muß: das ist die Mutterschaft."[15]

Die „Führerin" des BDF übernahm die Augabe für alle Frauen, die ihr die deutsche Geschichte und Tradition zu stellen schien, die Institution der Familie zu retten.

> „Sie ist heute die, die den letzten, den nach unsrer Überzeugung unveräußerlichen Kern der Institution der Familie gegen die seelenlosen Gewalten der technischen Entwicklung mit Leib und Leben zu schützen hat."[16]

Der private, intime Bereich sollte gesellschaftliche Bedeutung gewinnen. Die „Verstaatlichung des natürlichen Wirkungskreises der Frau" sollte privates und öffentliches Wirken verschmelzen. Helene Lange ging es also primär nicht um den Erhalt der privaten Sphäre, sondern darum, daß sich das Wesen der Frau als soziale Mütterlichkeit im Staat verwirklichen sollte.

> „Damit aber verwischt sich die Grenze zwischen Familieninteresse und öffentlichen Interessen, zwischen persönlichen und allgemeinen Angelegenheiten."[17]

Hatte sie auf diese Weise nur den Spieß umgedreht? Hatte sie die Normen, die die Frauen an den Herd gefesselt hatten zum Ausgangspunkt ihres gesellschaftlichen Handelns erklärt? Sie schrieb:

> „Wie innerhalb, so muß die Frau auch außerhalb der Tür ihres Hauses Mittelpunkt der Ordnung, Balsam des Trostes und Spiegel der Schönheit sein."[18]

Helene Lange interpretierte die neue Vergesellschaftungsqualität als Zusammenhang der bürgerlichen Gesellschaft im Volkskörper. Die

Idee des Staatsvertrages wurde durch eine organizistische Staatsauffassung ersetzt. Der Staat galt als ein „organisches Gebilde" mit einer vielseitigen Arbeitsteilung:

> „dessen Glieder vielfach ineinander greifen, in Abhängigkeitsverhältnisse untereinander treten, die alle Freiheit dem Ganzen gegenüber illusorisch macht."[19]

Die Arbeitsteilung der Geschlechter lag in ihrer Natur, aus der die besonderen Staatsbürgerpflichten abgeleitet werden sollten:

> „Wie der Mann als Staatsangehöriger für Erhaltung, Förderung und Verteidigung seines Landes eintreten muß, so hat die Frau als Staatsangehörige für Behagen, Ordnung und Ausschmückung im Staate Sorge zu tragen."[20]

Die neue Qualität der Vergesellschaftung, die größere Interdependenz der Bereiche, wurde mit der Organismustheorie erklärt. Nach dieser Staatsidee wird der Staat als das organisierte Volk begriffen. Wenn aber der Staat als politischer Organismus „das Volk selbst in seiner politischen Gestalt" darstellt, wird die Rolle des Volks reduziert auf die einer „natürlichen Grundlage" des Staats.

Die naturrechtliche Staatsauffassung schien aus den historischen Gründen obsolet zu sein:

> „Die Auffassung von dem Staat als einer Gemeinschaft gleicher Individuen, deren rechtliches Verhältnis zueinander aus der allgemeinen menschlichen Natur mit Hilfe der Vernunft abgeleitet werden kann."[21]

Dieses Ziel war nicht realisiert worden und schien nun auch nicht mehr realisierenswert. Denn „die Vergesellschaftung" hat

> „sich über alle Seiten des geistigen und sozialen Lebens verbreitet, und aus dem Handeln von Mensch zu Mensch ein Handeln von vielen für viele gemacht.[. . . .] An die Stelle der vollen persönlichen Verantwortung des Einzelnen für sich und einige wenige andere, tritt die gemeinsame Verantwortung vieler für viele. Überall vollzieht sich eine Zusammenfassung all der Leistungen, die sich früher vereinzelt in der privaten Lebensspäre abspielten, durch ‚öffentliche Körperschaften'."[22]

Eine solche Auffassung von Staat, Gesellschaft und Emanzipation war in Deutschland zu dieser Zeit nicht unüblich. Wir finden ihre plastische

Illustration in der folgenden Aussage Helene Langes:

> „Die (naturrechtliche) Auffassung machte mit dem Erwachen des historischen Sinns jener anderen Platz, nach der der Staat als eine aus den wirtschaftlichen und geistigen Kulturbedingungen eines Volkes organisch erwachsene Form anzusehen ist. Innerhalb dieser Anschauung stand natürlich der Gedanke einer Berechtigung der Frau zur Mitregelung öffentlicher Angelegenheiten zunächst einfach in der Luft. Es fehlte, was man die „geschichtlichen Vorbedingungen" nannte, die organische Verbindung zwischen dem traditionellen Wirkungskreis der Frau und jenen öffentlich-rechtlichen Funktionen, die man ihr im Namen ihrer „Menschenrechte" auferlegen wollte."[23]

Das Stimmrecht erschien als ein

> „künstlicher Pfropfreis auf dem Organismus der Aufgaben, die ihr innerhalb der gesellschaftlichen Arbeitsteilung zufielen. Was sollte die Frau, die als Hüterin der Familienkultur ihre Kraft dem Haushalt und der Kinderpflege, ihr Interesse dem Persönlichen, dem Wachstum der einzelnen Seele schenkte, mit einem Recht, das sie zugleich dem ganzen Anprall der kämpfenden politischen Mächte aussetzte".[24]

Während die männliche Natur sich, Helene Lange zufolge, weiter sozialisiert durch den kapitalistischen Produktionsprozeß, sollte die weibliche Natur durch ihre soziale Mütterlichkeit entwickelt werden.

> „Wer es bedauert, daß die Frau auf diese Weise auch gezwungen wird, ihr Wesen gewissermaßen zu sozialisieren, der muß sich sagen, daß sich darin nur ihr organischer Zusammenhang mit dem Wesen der gesellschaftlichen Entwicklung verwirklicht."[25]

Mit dieser repressiven, desubjektivierenden Lösung des Konflikts zwischen Familieninteresse und Produktionsinteresse stabilisierte sie zwangsläufig denselben gesellschaftlichen Produktionsprozeß, den sie andererseits der Kälte und Destruktion bezichtigte. Die Potenzen der Mütterlichkeit versuchte sie so, dem Produktionsprozeß zu entziehen, um sie dem Volk „zum Opfer" bringen. Das aber stellte gegenüber der Industrialisierung eine zweite Enteignung der Frauen dar, die so wiederum um ihre Selbstverfügung gebracht wurden.

Die historische Veränderung der Gesellschaft hatte für Helene Lange nicht nur die naturrechtliche Gesellschaftstheorie, sondern die alten Frauenforderungen anachronistisch gemacht. Der Individuierungsprozeß der Frauen hätte sich mit

> „der Theorie von den unveräußerlichen Naturrechten verknüpft. Die naturrechtliche Gesellschaftstheorie hatte den Besitz der Menschenrechte als Inbegriff der menschlichen Würde hingestellt. Aus diesem sittlichen Motiv hatten die Frauen es verlangt."[26]

Zwar hatte die „alte" Emanzipationsbewegung

> „in Deutschland [. . .] in der demokratischen Bewegung von 1848 politische Kraft entfaltet. [. . .] Auch hier lebt der Gedanke der politischen Emanzipation der Frau [. . .] auf – und zündete unter den von der politischen Bewegung ergriffenen Frauen. Aber die Reaktion fegte ihn hinweg und besiegelte die politische Unmündigkeit der Frau mit jenem famosen Paragraphen des preußischen Vereinsrechts, wonach ‚Frauenpersonen', wie Schüler und Lehrlinge, nicht einmal politischen Vereinen angehören durften."[27]

Angesichts der gescheiterten bürgerlichen Revolution, der politischen Reaktion und der sich beschleunigenden Eigendynamik der technischen Entwicklung, die sie als das Wesen des Kapitalismus begriff, glaubte sie sich gezwungen, der Aufklärung in Ansprüchen und Zielen abzusagen.

Um 1900 waren sie für Helene Lange nur noch

> „der charakteristische Ausdruck eines voraussetzungslosen Idealismus, der ohne Rücksicht auf geschichtlich gewordene und geschichtlich zu begreifende Verhältnisse seine absoluten Forderungen aufstellt."[28]

Deshalb sollte die Frauenbewegung

> „die theoretisch vorweggenommenen Endziele zunächst im Stich lassen, um die Aufgaben zu ergreifen, die ihr von anderswo, aus der Wirklichkeit und dem Leben selbst aufgedrängt wurden."[29]

Darauf basierte die veränderte Auffassung des Individuums und der Emanzipation.

> „Die Frau mußte nicht mehr nur als Individuum gesehen werden, sondern als Organ in diesem Volksganzen begriffen werden."[30]

Helene Lange wandte sich explizit gegen die Radikalen wie Anita Augspurg und Helene Stöcker, die das Kontinuum der Geschichte von

Entmündigung zunächst mit der Forderung nach Bürgerinnenrechten durchbrechen wollten.

Aber hätte die „Doktrin" von den Menschenrechten einmal eine Rolle gespielt, setzte Helene Lange dagegen, wäre

> „sie nun zu jener platten, gehässigen und philisterhaften Männerfeindlichkeit geworden, die mit dem Ausdruck „Frauenrechtlerei" nicht unzutreffend gebrandmarkt wird."[31]

Aus „Verantwortungsgefühl für die Bewegung", schrieb Helene Lange, habe sie ihren Krieg gegen die radikal-demokratischen Positionen in der Frauenbewegung führen müssen. Denn die hätten die „Umwandlung einer erziehlichen in eine politische Bewegung" bedeutet.

> „Es hat sich so gefügt, daß ich ihnen (den Radikalen) in besonderem Maße zum Stein des Anstoßes wurde – trotzdem ich eigentlich mindestens so „radikal" war wie sie – und daß ich den Kampf mit ihnen in der vordersten Linie zu führen hatte. Es war erst ein Verteidigungskrieg – und dann allerdings auch ein Angriffskrieg [. . .]"[32]
>
> "In den radikaleren Gruppen, von denen besonders der Verein Frauenbildungsreform und der Verein Frauenwohl in Berlin Bedeutung gewannen, hatte sich das herausgebildet, was man als „Frauenrechtlerin" im eigentlichen Sinne empfand – der Typus, der vor allem im Zeichen des Gleichheitsgedankens stand und kämpfte. Bei den „Radikalen" stand der abstrakte Rechtsgedanke viel stärker und zugleich in individualistischer Form im Vordergrunde. Die Ableitung der neu zu schaffenden Lebensformen aus der seelischen Verschiedenheit der Geschlechter – aus dem eigenartigen Wesen der Frau – wurde hier durch eine stärkere Betonung der Gleichheit übertrumpft. Gleichzeitig wurde die Bindung an Geschichte und Entwicklung weniger lebhaft empfunden – diesen Frauen galt es nur etwas zu erkämpfen, nicht für etwas zu wachsen. Sie operierten viel stärker mit Anklage und Entrüstung, mit starken Worten und Posen. Ihnen stand die politische Seite der Bewegung mit ihren politischen Zielen im Vordergrund. Und die stillere und feinere – vielleicht rein äußerlich betrachtet weniger effektvolle Methode der ersten Zeit, wurde von ihnen mit höchster Geringschätzung als überholt, zwanghaft und zaudernd verurteilt."[33]

Der Sprachgestus Helene Langes verrät Kampf und Krieg. Er ist geprägt von dem Gefühl der Bedrohung und Gefährdung. Nicht nur ist die Familie, sind die Mütter bedroht, sondern die, die „den einheitlichen Kulturwillen der Frauen bewußtmachen und herausarbeiten – anders ausgedrückt, die caritativen oder rein praktischen Frauenbestrebungen zur Frauenbewegung entwickeln" wollten. Der Standpunkt, von dem aus sie die negativen sozialen Auswirkungen der kapitalistischen Industrialisierung kritisierte, war im deutschen Bürgertum um die Jahrhundertwende weit verbreitet. Es war die emphatische Betonung der tieferen, inneren Erfahrung und die zunehmend organizistische Vorstellung von Gesellschaft und Staat. Für Helene Lange hatten sich „der Weg und das Ziel der Frauenbewegung aus inneren Erlebnissen" heraus ergeben. „Von denen heraus" suchte sie neue Formen. Ihr ging es nicht darum, „äußere Erfolge ohne diese inneren Vorbedingungen zu erreichen", sie wollte „organisches Wachstum von innen heraus".[38] Gleichberechtigung bedeutete für sie etwas Schematisches, ein formales Mittel. Sie setzte ihre fundamentalistische moralische Position gegen die „realpolitische" der Kämpferinnen für Rechtsgleichheit. Diese waren für sie bloß „Propagandisten der Frauenbewegung", die „politische Erfolge mit politischen Mitteln wollten."[34] Als Vorsitzende des Allgemeinen Deutschen Lehrerinnenvereins, – die Frauen hatten sich in diesem Berufsfeld durchgesetzt, wenn auch mit der Einschränkung eines Berufszölibats –, wollte sie dem Kulturauftrag der „geistigen Mütter" Geltung verschaffen.

Mit diesem Programm werden mögliche Lebensentwürfe der Frauen normativ eingegrenzt auf ihren Geschlechtscharakter. Helene Lange hat ein geradezu missionarisch autoritäres Erziehungskonzept. Sehen wir ihre Interpretation von „wachsen" an. Sie unterschied zwei verschiedene Haltungen: „für etwas kämpfen oder für etwas wachsen". Die seelische Verschiedenheit und das eigenartige Wesen der Frau sind für sie die Vorbedingungen neuer Lebensformen. Diese Vorbedingungen sind Grenzziehungen. In dieser Begrenzung des Erfahrungsraums finden die „inneren Erlebnisse" statt. Anders ausgedrückt, nur in dem verteidigten Raum der weiblichen Besonderheit sind die Erlebnisse möglich, die Frauen wachsen lassen. In diesem Raum kann sich die „weibliche sittliche Natur" verwirklichen. Diese wächst auf dem Boden der deutschen Geschichte und Entwicklung.

Die Verknüpfung von Geschichte und Sittlichkeit zeigt einen positiven Bezug zur Tradition. Denn repräsentiert die Sitte die Erfahrungen früherer Generationen, so ist das Gefühl für die Sitte – die Sittlichkeit – eine Absage, diese Sitten zu diskutieren. Es ist eine Absage, sie in Frage zu stellen, um neue Erfahrungen zu machen und sie gegebenenfalls zu verändern. Helene Lange ging es nicht um Erfahrungen, sondern um das „Erlebnis". Das Erlebnis des Opferns für eine nach innen wie außen gerichtete Erziehung. Die Sittlichkeit, die in der Natur der Frau verkörpert sein soll, wird zur Erziehungspotenz. Der Auftrag dieser „erziehlichen Bewegung" richtet sich so gegen die Entstehung neuer und vielleicht besserer Sitten, die aus anderen Erfahrungen der Frauen, die sich ihren gesellschaftlichen Handlungsspielraum erkämpfen, entstehen.

Geistige Mütterlichkeit stand im Dienste eines höheren Prinzips. Ika Freudenberg nannte es das sittliche Gesamtbewußtsein, das zu einer Kraft von höchster Leistungsfähigkeit wird. Die Verantwortung für das Ganze sollte eine „Steigerung ins Große, Schicksalsmächtige" verbürgen. „Die Zeit schafft sich auf diese Weise die ungeheuren, weltbewegenden Kräfte, die sie zur Vollbringung ihrer Aufgaben braucht", schrieb Ika Freudenberg, weil in der „Summierung des Gemeinsamen [. . .] etwas Titanisches"[35] liegt. Es ist die gebündelte Kraft der beschränkten Einzelnen – aber kein selbstbewußter Zusammenschluß, sondern Zusammengeschlossenwerden. Andere Frauen aus der Führungsposition des BDF fanden zur Sozialisierung des Wesens der Frau noch deutlichere Worte: „Nach den Gesetzen ihres eigenen Wesens" sollten die Frauen „Volk und Staat mit neuem Leben erfüllen", und sich zu „Leib und Leben der Heimat" machen. Die Kulturaufgabe der Frau – sich in selbstloser Hingabe für das Ganze einzusetzen, war eine „letzte große Hingabe für Volk und Vaterland".[36]

> „Wir konnten nicht in den Tod gehen, trotz der leidenschaftlichen Sehnsucht mancher, ihr ganzes Sein an das Vaterland zu geben. Es war für Millionen von uns das erstemal, daß sie sich selber so ganz bewußt als Volk fühlten, aufgenommen in dieses nie erlebte Einswerden eines einzigen nationalen Willens und Wollens zur Erhaltung der Macht und Größe der Heimat."[37]

Solche Erfahrung „einer letzten und tiefsten Gemeinsamkeit von Volk und Heimat",[38] kehrten die alten aufklärerischen Ziele der Frauen-Emanzipation um. Die galten nun als ursächlich für das Gefühl „individualistischer Verzweiflung",[39] die man Helene Stöcker während des 1. Weltkriegs vorhielt. Die „organische Verbindung" zum Ganzen schuf den Urgrund, aus dem immer wieder neue Kräfte sich emporrafften, „der Ungeheuerlichkeit des Geschehens konnte stand(ge)halten (werden) . . . Das Gefühl der Sinnlosigkeit konnte sie nicht packen",[40] das Gefühl hätten nur die Gegnerinnen des Kriegs.

Helene Stöcker dagegen denunzierte

> „jene barbarische Auffassung, daß der Staat sich noch, wie in der Antike der Vater, als Herr über Leben und Tod seiner Angehörigen zu fühlen wagt. Diese ungeheuerlichste aller Sklavereien ist so vielen Menschen noch gar nicht einmal recht zum Bewußtsein gekommen, daß sogar der Sozialismus, der die Ausbeutung, d. h. die Einschränkung der Lebensmöglichkeiten, der Annehmlichkeiten des Lebens als Verbrechen bekämpft und hierauf die Notwendigkeit der wirtschaftlichen Umgestaltung der Gesellschaft gründet, daß er dies größte aller Verbrechen: den Raub des Lebens schlechthin – als eine Angelegenheit zweiten Ranges behandelt, die mit der wirtschaftlichen Ausbeutung wohl beseitigt werde."[41]

Die in der Frauenbewegung um 1900 zentrale „Sexualdebatte" kann heute nicht, wie Irene Stöhr es versucht, auf verschiedene, mehr oder minder prüde Sexualeinstellungen reduziert werden. Sie wird so um ihren Kontext verkürzt: um das Verhältnisses von Vernunft und Sinnlichkeit, Natur und Kultur, Individuum und Gesellschaft. Dieser Kontext wird sichtbar in Helene Langes Einschätzung ihrer Auseinandersetzung mit den Vertreterinnen der Rechtsgleichheit:

> „Die Auseinandersetzungen in der Frauenbewegung waren auf einem Gebiet tieferer theoretischer Gegensätze unvermeidlich" (geworden).
>
> „Sie lagen an der Stelle, an der die emanzipatorisch-individualistische Tendenz der Frauenbewegung mit ihrer Richtung auf höhere soziale Verantwortung sich kreuzte: in der Frage der Ehe und Sexualethik."[42]

Der postulierte eherne Zwangszusammenhang von bürgerlicher Gesittung und objektiven Zielen wurde durch die „emanzipatorisch-indivi-

dualistische Tendenz" in Frage gestellt. Zu welchen inneren Widersprüchen diese Konfrontation führte, wird an dieser Aussage deutlich. Diese Kontroverse hätte die „Bewegung am tiefsten aufgewühlt".
Die Flucht ins Institutionelle, das Beharren und Festschreiben auf einem starren Ordnungsentwurf erlaubte nicht, Regeln des Handelns zu überprüfen, d. h. zu akzeptieren oder abzulehnen. Der quasi-religiöse, sprach- und argumentationsfreie Gehorsam, der hinter der Denkfigur der sozialen Verantwortung lag, wurde gegen individuelle Verantwortung verteidigt. Ika Freudenberg führte aus:

> „Die Frauen haben insbesondere die Pflicht, die Welt darüber zu beruhigen, daß sie vor ihrer Befreiung nicht zu erzittern braucht, wie vor der des Sklaven, der die Ketten bricht."[43]

Demgegenüber sah Helene Stöcker die Frauenemanzipation durchaus als den Versuch an, die Ketten zu brechen. Nicht Sklavinnen des Schicksals zu werden, sondern freie selbstverantwortliche Persönlichkeiten zu werden, erklärte sie zum Ziel. Frauenemanzipation war für sie eine kulturrevolutionäre Bewegung, notwendig, um das „männliche Jammertal" zu verändern.
Der männlichen Kultur entgegenzutreten, hieß:

> „Werde, die du bist! [. . .] das ist die Befreiung vom Banne der asketischen Moral vergangener oder vergehender Kulturen und Traditionen, das ist auch die Befreiung von der männlichen Weltanschauung, die wir widerstandslos aufgenommen haben."[44]

Der Brutalität der bestehenden Verhältnisse ging sie bis in die Persönlichkeitsstruktur nach.

> „Klarer zeigt sich doch nirgends die ganze Brutalität menschlicher Zustände als auf sexuellem Gebiet."[45]

Allein in der männlichen Doppelmoral sah sie nur die Negation der christlichen Askese, die auch sie als „rohe genußsüchtige Willkür" beschrieben hatte. Ein wichtiger Schritt zur Aufhebung des Herrschaftsverhältnisses zwischen den Geschlechtern lag für sie deshalb in der Religionskritik.

> „Damit, daß ‚Gott' die ‚absolute Wahrheit', das ‚Absolute' überhaupt fiel: damit fiel auch die absolute Überlegenheit des Mannes."[46]

> „Wir sehen die Sexualität nicht mehr als eine teuflische Macht an,

die uns vernichtet und zerfleischt, die als das Urböse jahrhundertelang den Menschen dargestellt worden ist. Das hat die Macht der Geschlechtlichkeit gerade da gesteigert, wo man ihr am schärfsten entgegentreten wollte. [. . .]
Der Kampf spielt sich nun im Innern des einzelnen Menschen ab, ein steter, unaufhörlicher Kampf, von dessen Erfolgen oder Niederlagen sich der Mensch nicht gern Rechenschaft gibt, geschweige denn anderen gegenüber. [. . .] Die gefühlsmäßige Verfeinerung des Geschlechtslebens, die Lösung der Geschlechtslust von allen Erbsündegedanken hat erst die moderne Kunst und Philosophie des neunzehnten Jahrhunderts gebracht. Vor allem sind hier die Namen Goethes, der Romantiker und Nietzsches zu nennen."[47]

Hier lag der Schnittpunkt der Sexualdebatte. Für Helene Stöcker war die grundlegende Aufgabe,

„die alten Sittlichkeitsbegriffe so umzuändern, wie es für das Glück [. . .] am besten erscheint."[48]

Dabei ging es um

„die Erneuerung der alten konventionellen Anschauungen auf sexuellem Gebiet, Anschauungen, die aus einer sonst überwundenen Kulturepoche stammen, und nun unter ganz veränderten Verhältnissen mit um so stärkerem Druck lasten".[49]

Helene Stöcker sah, daß eine größere Selbstverfügung des Subjekts innerhalb des traditionellen Korsetts der Normen nicht zu erreichen war. Die Unterdrückung der Sexualität statt eines selbstverantwortlichen Umgangs der Individuen mit ihren sinnlichen Wünschen, schuf eine „Frauenmoral, die nicht den Mut zu sich selber, zu eigenen Empfindungen und Ansprüchen hat."[50] Körperbedürfnisse, Wünsche und Vorstellungen waren durch Tabus und Denkverbote blockiert. Helene Stöcker kritisierte die (unvernünftige) Einengung des Bewußtseins, die eine vernünftige Realitätsprüfung nicht zuließ. Gegen die Denkverbote und kulturellen Einschränkungen mobilisierte sie individuelle Glücksansprüche. Das Bewußtsein sollte für Triebwünsche durchlässig werden. Eine solche individuelle Entfaltung sollte die Einzelnen erst dazu befähigen, Verantwortung für das Ganze zu übernehmen:

„wir möchten diesen engen, kleinen Egoisten und Philistern einen großzügigen, befreienden Egoismus lehren, der das Wohl und

Wehe des Ganzen als sein eigenes empfindet".[51]

Zur Begründung der Normen sittlicher Kultur führte demgegenüber Helene Lange in ihren Lebenserinnerungen aus:

> „Die Frauen, die mit dem Einsetzen der Frauenbewegung sich neue Lebensformen erkämpften, trieb ein Drang nach geistiger Auswirkung. Die schrittweise erkämpfte Verwirklichung dieser tief brennenden Sehnsucht war Glück ohnegleichen, ein ganz unbezweifelter, durch nichts zu hoch bezahlter Gewinn. Von diesem Mittelpunkt der befreiten Persönlichkeit her gestaltete sich ihnen selbstverständlich auch ihr persönliches Leben, oft genug gegen Tradition und Sitte, aber es war nichts in ihnen, das dahin drängte, den Akzent des Auslebens in das sinnlich-sexuelle Gebiet zu verlegen. Hier vielmehr band sie ganz selbstverständlich die Strenge eines grundsätzlich im Geistigen verwurzelten Lebens, band sie – ich kann auch sagen „uns" – die unbezweifelte Festigkeit der bürgerlichen Gesittung, die in der Reinheit der Ehe das unanfechtbare Ideal sieht. Wir hatten gelernt, die Heuchelei um dieses Ideal herum zu durchschauen, seine normhafte Gültigkeit war uns darum nicht erschüttert, vielmehr befestigt und in neuem Sinne zur Aufgabe gestellt."[52]

Diese Normen sind eingeübte Maßnahmen zur Verhinderung von Wünschen. Meyer-Renschhausen führte zur Verteidigung Helene Langes an, daß sie sich „vom bloßen Vernunftsprinzip weg dem Gefühl als zumindest Gleichrangigem zuwandte". Dem liegt die These zugrunde, daß die Vernunft heute nicht mehr in der Lage sei, die Welt, in der wir leben, zu erklären, und daß wir dafür auf andere Instrumente zurückgreifen müßten. Aber auch die Gefühle und Wünsche spielen bei Helene Lange nur eine staatsstabilisierende Rolle. Wie geht sie mit den Wünschen um, die neue Beziehungen zwischen den Geschlechtern ermöglichen können? Der Verweis auf das Volk zeigt, daß sie Beziehungen als abstrakte behandelt. Der Norm, nicht der Möglichkeit lebendiger Beziehungen galt ihre Aufmerksamkeit. Dieses Ziel geriet in unaufhebbaren Gegensatz zum „persönlichen Freiheitsdrang und Glücksverlangen" Helene Stöckers. Deren Position wurde als anti-soziale gebrandmarkt, weil sie angeblich „ins Dunkel unkontrollierbaren Trieblebens" führen müßte.

Der „ausweglose Krieg gegen die eigene Natur"[53] verlange die Festigkeit der Normen. Wenn sich die Triebwünsche frei entfalten könnten, befürchtete sie, daß destruktive Kräfte freigesetzt würden. Das Beispiel lag für sie in der männlichen Sexualität, aus der sie deren Egoismus und Unverantwortlichkeit interpretierte. Die Konservativen formulierten das Problem so: „wer den stärksten Trieb im Menschen entfesselt – wie könnte der andere Beherrschung verlangen?"[54]

Die konservativen Frauen um Helene Lange lösten sich nicht von dem herrschenden Konsens, der diejenigen Impulse ausschließt, die die versteinerten Verhaltensformeln der bürgerlichen patriarchalen Moral in Frage stellen. Das normative Gefüge der Mütterlichkeit führte dahin, mögliche neue, freiere Handlungsräume zu verschließen. Die Beziehungsformen wurden normativ eingemauert und affektiv entleert, indem die Gefühle auf abstrakte Begriffe wie Volk und Heimat gelenkt werden. Der „Tatsachensinn", auf den sich Helene Lange für die Neu-Formulierung von Emanzipation berief, widersprach ihrer Berufung auf rational nicht greifbare „Urgewalten", Zentralpunkte des Erlebens wurden auf diese Weise vom realitätsgerechten Handeln abgeschnitten. Die Handlungsentwürfe unterhalb der Schwelle bewußter Intentionen wurden so „Entwürfe" des Scheiterns der Wünsche, sie wurden zur Quelle eines ideologisch getragenen Opfergefühls, des Verzichts auf Selbstverfügung.

Helene Stöcker hatte den „kulturhemmenden Zusammenhang zwischen wirtschaftlicher und geistiger Entwicklung" gesehen, um ihn zu durchbrechen, wäre eine „Umwertung der Werte" notwendig gewesen. Diese allein hätte den Fortschritt in Frage gestellt, der sich mit der Intensivierung der Unfreiheit verknüpfte. Denn die Schranken, die sich die Individuen im Namen der Kultur auferlegten, wurden, gemessen an den produktiven Möglichkeiten der Gesellschaft, noch enger. Aber die gesellschaftlichen Produktivkräfte hätten auch eine Kultur ermöglichen können, die nicht länger die Triebwünsche verneinte. In der Emigration in New York schrieb sie 1943 ihre Lebenserinnerungen.

> „Die beiden Pole menschlicher Entwicklungstendenzen, das Streben nach sozialer Gerechtigkeit und der Drang nach höchster persönlicher Entwicklung (werden) für mich stets unlösbar verbunden

> bleiben . . . Denn der einzige Sinn allen Strebens, für den sich im Grunde nur zu kämpfen lohnte, war die freie selbstverantwortliche Persönlichkeit."[55]

Helene Stöcker griff Nietzsches „Umwertung der Werte" auf, um damit anzudeuten, wie die sinnliche Wahrnehmungsfähigkeit auf Grund der Enge der Auslegungsmöglichkeit kultureller Wertmaßstäbe beschränkt wird – und wie sie zu erweitern ist. Sie stellte die Traditionen zugunsten eines Subjektivitätsanspruchs in Frage, demzufolge Vorstellungen, Denkformen und Körperbedürfnisse nicht weiter durch Tabus blockiert und so der notwendigen Neuformung entzogen würden.

Es ging ihr nicht nur um die Wiederaneignung des weiblichen Körpers. Als radikale Feministin argumentierte sie ab 1914 gegen den Krieg. In ihrem Artikel „Menschenrechte – oder Einheit im nationalen Fühlen, Wollen und Handeln" schrieb sie:

> „Daß das Recht zum Leben, dieses primitivste und elementarste aller Menschenrechte so vollkommen in Frage gestellt ist, ist erschütternd."[56]

Sie sah das Lustprinzip als Prinzip des Widerspruchs gegen die herrschenden Systeme gesellschaftlicher Selbsterhaltung an. Ihre Parteinahme für das Lustprinzip war zugleich eine gegen die instrumentelle Restriktion des Handelns, Fühlens und Denkens. Gegen Erwägungen von Nützlichkeit und instrumentellem Kalkül verteidigte sie den Autonomieanspruch der Liebe, den sie mit der Integrationskraft der Religion und Kunst zu vereinen suchte.

> „So werden Liebe und Religion für uns eins, wie Liebe und Kunst eins sind in ihrer schöpferischen Tätigkeit".[57]

Sie hatte es vermieden, Natur gegen Kultur, Sinnlichkeit gegen Vernunft abstrakt auszuspielen. Allein die Vernunft enthält in sich die Anerkennung zweckfreier Lust. Aktive Phantasie kann den Bereich der Erfahrung erweitern zu gesellschaftlichen Transformationsprozessen. Diese Kulturkritik ist utopisch-rational in den umfassenden gesellschaftstheoretischen Ansprüchen. „Eine „große" Aufklärung muß den Aufgeklärten ins Offene, in nicht-verwirklichte Möglichkeiten des Lebens entlassen, sie muß seine Erfahrung erweitern und zum Daseinsexperiment auffordern, sie muß ihn zum Leben verführen. Die

Maximen der Selbsterkenntnis und Selbstermächtigung – sie dienen der Vermenschlichung der Welt."[58]
So versuchte Helene Stöcker mit einem umfassenden Aufklärungsbegriff, der die gegenseitige Durchlässigkeit von Sinnlichkeit und Vernunft einschloß, der verhängnisvollen Funktionalisierung der bürgerlichen Frauenbewegung im Sinne einer totalitären Staatsauffassung entgegenzuwirken. Die konservative Frauenbewegung konnte sich vom Nationalsozialismus nicht kritisch absetzen.[59] Die Übergänge zu den Kernelementen des faschistischen Bewußtseins und Erlebens waren fließend. Der Biologismus der Geschlechterbestimmung, der Traditionalismus der Rollen, der Organizismus der Volks- und Staatsauffassung, alles dies ließ sich in der Folgezeit in die nationalsozialistische Herrschaft und ihre Ideologie einfügen. Aber die heutige Interpretation sollte nicht unterschlagen, daß zwei Strömungen in der bürgerlichen Frauenbewegung existierten: die eine, die letztlich die nationalsozialistische Weltanschauung mit vorbereitete, und die andere, die sich seit dem 1. Weltkrieg dem „revolutionären Pazifismus" verschrieben hatte und der es vor allem darum ging, die lebenspraktischen Entwürfe der Frauen von kulturell bedingten Selbsttäuschungen zu befreien. „Subjektive Zielstrebigkeit als freie Zielverwirklichung", von diesem Anspruch war ihre Kulturkritik und Politik geleitet.

Anmerkungen

1. vgl. Anette Kuhn: „Identitätsgewinnung durch Frauengeschichte – Gefahren, Grenzen, Möglichkeiten
   in Geschichtsdidaktik 10. Jg. 1985, Heft 2
2. Elisabeth Meyer-Renschhausen: „Das radikal traditionelle Selbstbild" – zur Selbsteinschätzung des „gemäßigten" Flügels der Frauenbewegung um 1900 und seine politische Interpretation seitens der Nachgeborenen", in: Geschichtsdidaktik, 10. Jg. 1985, Heft 2
   Ilse Brehmer: „Von geistigen Müttern und anderen Bildern der Mütterlichkeit in Helene Langes Autobiographie" in: Frauen in der Geschichte IV „Wissen heißt leben . . ." Beiträge zur Bildungsgeschichte von Frauen im 18. und 19. Jahrhundert. Ilse Brehmer/Juliane Jacoby-Dittrich/Elke Kleinau/Annette Kuhn (Hrsg) Düsseldorf 1983
   Ilse Brehmers Artikel steht für schlichte Verharmlosung, denn die Frauen haben nicht nur geschwiegen, sondern die Weltanschauung vorbereitet, der das Ziel nationalsozialistischer Politik galt, „Ehe und Familie als Leistungsgemeinschaft". (Vgl. Gabriele Czarnowski „Familienpolitik als Geschlechterpolitik" in Frauenkörper – Medizin – Sexualität.) Ilse Brehmer schreibt, „Sicherlich ist in der ersten bürgerlichen Frauenbewegung zu viel geschwiegen worden, z. B. zum Nationalsozialismus, oder zu überwältigend zugestimmt worden, z. B. zum freiwilligen Kriegsdienst der Frauen. Aber auf der anderen Seite kann sich eine Gesellschaft nur langsam verändern, und diese Veränderung ist auch immer eine Erziehungsfrage. Erst im alltäglichen Kleinkrieg des Handelns können neue Formen entstehen." Seite 91/92
   Bildete der Nationalsozialismus eine notwendige Stufe der langsamen Veränderung der Gesellschaft?
3. Ulrike Prokop macht diese Frage zum Ausgangspunkt ihrer Untersuchungen. Vgl. auch „Die Sehnsucht nach der Volkseinheit – zum Konservatismus der bürgerlichen Frauenbewegung vor 1933" in: Die Überwindung der Sprachlosigkeit – Texte aus der neuen Frauenbewegung. Hrsg. von Gabriele Dietze, Darmstadt und Neuwied 1979
4. E. Meyer-Renschhausen, ebenda
5. Marie-Elisabeth Lüders „Das unbekannte Heer – Frauen kämpfen für Deutschland – 1914-1918." Mit einem Geleitwort des Reichskriegsministers und Oberbefehlshaber der Wehrmacht Generaloberst von Blomberg. Berlin, 1936
   Er schrieb: „In Deutschlands schwerster Zeit, in den Kriegs- und Notjahren 1914-1918, hat auch die deutsche Frau Opferbereitschaft und Pflichterfüllung bewiesen. Das heroisch unermüdliche Wirken der deutschen Frau im Weltkriege, in der Heimat wie im Felde, hat mit dazu beigetragen, daß unser Volk mehr als vier Jahre einer Welt von Feinden standhalten konnte."
6. vgl. auch 31./32.

7. Irene Stöhr: „Fraueneinfluß oder Geschlechterversöhnung? Zur „Sexualitätsdebatte“ in der deutschen Frauenbewegung um 1900“. in: Frauenkörper – Medizin – Sexualität: auf dem Wege zu einer neuen Sexualmoral / Johanna Geyer-Kordesch; Annette Kuhn (Hrsg.) Düsseldorf 1986
8. E. Meyer-Renschhausen, ebenda
9. Helene Lange, „Die Frauenbewegung in ihren modernen Problemen“, Leipzig 1908
   Ich zitiere aus dem Nachdruck der Ausgabe von 1914, Münster 1980, S. 14
10. Helene Lange, ebd. S. 26
11. Helene Lange, ebd. S. 27
12. Helene Lange, ebd. S. 156
13. Helene Lange, ebd. S. 142
14. Helene Lange, ebd. S. 21
15. Helene Lange, ebd. S. 22
16. Helene Lange, ebd. S. 24
17. Helene Lange, ebd. S. 142
18. Helene Lange, ebd. S. 143
19. Helene Lange, ebd. S. 46
20. Helene Lange, ebd. S. 143
21. Helene Lange, ebd. S. 138/139
22. Helene Lange, ebd. S. 141
23. Helene Lange, ebd. S. 139
24. Helene Lange, ebd. S. 139
25. Helene Lange, ebd. S. 143
26. Helene Lange, ebd. S. 42
27. Helene Lange, ebd. S. 138
28. Helene Lange, ebd. S. 43
29. Helene Lange, ebd. S. 138
30. Helene Lange, ebd. S. 46
31. Helene Lange, ebd. S. 44
32. Helene Lange, Lebenserinnerungen, 1927, S. 223
33. Helene Lange, Lebenserinnerungen, 1927, S. 219/225
34. Helene Lange, Lebenserinnerungen, S. 224 f.
35. Ika Freudenberg, Moderne Sittlichkeitsprobleme, in: Frauenbewegung und Sexualethik, 1909, S. 2
36. Marie-Elisabeth Lüders, Das unbekannte Heer, Frauen kämpfen für Deutschland 1914-1918, Berlin 1936, S. 3
37. Marie-Elisabeth Lüders, ebd. S. 3, 8
38. Marie-Elisabeth Lüders, ebd. S. 3
39. Marie-Elisabeth Lüders, ebd. S. 5
40. Marie-Elisabeth Lüders, ebd. S. 4, 5, 6
41. Helene Stöcker, „Die Frau und die Heiligkeit des Lebens“ in: Die neue Generation 1921, S. 118 ff.

42. Helene Lange, Lebenserinnerungen
43. Ika Freudenberg, ebd. S. 4
44. Helene Stöcker, Die Liebe und die Frauen, Minden in Westf. 1906, S. 14
45. Helene Stöcker, in: „Die Ziele der Mutterschutzbewegung" in Die Liebe und die Frauen, S. 173
46. Helene Stöcker, „Unsere Umwertung der Werte" (1897) in: Die Liebe und die Frauen, Minden in Westf. 1906, S. 15
47. Helene Stöcker, Autobiographie (Diese Autobiographie ist unveröffentlicht und befindet sich in der Peace-Collection des Swarthmore-College, USA.)
48. Helene Stöcker, ebd. und „Liebe und Keuschheit" in: Erotik und Altruismus, Leipzig 1924, S. 17
49. Helene Stöcker, ebd.
50. Helene Stöcker, Die Liebe und die Frauen, S. 104
51. Helene Stöcker, ebd.
52. Helene Lange, Lebenserinnerungen, S. 232
53. Käthe Schirmacher, „Kultur und freie Liebe" in: Ehe? Zur Reform der sexuellen Moral, Berlin 1912, S. 95 f
54. Käthe Schirmacher, ebd. S. 112 ff.
55. Helene Stöcker, Autobiographie
56. Helene Stöcker, ebd.
57. Helene Stöcker, ebd.
58. Helene Stöcker, ebd.
59. vgl. die Ausführungen dazu von Ulrike Prokop

Jürgen Belgrad, Martin Karlson, Sigrid Scheifele, Gunzelin Schmid Noerr

Von unschuldigen Deutschen und ihren Opfern

Über die Wirkungsformen einer „großen Rede“: Richard von Weizsäcker und der 8. Mai 1945

Richard von Weizsäckers Reden, die er als wesentliche Möglichkeit seines präsidialen Wirkens ansieht, wird auch von sonst kritischen Kommentatoren viel Anerkennung zuteil. Seine berühmteste Rede „Der 8. Mai 1945 – 40 Jahre danach“[1] ist in der Bundesrepublik weit verbreitet worden und hat auch im Ausland ein starkes positives Echo ausgelöst. Angesichts der einflußreichen ‚Stahlhelmer‘ seiner Partei galt seine Feststellung, der 8. Mai sei ein Tag der Befreiung, als außerordentlich mutig. Hier schien ein Konservativer sich nicht durch fadenscheinige Sprüche vor der Frage der historischen Schuld des Nationalsozialismus davonzustehlen. Kritik an Weizsäcker kam denn auch vorwiegend vom rechten Rand des politischen Spektrums, von links überwog anerkennende Zurückhaltung oder zurückhaltende Anerkennung. Nach ihrer Publikation galt die Rede zunehmend als Musterstück einer neuen ‚offiziellen‘ Auseinandersetzung mit der nationalsozialistischen Vergangenheit. Sie stieg fast zu einer Art moralischem Maßstab aufgeklärter politischer Kultur auf.

Betrachtet man jedoch den Text der Rede noch einmal im zeitlichen Abstand von mehr als zwei Jahren und damit losgelöst von den unmittelbaren tagespolitischen Frontstellungen, dann zeigt sich, daß auch sie mehr der Tabuierung als der Auseinandersetzung mit dem Trauma der jüngsten deutschen Geschichte diente. Dies ist vor allem dann zu erkennen, wenn man bereit ist, von den rhetorischen Mechanismen, von den Brüchen und Widersprüchen, von den Wiederholungen und den Schwingungen des Tonfalls sich irritieren zu lassen. Verharrt man nicht an der Oberfläche der feierlichen Versicherungen und hehren Ermahnungen, denen alle zustimmen können und müssen, dann werden unversehens Einstellungen sichtbar, die die aufklärerischen Bekundungen der Rede wieder zunichte machen. Deutlich wird, wie es Weizsäcker gelingen konnte, eine vaterländische Rede zu halten, mit der die verschiedenen politischen Lager im Gedanken an das Schicksal der Nation geeint wurden; wie er rhetorisch die Quadratur des Kreises bewerkstelligte, der Opfer zu gedenken und zugleich die Täter zu entlasten.

Sicherlich wäre es naiv, eine solche Rede völlig ohne Rücksicht auf das politische Umfeld, in dem sie gehalten wurde, zu bewerten. Bundespräsidenten arbeiten nun mal nicht primär am Projekt kritischer Aufklärung, sie produzieren allenfalls suggerierte Versöhnung. Dennoch ist ein genauer Blick auf den Text einer solchen Rede selbst, als wichtigem Teil unserer fragmentierten politischen Kultur, statthaft und notwendig. Ihre vernebelnde Wirkung zeigt sich daran, daß zahlreiche liberale und linke Politiker und Journalisten angesichts einiger ihre Erwartung erfüllender Begriffe und Redewendungen sich zu schieren Lobeshymnen veranlaßt sahen und immer noch sehen.[2] Dabei scheint ein ähnlicher Mechanismus des Vereinfachens und wortreichen Verschweigens – nur unter umgekehrten Vorzeichen – wirksam zu sein, wie er noch von der Affäre um den „Mescalero“-Artikel während des Deutschen Herbstes 1977 in Erinnerung ist. Dieser Artikel eines Göttinger Studenten zum Mord an Bundesanwalt Buback wurde in der Öffentlichkeit auf den subjektiv-spontaneistischen Ausdruck der „klammheimlichen Freude“ reduziert, ohne daß der Kontext, eine unzweideutige Absage an den Terrorismus auf taktischer, politischer und moralischer Ebene, zur Kenntnis genommen worden wäre.[3] Wurde damals der „Mescalero“-Artikel zum Mythos menschenverachtender Unkultur, so jetzt Weizsäckers Rede zum Mythos einer vorgeblich neuen politischen Kultur der Liberalität und Versöhnung.

Erste unmittelbare Wirkung der Rede

Als wir begannen, uns mit der Rede zu beschäftigen, fühlten auch wir uns gelegentlich zu einem zustimmenden „ja, genau" veranlaßt. Im weiteren Verlauf der Lektüre erlebten wir jedoch die Rede passagenweise als einlullend, oft spürten wir auch ein Unbehagen, das sich erst im Verlauf assoziativer Gespräche klären ließ; so etwa bei der zentralen Passage, in der Weizsäcker dazu aufruft, der Opfer zu gedenken.

Offenbar hatte dieses Unbehagen nichts damit zu tun, daß hier eine Gruppe derer, die zu Opfern der mörderischen Gewalt des Faschismus geworden sind, vom „Gedenken" ausgeschlossen blieben. Aber gerade dieses Bemühen, alle zu erfassen, läßt aufhorchen. Niemand fällt einem ein, den zu nennen er vergessen hätte. Er zählt alle auf: die Toten des Kriegs und der Gewaltherrschaft, die 6 Millionen in Konzentrationslagern ermordeten Juden, die Völker, die im Krieg gelitten haben, die getöteten oder gefangenen deutschen Soldaten, die bei Fliegerangriffen Getöteten, die bei der Vertreibung Umgekommenen, die ermordeten Sinti und Roma, die ermordeten Homosexuellen, die ermordeten Geisteskranken, die bis zu ihrer Ermordung politisch und religiös Verfolgten, die Opfer des Widerstands in den besetzten Staaten, erschossene Geiseln, die Opfer des deutschen Widerstands, die, die eher den Tod hinnahmen als sich beugen zu lassen. Alle Opfer der NS-Herrschaft und alle die, die am Krieg und an seinen Folgen zu leiden hatten, werden erwähnt. Dennoch – oder vielleicht gerade dadurch – entsteht der Eindruck, als werde eben das vom Leibe gehalten, woran erinnert werden soll. Wird es vielleicht deshalb so beschworen, damit es danach um so besser verabschiedet werden kann?

Wirken durch Predigen

Auffällig an Weizsäckers Rede sind die zahlreichen Anklänge an den Stil der Predigt. Immer wieder bezieht er sich *direkt* auf Überlieferungselemente des jüdischen und des christlichen Glaubens, zitiert er Bibel- und Bischofsworte. Selbst den 40-Jahres-Abstand zum 8. Mai 1945 bezieht er zwanglos aufs Alte Testament. Außer den direkten finden sich in der Rede auch eine Reihe *indirekter* pastoraler Bezüge, die für ihre Wirkung vielleicht noch wichtiger sind. Sie treten weniger offen zutage, bestimmen jedoch die Rezeption strukturell. Hierzu gehört etwa der Anklang an die sakrale Litanei. Wie im christlichen Glaubensbekenntnis werden grundlegende Formeln des bundesrepublikanischen politischen Selbstverständnisses aneinandergereiht, so z.B. S. 32: „Wir Deutschen sind ein Volk und eine Nation. Wir fühlen uns zusammengehörig, weil wir dieselbe Geschichte durchlebt haben" usw. Das auffälligste Beispiel sind die litaneihaften Wiederholungen des Gedenkens: „Wir gedenken heute in Trauer der Toten des Krieges und der Gewaltherrschaft. Wir gedenken insbesondere der sechs Millionen Juden . . . Wir gedenken aller Völker . . ." usw. (S. 15 – 17).

Die Form der Litanei verstärkt das Weihevolle häufig verwendeter Begriffe aus der Sphäre ethischer Selbstprüfung, wie „Gedenken", „Wahrhaftigkeit", „Versöhnung", „Schicksal ertragen", „Dienen", „innere Maßstäbe der Gerechtigkeit" usw. Dies trägt zum pastoralen Charakter der Rede bei, indem weniger auf die Kraft des besseren Arguments als auf die Autorität überindividueller Mächte vertraut wird. Die Begriffe führen hin zur „Erfahrung vom Wirken Gottes in der Geschichte" (S. 20). Im politischen Kontext werden sie jedoch notgedrungen profanisiert. Sie sollen ‚Tiefe' stiften, ohne freilich diesem Anspruch genügen zu können. Mit segnenden Wendungen glätten sie die kaum angesprochenen Gegensätze.

Die Formulierungen erhalten so immer wieder etwas eigentümlich Beliebiges, Austauschbares: „Der 8. Mai ist für uns vor allem ein Tag der Erinnerung an das, was Menschen erleiden mußten. Er ist zugleich ein Tag des Nachdenkens über den Gang unserer Geschichte. Je ehrlicher wir ihn begehen, desto freier sind wir, uns seinen Folgen verantwortlich zu stellen." (S. 13). „Erinnerung" an allzu schnell vergessenes Leid, „Nachdenken" über die verhängnisvolle deutsche Geschichte – wer sollte diesem Vorhaben seine Zustimmung verweigern? Zumal wenn es dabei „verantwortlich", „ehrlich" und „frei" zugeht? Aber diese Formeln des hohen Anspruchs an das „Gedenken" (so das Leitmotiv der Rede) lassen sich beliebig montieren: Je *verantwortlicher* wir den Tag in der Erinnerung begehen, desto *ehrlicher* sind wir, uns seinen Folgen *frei* zu stellen. Oder vielleicht so: Je *freier* wir ihn begehen, desto *verantwortlicher* sind wir, uns seinen Folgen *ehrlich* zu stellen.

Oder noch anders: Je *verantwortlicher* wir ihn begehen, desto *freier* sind wir, uns seinen Folgen *ehrlich* zu stellen. Je *freier*, desto *ehrlicher*, um *verantwortlich* zu sein. Je *ehrlicher*, desto *verantwortlicher*, um *frei* zu sein.

Der Redner erkauft sich allgemeine Zustimmung zu seinem Programm tiefen Gedenkens dadurch, daß er seine Selbstprüfung im Unverbindlichen läßt, sie nicht einlöst an der Behandlung konkreter geschichtlicher Ereignisse. Die ethische Forderung bleibt abgespalten und abstrakt. An anderen Stellen der Rede ist ein umgekehrter Mechanismus zu beobachten, nämlich die kurzschlüssige Vermengung von Sein und Sollen. Das Resultat ist jedoch ganz ähnlich. „Wir brauchen und wir haben die Kraft“, heißt es zu Beginn der Rede, „der Wahrheit so gut wir es können ins Auge zu sehen, ohne Beschönigung und ohne Einseitigkeit.“ (S. 13). In dieser Formulierung irritieren eigenartige Verdoppelungen und Verklausulierungen: „Wir *brauchen* und wir *haben* die Kraft“ – es besteht also eine Forderung, die durchaus erfüllt werden kann, wenn dies auch nicht leicht scheint. Denn es geht um den höchsten Wahrheitsanspruch: „ohne Beschönigung und ohne Einseitigkeit“. Nun aber die Einschränkung „so gut wir es können“: wir brauchen und wir haben genau so viel Kraft, wie wir eben haben. Der hohe Anspruch der Selbstprüfung wird zugleich wieder nivelliert. Die zirkuläre Formulierung leugnet den Unterschied zwischen geforderter und vorhandener Kraft, zwischen Sollen und Sein. Eine nicht minder abstrakt-moralische Redefigur findet sich etwa auch in der anspruchsvollen Einleitung zur Litanei des Gedenkens: „Der 8. Mai ist ein Tag der Erinnerung. Erinnern heißt, eines Geschehens so ehrlich und rein zu gedenken, daß es zu einem Teil des eigenen Inneren wird. Das stellt große Anforderungen an unsere Wahrhaftigkeit.“ (S. 15). Daß Erinnerung immer mit der subjektiven und damit auswählenden Vergegenwärtigung zu tun hat, wird von der Wendung „ehrlich“ dementiert. Und auch, daß Erinnerung nicht „rein“ geschehen kann, sondern schmerzlich ist und mit vielem verschlungen. Ehrlichkeit und Reinheit des Gedenkens werden hier zu Bedingungen der Verinnerlichung gemacht. Das „eigene Innere“ wäre demnach immer schon ehrlich und rein, zumindest könnte man sich nur Ehrliches und Reines zu eigen machen. „Erinnern“ und „Inneres“ werden so moralisch-normativ aufgeladen. Die Begriffe lassen genau das als schon erfüllt erscheinen, was der Redner durch seinen Appell erst erzeugen will: „Wahrhaftigkeit".

Solche logische *Schwäche* ist jedoch rhetorische *Stärke*. Die verselbständigten Wortzeichen, die im Ritus der Rede dem Bösen entgegengehalten werden, suggerieren den Zuhörern, ein allgemeiner Konsens über Ehrlichkeit, Wahrhaftigkeit und den inneren Maßstab der Gerechtigkeit sei bereits vorhanden. Eine Art von ‚self-fulfilling prophecy' setzt sich in Gang: was rhetorisch beschworen wird, wird durch die Rede selbst erzeugt, auch wenn jeder sich insgeheim unter den Resultaten von Ehrlichkeit und Wahrhaftigkeit etwas anderes vorstellen mag. Die Unbestimmtheit der Formulierungen zeigt, daß es zunächst nicht darum geht, die Zuhörer zu einer bestimmten Handlungsweise zu bewegen, sie zu überreden oder zu überzeugen. Vielmehr soll ihr Inneres durch eine Art sakralen Staatsakt geformt werden. Die verinnerlichende Funktion der Rede hat mit dem Problem der Wahrheit und Falschheit von Überzeugungen unmittelbar gar nichts zu tun. Nur an der Oberfläche geht es um rationale Argumentation, darunter um Beschwörung und Manipulation durch eine Sprache, die selbst eine rituelle Handlung darstellt – „Gedenken". Mit ihr modelliert der Redner an der Vereinheitlichung innerer Einstellungen.

Vom „Dunklen" und „Klaren" – Die Funktion der Lichtmetaphorik

Weizsäckers Rede ist ein illegitimer Sproß der christlichen Predigt, des Prototyps der verinnerlichenden Rede. Individuelles Erleben und Handeln wird theologisch interpretiert und angeleitet. Dieser Mechanismus dient hier der Herstellung eines Scheinkonsenses über Inhalt und Resultat politischen „Gedenkens". Wie ein säkularisierter Heilsbringer verwendet Weizsäcker häufig „Blick"- und „hell-dunkel"-Metaphern. So heißt es zum Beispiel: „Wer aber vor der Vergangenheit die Augen verschließt, wird blind für die Gegenwart." (S. 20). Am Schluß der Rede wird ein „Blick" empfohlen, ein furchtloser, der auf die Wahrheit zu richten sei: „Schauen wir am heutigen 8. Mai, so gut wir es können, der Wahrheit ins Auge." (S. 35). Oder über das Erleben des Kriegsendes: „Der Blick ging zurück in einen dunklen Abgrund der Vergangenheit und nach vorn in eine ungewisse dunkle Zukunft. Und dennoch wurde von Tag zu Tag klarer, was es heute für uns alle gemeinsam zu sagen gilt: Der 8. Mai war ein Tag der Befreiung." (S. 14f.).

Mit den Metaphern von „dunkel" und „klar" werden die beschriebenen Erfahrungen nachträglich noch einmal emotional eingefärbt. Weizsäcker erzeugt ein Stimmungsbild von der Unsicherheit der Nachkriegszeit. Die Zuhörer können sich als Beteiligte an einem Akt der Aufklärung und zugleich eines heroischen Aufschwungs wiedererkennen. Doch die Rede von der zunehmenden Klarheit ist auffällig schematisch und verdunkelt den prekären Zusammenhang zwischen dem bald nach 1945 wieder herrschenden Optimismus des Wiederaufbaus und der anhaltenden „Unfähigkeit zu trauern" (Mitscherlich). Die Rede vom „dunklen Abgrund" gründet auf die Angst, sich mit der Vergangenheit überhaupt zu beschäftigen. Am Abgrund besteht stets die Gefahr, hinabzustürzen. Erinnerung wird so unversehens zu einer erneuten Gefahr, der man sich lieber nicht aussetzen will.

Die Lichtmetaphorik appelliert an früheste Anteile unserer Persönlichkeit und führt die Empfindungen auf die Stufe dumpfer Regungen zurück. Solche Zustände gleichen der Angst eines Kindes, das sich vor dem Dunkel eines Waldes oder eben vor einem „dunklen Abgrund" fürchtet. Aber gegenüber derartigen Gefahren bietet sich ein Retter an – der Redner selbst. Gebannt folgt der Hörer zuerst dem Regressionssog und anschließend der Vision der Klärung. Dieses Schema erinnert sehr stark an Techniken von Sekten, die zunächst ein unbestimmtes Unrechtsempfinden archaisch regredierend organisieren, ein schlechtes Gewissen installieren, um hernach ihre Vision der Erlösung anzubieten, die dann den Beteiligten als der einzig mögliche Ausweg erscheint. Der Weg zur Selbstaufgabe ist dadurch geebnet und ein stillschweigendes Einverständnis zur Abgabe der Eigenverantwortlichkeit fast schon gegeben. In ähnlicher Weise wandelt sich in Weizsäckers Rede die bedrohliche Unsicherheit in Gewißheit („von Tag zu Tag klarer"), aus dem beängstigenden Dunkel schälen sich langsam Konturen von Empfindungen heraus, die nachträglich, also *jetzt* erst produziert werden und nicht unbedingt denjenigen entsprechen, an die der Zuhörer sich erinnern mag. Der Kontrast „dunkel“ und „klar“ spaltet die Erlebniswelt des Zuhörers in zwei Bereiche auf: den des Bedrückend-Ausweglosen, des ‚Bösen‘, und den des ‚Guten‘, des Lichtvoll-Freundlichen. In erster Linie wirkt der Teil des Bildes, in dem vom Dunklen, Ungewissen die Rede ist. Wohin der Zuhörer, der Rede folgend, den Blick auch zu wenden versucht, er starrt immer ins Dunkle. Auf welche Weise dann etwas „von Tag zu Tag klarer“ werden kann, ist schwer nachzuvollziehen angesichts des Bildes eines „dunklen Abgrunds der Vergangenheit“ und einer „ungewissen, dunklen Zukunft“. So führt die Rede nicht zu wirklichem Eingedenken. Statt Aufklärung zu leisten, nimmt sie den Charakter einer Beschwörung an. Weder Denken noch Gefühl kann sich entfalten. Reflexion ist durch Suggestion kaltgestellt. Die Gefühlswelt wird von außen neu geordnet und vereinfacht. Peinliche oder bedrohliche Empfindungen bleiben verdrängt. Die Lichtmetaphorik, die Aufklärung zu signalisieren scheint, stabilisiert die Verdrängungen.

Der Redner läßt den „Blick“ über die Zeit des Nationalsozialismus als über einen „dunklen Abgrund“ schweifen. Damit verformt er einen gesellschaftlichen Prozeß unterschwellig zu einer Art Naturnotwendigkeit, an der sich damals nichts ändern ließ. Auch damit entlastet er insgeheim seine Zuhörer von der Verantwortlichkeit, die er doch zugleich fordert. Der Nationalsozialismus wird gleichsam zu einer Naturkatastrophe umgedeutet, die zu erleiden war. Am Ende solchen Dunkels wartet jedoch das Licht, die „Befreiung“. Diese Kröte zu schlukken kann jetzt auch denen leichter fallen, die sonst am 8. Mai 1945 immer als vom „Zusammenbruch“ redeten. Und für diejenigen, die nicht auf die feineren Töne hören wollen, kommt es faustdick, gleich dreifach beschwörend: dies gelte es zu sagen, und zwar „für uns“, „alle“, und „gemeinsam“: „Der 8. Mai 1945 war ein Tag der Befreiung.“ Dieser Satz mag zwar immer noch vielen sauer aufstoßen, er wird aber aufgrund der zuvor erfolgten emotionalen Entlastung in seiner Wirkung abgemildert. Bei kritischen Zuhörern jedoch frißt er sich im Ohr fest und verdeckt die vorangegangenen Äußerungen. Die zuvor erfolgte emotionale Entlastung von Schuld bleibt eher unbemerkt, vergleichbar einem kleinen Geräusch, das zusammen mit einem großen Knall auftritt.

Wir Deutsche

Die Rede zielt auf die Herstellung eines Wir-Gefühls. Daher der häufige Wechsel des Blicks: einmal wird der Linken, dann wieder der Rechten entsprochen, den verschiedenen politischen Positionen wird väterliche Ermahnung und Bestätigung zuteil. Es ist eine Proporzrede. „Wir Deutsche", heißt es gleich zu Beginn (S. 13), sollen uns als das eine, einige Volk fühlen. Die Gefühle über unser nationales Schicksal sollen im gleichen Takt schwingen. Doch damit das Volk auch einig wird im Gedenken, müssen „ganz unterschiedliche Erfahrungen" (S. 14) auf einen Nenner gebracht werden. „Der eine kehrte heim, der andere wurde heimatlos. Dieser wurde befreit, für jenen begann die Gefangenschaft. Viele waren einfach nur dankbar, daß Bombennächte und Angst vorüber und sie mit dem Leben davongekommen waren. Andere empfanden Schmerz über die vollständige Niederlage des eigenen Vaterlands. Verbittert standen Deutsche vor zerrissenen Illusionen, dankbar andere Deutsche für den geschenkten neuen Anfang. – Es war schwer, sich alsbald klar zu orientieren." (S. 14).

Die Reihung der unterschiedlichen Schicksale spiegelt die Orientierungslosigkeit der ersten Nachkriegszeit wider. Weizsäcker löst sie jedoch im folgenden nicht auf, sondern macht sie sich nutzbar, indem er die inhaltlichen Verbindungen der gegensätzlichen Erfahrungen verschweigt. Ein Beispiel: Jene, die trotz der militärisch aussichtslos gewordenen Lage Schmerz und Wut über die vollständige Niederlage empfanden, die immer noch auf einen Teilsieg hofften oder auf ein neues Bündnis, um an der Seite der Westmächte den Krieg gegen die Sowjetunion weiterzuführen, wären durchaus bereit gewesen, andere weiterhin der Angst der Bombennächte auszuliefern. Die Ideologie des ‚Durchhalten bis zum letzten Mann', die Hoffnung, in letzter Minute das Blatt noch wenden zu können, die sich ja mit der Sehnsucht vieler nach dem Ende des Krieges nicht vertrugen, bleiben unerwähnt. Statt dessen läßt Weizsäcker die unterschiedlichen Gefühle einem letztlich allen gemeinsamen, weltanschaulich neutralen Patriotismus entspringen, in dem sich nun erneut alle versöhnen sollen. Er stellt die militärische Niederlage, die bedingungslose Kapitulation als das alle gegensätzliche Erfahrungen Überbrückende heraus und findet so zum „Wir Deutsche" zurück: „Unser Schicksal lag in der Hand der Feinde." (S. 14).

Bei näherem Betrachten erweist sich das durch solche Ausgrenzungen erzeugte Wir-Gefühl auch in anderer Hinsicht als brüchig. Wohl kaum sahen etwa diejenigen, die in den Konzentrationslagern befreit wurden, ihr Schicksal nun „in der Hand der Feinde" liegen. Ähnlich steht es mit dem Satz: „Die meisten Deutschen hatten geglaubt, für die gute Sache des eigenen Landes zu kämpfen und zu leiden. Und nun sollte sich herausstellen: das alles war nicht nur vergeblich und sinnlos, sondern es hatte auch den unmenschlichen Zielen einer verbrecherischen Führung gedient. Erschöpfung, Ratlosigkeit und neue Sorgen kennzeichneten die Gefühle der meisten. Würde man noch eigene Angehörige finden? Hatte ein Neuaufbau in diesen Ruinen überhaupt Sinn?" (S. 14). Diese Beschreibung paßt weniger auf die Zivilbevölkerung als auf die kämpfenden bzw. heimkehrenden *Soldaten*. Aus *ihrer* Perspektive beschreibt Weizsäcker, ohne dies auszusprechen, das Schicksal und die Erfahrung der „meisten Deutschen". Merkwürdigerweise heißt es nicht, die Taten seien verbrecherisch gewesen, sondern, sie hätten sich als „vergeblich" und „sinnlos" herausgestellt. So wurde wohl eher der Zusammenbruch der Front erlebt, als keine Aussicht mehr bestand, das Land des Gegners zu erobern. Selbst die Bedeutung des Kriegsendes wird unter der Hand auf das Erleben der Wehrmachtsangehörigen verengt, indem die Sorge, die eigenen Angehörigen noch anzutreffen, betont wird.

Wozu diese Verengung des Blicks? Der Befehlsnotstand, auf den sich so viele der Täter später beriefen, existierte am durchgängigsten in der Wehrmacht. Wenn aber diejenigen, die kämpften, hier stellvertretend für die ganze Bevölkerung stehen, dann soll auch für diese der Befehlsnotstand gelten: Alle haben unter Kuratel gestanden; selbst wenn sie bemerkt hätten, wie sehr sie getäuscht worden waren, blieb ihnen doch nichts anderes übrig als zu gehorchen. Die Täuschung, wird hier suggeriert, lag darin, daß eine „verbrecherische Führung" ihre Ziele als „gute Sache des eigenen Landes" ausgeben konnte. Auch hier wieder der Rückzug auf einen scheinbar neutralen Patriotismus, auf die *eine* gute Sache der Nation, die allein deshalb die gute Sache sein soll, weil sie der Nation nützt.

Von der verbrecherischen Führung und den guten Deutschen

Aber nicht nur durch die Verengung der Perspektive, unter der die Erfahrung des Kriegsendes geschildert wird, wird in Weizsäckers Rede ein Wir-Gefühl beschworen. Die Einung der Zuhörer geschieht auch dadurch, daß die Kräfte, die für das Leiden verantwortlich waren, personalisiert und abgespalten werden. Der Redner nimmt eine Zweiteilung unter den Deutschen vor: Die einen gehörten zur „verbrecherischen Führung", die anderen glaubten an die „gute Sache". Die Taten gelten als verwerflich, weil die Führung schlecht war. Und dies war anscheinend erst dann zu erkennen, als die Anstrengungen sich als vergeblich erwiesen. Aber nicht erst die „unmenschlichen Ziele einer verbrecherischen Führung" verdarben die Taten, sondern die Taten selbst waren barbarisch. Weizsäcker fragt nicht danach, warum diejenigen, die die Taten ausführten, oder diejenigen, die von ihnen wußten und dazu schwiegen, sie nicht als die Verbrechen, die sie waren, erkennen wollten oder bezeichnen konnten.

Wenn die persönliche Verantwortung auf die Führung verlagert wird, die gleich den Eltern eines Kindes das Maß für Gut und Böse bestimmt, dann wird der Einzelne entmündigt und ist der moralischen Prüfung seiner Taten enthoben. Wohlfeil nennt der Redner die führenden Nazis Verbrecher – und umgeht damit die Frage, warum „die meisten Deutschen" sich tatsächlich der Menschenverachtung nicht widersetzten oder gar an ihr sich beteiligten. Er geht nicht darauf ein, warum sie ihre Verantwortlichkeit so bereitwillig abgaben, warum Gehorsam gegenüber der Autorität zur obersten Maxime des Handelns wurde. Er vermeidet nicht nur, diesen fatalen Mechanismus anzusprechen, er reproduziert ihn selbst noch einmal, indem er die Abspaltung des Bösen verstärkt und sich selbst als Autorität anbietet, der wiederum zu folgen ist. Er präsentiert sich als guten Übervater, der verständnisvoll, aber streng mahnt. Unter seiner Anleitung wird die Erinnerung scheinbar von jedem Schmerz, von jedem Widerstand gegen das Erinnerte frei. Er gewährleistet, daß die Kraft ausreicht, sich wahrhaft zu erinnern.

Auch der Antisemitismus wird erklärt als Folge der Gefühle *einer* Person. „Am Anfang der Gewaltherrschaft hatte der abgrundtiefe Haß Hitlers gegen unsere jüdischen Mitmenschen gestanden. Hitler hatte ihn nie vor der Öffentlichkeit verschwiegen, sondern das ganze Volk zum Werkzeug dieses Hasses gemacht." (S. 18). Keine Rede vom Antisemitismus *vor* Hitler, keine Rede von der Begeisterung, die Millionen Hitler entgegenbrachten, die ihm zujubelten, als er versprach, sie zu großartigen Siegen zu führen. Das Volk wurde zum Werkzeug des Hasses eines Menschen, der seinen Haß nicht verschwieg. Weizsäcker geht jedoch nicht der Frage nach, was die äußeren Bedingungen des Fanatismus waren. In einem anderen Zusammenhang spricht er, um seiner Mahnung des Erinnerns Nachdruck zu verleihen, von „neuen Ansteckungsgefahren" (S. 20), die es zu verhindern gelte – als wären grassierende Viren zu bekämpfen. Wiederum verschiebt er politische Zusammenhänge in einen Bereich, in dem die Verantwortung des einzelnen letztlich suspendiert ist. Politische Prozesse erscheinen unter dem Blickwinkel von Krankheiten, von Epidemien, deren gröbste Auswüchse einzudämmen nunmehr als hygienische, nicht als politische Aufgabe erscheint. Auch hier also wieder das Motiv der Naturalisierung gesellschaftlicher Prozesse – und damit der Entlastung von möglicher Verantwortung.

Täter werden zu Opfern

Zwar erinnert Weizsäcker die Zuhörer zu Anfang an einen wesentlichen Zusammenhang: „Wir dürfen den 8. Mai 1945 nicht vom 30. Januar 1933 trennen" (S. 15). Aber zuletzt gibt es, neben einer schuldigen Führung, nur noch – Opfer. Die Deutschen waren nur zu gutgläubig und wurden dadurch schließlich zu Opfern wie die anderen, überfallenen Völker: „Am Ende blieb nur noch ein Volk übrig, um gequält, geknechtet und geschändet zu werden, das eigene, das deutsche Volk." (S. 23). Die Gleichsetzung des deutschen Volkes mit den Opfern, zu denen es im Verein mit seiner Führung andere Menschen und Völker gemacht hatte, schwächt die ungeheuerlichen Taten ab. Aber hatten sich nicht Millionen für Hitler begeistert? Waren sie nicht voll fanatischer Überzeugung bereit gewesen, zu morden, zu überfallen, zu schänden oder hatten sie nicht zumindest vielfach ihre Sinne angesichts solcher Taten verschlossen? Der Mechanismus der Entlastung durch Gleichsetzung ließe sich weiterdenken: Wo alle Opfer sind, braucht keiner seine Verantwortung zu erkennen; die wenigen, die noch als Täter gelten, sollten bestraft werden, aber durch den Tod der Schuldigen erledigt sich das Problem mit der Zeit von selbst. Solche Gleichsetzung von Tätern und Opfern führt dazu, die Leiden aufzurechnen. Übrig bleibt nur noch Leid im allgemeinen, gleichgültig ob Leid der überfallenen Völker oder der hungernden Deutschen, ob der bombardierten Bevölkerung Rotterdams und Coventrys oder Dresdens; alles Leid ist sich gleich. Die Anerkennung eigener Schuld und Verstrickung, die Trauer darüber, daß es für niemanden mehr so sein kann wie vor der Barbarei des Faschismus, wird erfolgreich abgewehrt. Die Rede erreicht das, was dem Wortlaut nach gerade vermieden werden sollte: „Schonung unserer Gefühle“ (S. 13).

Immer wieder wird in der Rede unter der Hand die in ihr geforderte oder behauptete Selbstbesinnung durch den Gestus der Ausgewogenheit dementiert. „Können wir uns wirklich in die Lage der Angehörigen der Opfer des Warschauer Ghettos . . . versetzen?“ (S. 25) fragt der Redner, und schneidet die Einfühlung zugleich ab, indem er auf die Bürger Rotterdams und Londons verweist, denen es schwergefallen sei, den Wiederaufbau des Landes zu unterstützen, das die Bomben gebaut hat, mit denen ihre Städte verwüstet worden sind. Diese Art der Rückschau distanziert und objektiviert das Geschehen. Die Zuhörer müssen sich nicht als betroffene Verantwortliche sehen, sie werden quasi zu neutralen Beobachtern. Wo ausgewogen *jedes* Leid genannt wird, geht die Erinnerung an das *besondere* verloren, werden die Gefühle des Schmerzes verflacht. Trauerarbeit, die zur Anerkennung der veränderten Wirklichkeit führen sollte, wird nicht geleistet, da der Zugang zum Erleben dessen, was jeden selbst mit dem Verlorenen verbindet, durch diese Art der Ausgewogenheit versperrt bleibt. Die Abwehr, sich der eigenen Beteiligung zu erinnern, erhält so eine Rechtfertigung, die Weizsäcker doch vermeiden möchte. Statt die eigene Verstrickung zu vergegenwärtigen, kommt es zum Mitleid mit den eigenen Schwierigkeiten und leidvollen Erfahrungen. Statt Trauer mobilisiert die Rede sentimentale Rückschau. So werden auch Frauen und Mütter gerühmt, die während des Krieges die Funktionen der abwesenden Männer übernommen und später die Trümmer weggeräumt hatten: „Den vielleicht größten Teil dessen, was den Menschen aufgeladen war, haben die Frauen der Völker getragen. Ihr Leiden, ihre Entsagung und ihre stille Kraft vergißt die Weltgeschichte nur allzu leicht." (S. 17). Hier sind die Frauen Hüterinnen der Humanität und stille Dulderinnen. Aber dieses idealisierende Bild macht auch vergessen, daß Frauen für den Führerkult durchaus empfänglich waren und viele ihre Männer und Söhne begeistert in den Krieg geschickt haben. Und wiederum wird hier eine Reihe gebildet, mit der die Frauen im nationalsozialistischen Deutschland – einige Jahre später werden sie Trümmerfrauen genannt – und die Frauen der anderen Völker nebeneinandergestellt werden. Auch hier eine Gleichsetzung und Vereinfachung, indem ihre jeweiligen Taten nicht beachtet werden; sie werden zu einer Einheit der Leidenden und Tapferen verbunden.

Entlastendes Gedenken

Weizsäcker zelebriert die Erinnerung an die geschichtliche Periode des Nationalsozialismus, ohne die Voraussetzungen und die Fortdauer der objektiven und subjektiven Strukturen zu benennen, die die Mehrheit den falschen Verheißungen folgen ließen. Es gibt, so suggeriert er, keine greifbaren Taten noch Täter, trotz aller Mahnung an die Verantwortlichkeit des einzelnen erscheinen alle als Opfer von Leid und Verstrickung; einzig die Führung war verbrecherisch. Gute und böse Eigenschaften und Taten werden aufgespalten, wobei der böse Teil nach außen, auf die Führung verlagert wird. Damit wird die Auseinandersetzung mit dem, was der 8. Mai 1945 für die Zeit danach bedeutet, verengt. Der pastorale Charakter der Rede und ihr implizierter Gestus tradieren den autoritaten Mechanismus, wobei nun der Redner selbst als der ‚gute Vater' erscheint: ihm soll und darf man vertrauen. Es wird nicht erinnert, nicht schmerzhaft abverlangt, was der eigene Beitrag war, und sei es, den des Nichthandelns anzuerkennen und zu spüren, daß nichts das zugefügte Leid ungeschehen machen kann. Ebensowenig geht dieses Erinnern darauf ein, wie schwierig und schmerzhaft es für die Nachkriegsgeneration ist, zu begreifen, daß Personen, die ihnen nah und vertraut sind, Eltern oder Verwandte, mit Schuld an der Erniedrigung und Ermordung von Millionen Menschen haben.

So wird die Auseinandersetzung mit der menschenverachtenden Herrschaft, ihren Gründen und ihren Folgen, verkürzt. Die Erinnerung wird zum bloßen Ritual. Der Redner versucht, wie er ausdrücklich sagt, „ein Mahnmal des Denkens und Fühlens in unserem eigenen Inneren" (S. 21) zu errichten. Diese Vorstellung hat eher etwas mit der Bildung eines Fetischs zu tun als mit der Vergegenwärtigung von Empfindungen. Aus der so eingeschränkten Form des Gedenkens und Erinnerns, die die Trauer über eigene Untaten oder die Verstrickung, auch der nachfolgenden Generation, kaum aufkommen läßt, rührt das Unbehagen, das Gefühl der Beschwichtigung. Einer ungeschmälerten Vergegenwärtigung hielte dieses entlastende Gedenken nicht stand.

Anmerkungen

1 Im folgenden zitiert nach der Buchausgabe: Richard von Weizsäcker, *Von Deutschland aus. Die großen Reden des Bundespräsidenten mit der Ansprache zum 8. Mai und der Rede auf dem Kirchentag,* Berlin 1985, S. 13-35

2 Neben zahlreichen Presseberichten vor allem des Jahres 1985 vgl. etwa die Sammlung *Eine Rede und ihre Wirkung,* hrsg. von U. Gill und W. Steffani, Berlin 1986

3 Vgl. dazu etwa Michael Zeller, ‚Das Mescalero-Modell. Tagebuch einer öffentlichen Affäre', in: *Die Zeit* Nr. 44, 23.10.1987, S. 57f.

Christoph Türcke

Ausverkauf der Radikalität

Moderner Theologenstreit als Modell halber Aufklärung*

Moderne Theologen reden viel von heißen Eisen; nur selten packen sie sie an. Frau Ranke-Heinemann scheint zu den Ausnahmen zu gehören; wagte sie doch, eine bestimmte Aussage des christlichen Credo öffentlich in Zweifel zu ziehen. „Empfangen vom Heiligen Geist, geboren von der Jungfrau Maria" – das will sie nicht mehr als Faktum verstanden wissen, sondern nur noch als Metapher: „als Versuch einer bildhaften Annäherung an das Geheimnis der Erlösung".[1] Eine elegante Lösung – all jenen aus der Seele gesprochen, die nicht länger leugnen mögen, daß übernatürliche Zeugung und jungfräuliche Geburt physisch schlicht unmöglich sind und derlei Unmöglichkeiten im Credo nur allzu gern los wären, damit ihnen der Glaube möglich bleibe. Doch kommt man so billig davon?

Befragen wir das Neue Testament. „Christus ist für unsere Sünden gestorben", sagt Paulus (1Kor 15,3) und stellt bereits Überlegungen an, wie das möglich sein konnte. Für die Sünden aller Menschen zu sterben vermag nur, wer sowohl Mensch als auch sündlos ist; denn wer sündig ist, stirbt nur für die eigenen Sünden: „Der Tod ist der Sünde Sold" (Röm 6,23), und den entrichten seit Adam alle: Durch den ersten Menschen ist „die Sünde in die Welt gekommen" und „der Tod auf alle Menschen übergegangen" (Röm 5,12). Von diesem Schicksal, das sich unerbittlich von Generation zu Generation fortpflanzt, kann nur erlösen, wer vom Fortpflanzungsprozeß der Sünde ausgenommen ist: ein „letzter Adam", der „vom Himmel" stammt (1Kor 15, 45ff.) und „von keiner Sünde wußte" (2Kor 5,21).

Schon Paulus spricht also klar aus, wie einer beschaffen sein muß, damit er für die Sünden der Menschheit zu sterben überhaupt in der Lage ist, und was daraus folgt, liegt auf der Hand: Um sündlos zu sein, muß Christus übernatürlicher Sphäre entstammen. Andererseits muß er als wahrer Mensch wirklich geboren sein, also eine irdische Mutter haben, die dem Naturprozeß mit Haut und Haaren angehört. Es muß also eine Zeugung stattgefunden haben – aber jenseits allen Geschlechtsverkehrs, der als Übertragungsakt menschlicher Keime stets auch Keim künftiger Sünde ist. Ohne das Paradox einer unsexuellen Zeugung wird nichts aus der Menschwerdung Gottes, und es stellt sich heraus: Die übernatürliche Empfängnis und Jungfräulichkeit Mariae ist ebenso Bedingung der Sündlosigkeit Christi wie diese die Bedingung der Heilskraft seines Todes. Wenn das „Gestorben für unsere Sünden" keine Metapher ist, dann ist die Jungfrauengeburt auch keine, und alle Ausflüchte helfen nichts: Daß sie bloß durch einen Übersetzungsfehler in einem alttestamentlichen Zitat (Jungfrau statt junge Frau, Matth 1,23) in die Evangelien gerutscht sei, oder daß sie als ein allgemein verbreitetes religionsgeschichtliches Motiv nichts spezifisch Christliches darstelle. Kommt es doch darauf an, wie das unspezifische Motiv durchs Christentum spezifiziert wurde: Es gerät in die Zucht einer gedanklichen Konstruktion und gewinnt den Status logischer Notwendigkeit. Wie man sich auch dreht und wendet – die Jungfrauengeburt gehört zu den Hypotheken, mit denen die Lehre vom Tod Christi für unsere Sünden ihr Lebtag belastet bleibt.

Anfangs freilich mußte man sich nicht drehen und wenden. Solange die Jungfrauengeburt *nur* theologische Denknotwendigkeit war, als physische Unmöglichkeit aber noch nicht unumstößlich feststand, gab es kein Vertun: Selbstverständlich gehörte sie ebenso zum Credo und zu den Heilstatsachen wie die Gottessohnschaft Jesu. Erst die moderne Naturwissenschaft macht unabweislich, daß das theologisch Denknotwendige zugleich das physisch Unmögliche ist, und seit sich das so weit herumgesprochen hat, daß man die Augen davor nicht länger verschließen kann, dreht und windet man sich an höchster Stelle. Die Jungfrauengeburt preisgeben kann man nicht, sie als physisches Faktum weiterhin forsch zu behaupten wagt man nicht. Also weicht man aus: Die Gottesherrschaft, so Joseph Ratzinger, „ist kein biologisches, sondern ein ontologisches Faktum; kein Vorgang in der Zeit, sondern in Gottes Ewigkeit".[2] Als Auslegung des Dogmas ist das korrekt: Wenn nicht auf gewöhnliche physische Weise erzeugt, so muß Christus schon zuvor auf metaphysische Weise existiert haben. Nur was hilft's, daß Ontologie etwas anderes als Biologie und durch diese nicht zu ersetzen ist? Eine Ontologie, die der Biologie widerspricht, kann sich selbst die Inkarnationslehre nicht leisten. Wenn ein gewisses „ontologisches Faktum" etwa um das Jahr 1 unserer Zeitrechnung nicht auch eine biologische Dimension gewonnen hat, dann hat der Christus des Credo nie Fleisch und Blut angenommen. Das weiß keiner besser als Ratzinger; daher hangelt er sich mit Phrasen über die biologische Klippe. Die Jungfrauengeburt sei „Botschaft davon, wie *uns* das Heil zukommt: in der Einfalt des Empfangens, als unerzwingbares Geschenk der Liebe, die die Welt erlöst."[3] Und schon ist die Frage, was denn das biologisch heißt, überspielt – mit metaphorischen Wendungen, die noch nachträglich an das, was sie überspielen, appellieren müssen, um gehaltvoll zu erscheinen. „Sie sind Deutung eines Ereignisses; nimmt man dies weg, so werden sie zu leerem Gerede, das man dann nicht nur als unernst, sondern auch als unehrlich bezeichnen müßte."[4]

Geständniszwang des Theologen, dem es in der Haut des Jungfrauendogmas sichtlich unwohl ist? Wie auch immer – jedenfalls ist das begriffliche Taktieren und Lavieren, das die Jungfrauengeburt in wohldosierten Metaphernnebel hüllt, um sie als Faktum weiterhin zu behaupten, selbst schon von dem Unglauben angenagt, den es fernhalten will. Frau Ranke-Heinemann hat das nur offen ausgesprochen. Gebt es doch endlich zu, so lautet im Klartext ihre Botschaft ans kirchliche Lehramt, daß ihr die Jungfrauengeburt faktisch selber längst als Metapher behandelt. So ist es; aber zugeben können das die Herren in Rom und anderswo nicht, denn sie wissen: Wenn die Jungfrauengeburt Metapher ist, dann ist das ganze Heilswerk Christi Metapher, und das Dogma sinkt in sich zusammen. Wer also das Dogma in der modernen Welt aufrechterhalten will, ist zum Lavieren verdammt.

Frau Ranke-Heinemann hingegen will nicht lavieren – aber katholisch bleiben. Sie will das Heilswerk Christi als Faktum nehmen, aber nicht die Gestehungskosten dafür entrichten. Ihr Verdienst ist die Ehrlichkeit, mit der sie nicht mehr an die Jungfrauengeburt glaubt. Aber für die gedankliche Konsequenz, mit der die zentralen Lehrstücke der Alten Kirche aus dem „Gestorben für unsere Sünden" eins ums andere herausgesponnen sind, für die logische Stringenz, durch welche Sündlosigkeit, Jungfrauengeburt, vollständige Gottheit und vollständige Menschheit Christi zusammengeschlossen sind, zeigt sie kein Sensorium. Sie nimmt Anstoß an zwingenden Folgen eines Glaubenssatzes, gegen den sie nichts hat. Sie zerpflückt die absurden Blüten, die der Marienglaube im Laufe der Geschichte getrieben hat, ohne dessen Wurzeln auszugraben.

Das ergibt allenfalls halbe Aufklärung – zu der auch ein feministischer Blick gehört, der am Entscheidenden vorbeisieht: zwar genau erkennt, wieviel Patriarchales in der Stilisierung der Jungfrau zum Symbol der Reinheit steckt, aber nicht wahrhaben will, wie wenig die Menschwerdung Christi davon ausgenommen ist. Selbst als noch so reine Magd war Maria, von sündigen Eltern gezeugt, nicht schlechterdings sündlos. Folglich konnte sie einen sündlosen Sohn nur gebären, wenn sie dabei ihre eigene Sünde nicht auf ihn übertrug, wenn sie also bloß das äußere Gefäß eines Samens war, der die göttliche und menschliche Natur Christi bereits integral in sich vereinigte und nur noch ausgebrütet werden mußte. Im Dogma von Maria der Gottesgebärerin steckt daher implizit bereits die ganze aristotelische Zeugungstheorie, die explizit erst die Scholastik ins Christentum einführte: daß der männliche Same schon das ganze integrale Wesen des künftigen Menschen enthält und der weibliche Körper nur den Nährboden seiner Entwicklung bildet. Die Menschwerdung Gottes in Christus funktioniert einzig unter der patriarchalen Voraussetzung eines autarken gottmenschlichen Samens, der sich nur deshalb unbeeinträchtigt auszufalten vermochte, weil es Wesensbestimmung der Frau ist, bloß Brutkasten der Menschheit, „gleichsam ein zeugungsunfähiger Mann" (Aristoteles) zu sein.

Wo ist die feministische Theologie, die das zugibt? Statt dessen entwirft sie ein neues Marienbild, setzt an die Stelle der unterwürfig-geduldigen Schmerzensreichen die aufbegehrende, kämpferische Frau aus dem Volk und stört sich nicht im geringsten daran, daß das lediglich eine alternative Projektion ist: geboren aus den Wünschen der feministischen Bewegung statt aus der Logik des Dogmas, vielleicht sympathischer als ihr Gegenbild, aber keinen Deut aufgeklärter. Denn über die wirkliche historische Maria wissen wir so gut wie nichts.

Frau Ranke-Heinemann ist repräsentativ für einen bestimmten Typus von Theologiekritik – den einzigen, der heute noch die Gemüter bewegt, woran man sehen kann, wohin es mit Theologie *und* Kritik gekommen ist. Wie Herbert Haag die Existenz des Teufels bezweifelt und vorschlägt, ihn als von Menschen erfundene Personifikation des Bösen zu verstehen, während die Personifikation des Guten, Gott, selbstverständlich wirklich existiere; wie Hans Küng Gottessohnschaft, Präexistenz und Menschwerdung Christi als historisch überholte Ausdrücke für die selbstverständlich unüberholte Gnade Gottes ansieht; wie Leonardo Boff die Formulierungen des Credo für kulturell bedingte Manifestationen eines fraglos unbedingten Gottvertrauens erachtet – so verfährt Frau Ranke-Heinemann mit der Jungfrauengeburt. Die Methode ist jedesmal gleich: Unterteilung der dogmatischen Aussagen in diejenigen, die man noch für bare Münze nehmen kann und diejenigen, die man besser metaphorisch nimmt. Das Kriterium dabei ist aber gerade nicht die innere Logik, die einst den Zusammenhang der Dogmen zu einem geistigen Gebilde ersten Ranges machte, sondern die Frage, womit moderne Menschen sich noch identifizieren mögen und womit nicht mehr. So kommen etwa das Heilshandeln Gottes und der Erlösungstod Christi ins Töpfchen der Fakten, die Jungfrauengeburt und der Teufel ins Kröpfchen der Metaphern. Ein höchst pragmatisches Verfahren. Nicht von ungefähr sehen die einen darin den Ausverkauf des Christentums, die andern die einzige Möglichkeit seiner Erhaltung. Sind erst einzelne Dogmen als Metaphern zugestanden, so ist kein Halten mehr, sagen die einen. Nur wenn Jungfrauengeburt, Teufel u. ä. nicht länger als Fakten geschluckt werden müssen, sind die Menschen beim Glauben zu halten, sagen die andern. Beide Positionen haben einiges für sich; beide offenbaren aber auch, worum es geht: keineswegs „Um nichts als die Wahrheit“, wie die Dokumentation „Deutsche Bischofskonferenz contra Hans Küng“ seinerzeit vollmundig betitelt wurde,[5] sondern um den besten Weg zur Selbsterhaltung der Kirche.

Der theologische Streit ist nicht nur von kirchlichem Belang. Er zeigt, wohin geistiger Widerstand heute generell tendiert. Einer theologischen Kritik, die das Dogma gern hätte ohne die unangenehmen Bedingungen seiner Möglichkeit, entspricht eine Gesellschaftskritik, die die bestehende Weltwirtschaftsordnung gern ohne ihre zwingenden Wirkungen hätte: ohne das beständige krisenbedrohte und -geschüttelte Wirtschaftswachstum, die Verelendung ganzer Erdteile, den systematischen Raubbau an den natürlichen Lebensgrundlagen. Das ist die politische Version halber Aufklärung. Der gutgemeinte Vorschlag, mit Wachstum und Luxusproduktion doch einfach aufzuhören, da wir ohnehin längst genug hätten; die Neigung, für die zunehmende Naturverseuchung die Technik verantwortlich zu machen statt der Wirtschaftsverfassung, die diese Technik hervorbrachte; die Tatsache, daß die rot-grüne Opposition auf Wahlerfolg nur hoffen kann, wenn sie *nicht* vom Kapitalismus spricht – dies alles ist typisch für die hiesige politische Landschaft. Radikales Denken, eines, das den Dingen an die Wurzel geht, ist durchgefallen; die öffentliche Diskussion lebt von seiner Antiquiertheit. Der Streit, ob die Gesellschaft noch modern oder schon postmodern sei, während die Produktionsverhältnisse beharrlich konstant bleiben, ist keineswegs belangvoller als der, ob die Jungfernhaut Mariae lebenslang unversehrt blieb. Vom Ausgang des letzteren hängt, wie sich zeigte, für die Entwicklung der Kirche immerhin einiges ab. Um den Ausgang des ersteren wird sich die gesellschaftliche Entwicklung nicht scheren.

Das katholische Dogmengebäude und die bestehende Weltwirtschaftsordnung sind einander ähnlicher, als beiden lieb sein dürfte. Letztere ist der global ausgedehnte Fetischismus der Ware, also selbst schon eine religiöse Veranstaltung; ersteres ist als Darstellung der göttlichen Heilsökonomie selbst schon mit einem gewissen Wirtschaftskalkül versetzt, das sich als unfehlbarer Instinkt für Ketzerei, im Aufspüren und Ausräumen der Störfaktoren in der Heilsökonomie, tausendfach historisch bewährt hat. Eine Tendenz zum Totalitären wohnt beiden inne. Wer an ihren Grundlagen nicht rüttelt, dem zwingen sie unbarmherzig ihre Konsequenzen auf: die Anerkennung der Jungfrauengeburt dem, der an den erlösenden Sühnetod Christi glaubt, die Bejahung des Welthungers dem, der an die ungetrübte Humanität der Freiheit des Marktes glaubt – nur daß die Verneinung eines Dogmas heute keinem mehr Kopf und Kragen kostet, während das Wirtschaftsgesetz Tausende Hungers sterben läßt, ohne sie nach Ja oder Nein je gefragt zu haben.

Dogma und Kapital haben sich, jedes auf seine Weise, zu Ganzheiten ausgewachsen, denen mit Halbheiten nicht beizukommen ist. Sie lassen sich die Rosinen nicht auspicken. Die humanen Errungenschaften, die in beiden stecken – die geistige Kultur des Christentums, der materielle Segen des Kapitalismus – fielen erst einer Menschheit zu, die begriffen hat, daß sie als Ganzheiten Falschheiten sind. Seit statt vom Ganzen von neuer Unübersichtlichkeit die Rede ist, seit es als totalitär gilt, den Begriff Totalität zu verwenden und vergessen wurde, daß ohne Benennung der Totalität gegen deren totalitäre Wirkungen nichts auszurichten ist, seit man sich nicht mehr die Mühe macht, die erscheinenden Mißstände auf ihr gesellschaftliches Unwesen zurückzuführen, hat sich die politische Kritik selbst zahnlos gemacht und der neokonservativen Wende eigens Vorschub geleistet. Es ist zweifelhaft geworden, wer einen klareren Begriff von den Verhältnissen hat: diejenigen, die die destruktive Kraft des gesellschaftlichen Ganzen durch Ökologie oder die, die sie durch Wirtschaftswachstum hemmen wollen. Brechen wollen sie sie beide nicht.

Sich vom Alpdruck des Ganzen befreien, indem man nicht mehr davon spricht – das ist das vorherrschende gemeinsame Bedürfnis in politischer und theologischer Kritik. Aus ihm erklärt sich, warum Theologen, die wider den Stachel des Dogmas löken, stets eine Welle öffentlicher Sympathie auslösen – quer durch verschiedene weltanschauliche Richtungen hindurch. Man muß heute offenbar mit dem Katholizismus nicht viel gemein haben, um sich mit der halben Aufklärung darin dennoch spontan verwandt zu fühlen. Wäre doch die halbe Aufklärung der Vorreiter der ganzen! Doch wie in politicis, so in theologicis. Es ist unsicher geworden, wer da aufgeklärter ist: Diejenigen, die geistige Freiheit gegenüber der Starrheit des Dogmengeflechts fordern und damit vornehmlich Freiheit von dessen logischer Stringenz meinen? Oder diejenigen, die auf der Verbindlichkeit aller Dogmen beharren und gerade in ihrer Starrheit daran erinnern, daß sich der Geist nur frei bewegt, wo er konsequent seinen eigenen Gesetzmäßigkeiten folgt?

Ginge es wirklich „Um nichts als die Wahrheit“, so käme es erst gar nicht zu solcher Frontstellung; man hätte sich längst aufs Wesentliche besonnen. Wenn der Tod Christi als *das* Erlösungswerk für die Menschheit nur gedacht werden kann unter Bedingungen, die sich als physisch unmöglich und zudem als patriarchal erwiesen haben – nun, dann war er offenbar nicht das, wofür das Dogma ihn ausgibt. Dies Eingeständnis könnte den Blick dafür frei machen, daß der Tod des wirklichen historischen Jesus denn auch alles andere war als der willfährige, versöhnende Opfergang, zu dem man ihn stilisiert hat, um ihm das Skandalöse zu nehmen. Die wirkliche Kreuzigung Jesu, eine für politische und religiöse Aufrührer vorgesehene Todesart, war die brutale, aber legale Quittung für das Ärgernis seines Auftretens. Er hat, soweit sich rekonstruieren läßt, in Gleichnissen, Heilungen, Symbolhandlungen derart radikal und spektakulär darzustellen vermocht, was unverkürzte, allen Elends und aller Vergeltung ledige Versöhnung wäre, daß er die faktische Unversöhntheit und Ungöttlichkeit der Welt auf offenbar unerträgliche Weise hervortreten ließ und die Vergeltung des Gesetzes auf sich zog. Als die extreme Versinnbildlichung von Versöhnung mußte er deren extremes Gegenteil erdulden. So kam in Jesus zwar wirklich die Versöhnung, die nur ein Gott herstellen könnte, zum Vorschein – aber eben nur *als Vorschein*, und ob der ein bloßer Schein oder das Scheinen eines Wirklichen ist, steht nach wie vor dahin. Noch ist die Geschichte offen.

Wird das zugegeben, dann wird es kritisch mit der Theologie; aber erst dann kann auch kritische Theologie beginnen.[6] Sie muß keine Sorge haben, überflüssig zu werden. Solange „Weh spricht: Vergeh!“[7], solange verlangt die Physis nach der Erlösung von allem Widerstreit, und die muß auch der menschliche Geist wollen, wenn er seinem logischen Grundgesetz, dem der Widerspruchsfreiheit, nur konsequent folgt. Versöhnung als universale Widerspruchsfreiheit – das erst wäre die vollständige Befriedung von Geist und Natur, jener göttliche Friede, den Menschen nicht herstellen können, aber denken müssen, wenn sie wenigstens an der Verwirklichung seines Abglanzes arbeiten wollen.

Die Theologie hat vom Frieden Gottes nie mehr gehabt als den Vorschein und den Begriff. Alles andere war ungedeckter Scheck. Den begann sie auszustellen, als sie den Tod Jesu, der wie nichts sonst das

Scheinhafte der Erlösung verdeutlicht, zur Wirklichkeit der Erlösung umdeutete. Und dennoch: In der ungeheuren Passion des Denkens, mit der sie diesen Erlösungsglauben bis in die feinsten Verästelungen des Dogmengebildes ausbreitete, lebt die Radikalität, die den historischen Jesus umtrieb und ans Kreuz brachte, gerade fort – wenn auch in falscher Gestalt. Sie daraus zu befreien und auf den fortgeschrittensten Stand aufgeklärten Denkens zu heben, wäre an der Zeit – und eine geistige Leistung, die auch zu politischen Hoffnungen berechtigte.

Anmerkungen

* Überarbeitete Fassung eines Artikels, erschienen in: Die Zeit, Nr. 40/1987, S. 72

1 Uta Ranke-Heinemann, Maria und die zölibatären Männer, in: Die Zeit, Nr. 31/1987, S. 29

2 Joseph Ratzinger, Einführung in das Christentum, München 1968, S. 225

3 a. a. O., S. 228

4 ebenda

5 Walter Jens (Hg.), Um nichts als die Wahrheit – Deutsche Bischofskonferenz contra Hans Küng, München 1974

6 Marx' berühmte Bemerkung, daß „selbst der *kritische* Theologe *Theologe* bleibt" (Ökonomisch-philosophische Manuskripte, Marx-Engels-Werke, Erg. Bd. 1, Berlin 1974, S. 468), richtet sich gegen einen Typus von Kritik, der „entweder von bestimmten Voraussetzungen der Philosophie als einer Autorität ausgehn muß oder" „sie feiger- und ungerechtfertigterweise verläßt, von ihnen *abstrahiert*, seine Knechtschaft unter dieselben und den Ärger über diese Knechtschaft nur mehr in negativer, bewußtloser und sophistischer Weise kundtut" (ebd.) – und sich damit als nicht allzu entfernter Verwandter der halben theologischen Aufklärung von heute entpuppt: als ein Dogmatismus, der es nicht sein will. Man kann freilich auch kritischer Theologe sein und dabei verfahren wie Marx selbst, dessen unerbittliche Kritik der Theologie nie aufgehört hat, den theologischen Anspruch auf Erlösung unerbittlich ernst zu nehmen (vgl. Verf., Über die theologischen Wurzeln der Marxschen Kritik, in: G. Schweppenhäuser (Hg.), Krise und Kritik, Lüneburg [2]1987).

7 Nietzsche, Also sprach Zarathustra, Werke (hg. v. Schlechta), Bd. III, München 1980, S. 558

Verzeichnis der Autorinnen und Autoren

Jürgen Belgrad, Jg. 1949, Wissenschaftlicher Mitarbeiter an der Pädagogischen Hochschule Ludwigsburg (Leiter der Forschungsgruppe „Spiel- und Theaterpädagogik")

Christiane Bender, Jg. 1953, Akademische Rätin a. Z. an der Universität Augsburg

Gernot Böhme, Jg. 1937, Professor für Philosophie an der Technischen Hochschule Darmstadt

Barbara Brick, Jg. 1941, bearbeitet den Nachlaß Herbert Marcuses, lebt in Frankfurt a. M.

Gerhard Gamm, Jg. 1947, Wissenschaftlicher Mitarbeiter an der Pädagogischen Hochschule Ludwigsburg, Forschungstätigkeit

Martin Karlson, Jg. 1952, Wissenschaftlicher Mitarbeiter am Fachbereich Gesellschaftswissenschaften der Universität Frankfurt a. M.

Heinz Kimmerle, Jg. 1930, Professor für Methoden der Philosophie an der Erasmus-Universität Rotterdam

Gérard Raulet, Jg. 1949, Germanist und Philosoph, Professor für Germanistik an der Universität Rennes und Leiter der Forschungsgruppe „Kultur der Weimarer Republik" an der Stiftung „Maison des Sciences de l'Homme" in Paris

Philipp Rippel, Jg. 1939, Publizist und Übersetzer, lebt in Bad Nauheim

Sigrid Scheifele, Jg. 1958, Wissenschaftliche Mitarbeiterin am Fachbereich Gesellschaftswissenschaften der Universität Frankfurt a. M.

Gunzelin Schmid Noerr, Jg. 1947, Leiter des Max-Horkheimer-Archivs der Stadt- und Universitätsbibliothek Frankfurt a. M. und Mitherausgeber der Gesammelten Schriften Horkheimers

Herbert Schnädelbach, Jg. 1936, Professor für Philosophie an der Universität Hamburg

Volker Spierling, Jg. 1947, gelernter Schriftsetzer, Forschungstätigkeit, Lehraufträge und Leitung privater philosophischer Seminare

Christoph Türcke, Jg. 1948, lehrt Philosophie an der Gesamthochschule Kassel